Johannes Fromme · Werner Sesink (Hrsg.)

Pädagogische Medientheorie

Medienbildung und Gesellschaft
Band 6

Herausgegeben von

Winfried Marotzki
Norbert Meder
Dorothee M. Meister
Uwe Sander
Johannes Fromme

Johannes Fromme
Werner Sesink (Hrsg.)

Pädagogische
Medientheorie

VS VERLAG FÜR SOZIALWISSENSCHAFTEN

Bibliografische Information Der Deutschen Nationalbibliothek
Die Deutsche Nationalbibliothek verzeichnet diese Publikation in der
Deutschen Nationalbibliografie; detaillierte bibliografische Daten sind im Internet über
<http://dnb.d-nb.de> abrufbar.

1. Auflage 2008

Alle Rechte vorbehalten
© VS Verlag für Sozialwissenschaften | GWV Fachverlage GmbH, Wiesbaden 2008

Lektorat: Stefanie Laux

Der VS Verlag für Sozialwissenschaften ist ein Unternehmen von Springer Science+Business Media.
www.vs-verlag.de

Umschlaggestaltung: KünkelLopka Medienentwicklung, Heidelberg
Druck und buchbinderische Verarbeitung: Krips b.v., Meppel
Gedruckt auf säurefreiem und chlorfrei gebleichtem Papier
Printed in the Netherlands

ISBN 978-3-531-15839-6

Inhaltsverzeichnis

Inhaltsverzeichnis 5

Johannes Fromme, Werner Sesink
Einleitung 7

Werner Sesink
Bildungstheorie und Medienpädagogik. Versuch eines Brückenschlags 13

Norbert Meder
Die Luhmannsche Systemtheorie und der Medienbegriff 37

Winfried Marotzki, Benjamin Jörissen
Wissen, Artikulation und Biographie:
theoretische Aspekte einer Strukturalen Medienbildung 51

Torsten Meyer
Zwischen Kanal und Lebens-Mittel:
pädagogisches Medium und mediologisches Milieu 71

Heidi Schelhowe
Digitale Medien als kulturelle Medien:
Medien zum Be-Greifen wesentlicher Konzepte der Gegenwart 95

Rainer Winter
Die Politik der Aufführung.
Interpretative Ethnographie und kritische Pädagogik im 21. Jahrhundert 115

Birgit Althans, Nino Ferrin
Spielräume des Geschlechtlichen – Sex und Gender im Internet 129

Klaus Sachs-Hombach
Marshall McLuhans Medientheorie aus bildwissenschaftlicher Sicht 151

Autorinnen und Autoren des Bandes 169

Einleitung

Johannes Fromme, Werner Sesink

Die Medienpädagogik hat sich in den vergangenen Jahren als erziehungswissenschaftliche (Teil-)Disziplin fest etabliert. Dabei wurde sie überwiegend verstanden als ein spezifisches Anwendungsfeld allgemeiner erziehungswissenschaftlicher Theorien und Methoden. Mit dem Vordringen der Neuen Medien wurde allerdings die Frage nach den Medien – zuerst vor allem in den kulturwissenschaftlichen Disziplinen – grundsätzlicher gestellt. Es wurde deutlich, dass Medien nicht lediglich als ein neuerdings auftretendes Phänomen Interesse beanspruchen, dem man sich aus Gründen der Aktualisierung des Geltungsbereichs wissenschaftlicher Positionen zuwenden musste, sondern das Mediale eine fundamentale Dimension humaner Lebensbewältigung und -gestaltung darstellt, dessen Reflexion die theoretischen Grundlagen der Disziplin selbst angeht.

Um diese Einsicht aufzugreifen und eine grundsätzlichere Debatte um eine Pädagogische Medientheorie zu initiieren, wurde 2006 in der Kommission Medienpädagogik der Deutschen Gesellschaft für Erziehungswissenschaft eine „Theorie-AG" gegründet. Diese hat ein „Theorie-Forum" ins Leben gerufen, das Raum für solche grundsätzlichen Theoriediskurse und Reflexionen bieten soll. Der vorliegende Band basiert auf den Beiträgen, die in den Jahren 2006 auf dem Theorie-Forum in Magdeburg und 2007 auf dem Theorie-Forum in Darmstadt zur Diskussion gestellt wurden. Ergänzend sind zwei thematisch dazu passende eingeladene Beiträge aufgenommen worden.

Die erste Tagung in Magdeburg 2006 war der Frage gewidmet, wie sich medientheoretisch an benachbarte Diskurse sowohl innerhalb der Erziehungswissenschaften als auch über deren Grenzen hinaus gewinnbringend anschließen lasse. Die zweite Tagung in Darmstadt 2007 ging „in medias res" (so ihr Titel) und stellte sich der Frage: Was ist ein pädagogisches Medium? Im medienpädagogischen Diskurs oft auftretende Probleme mit dem Medienbegriff – so die Annahme – könnten darauf hinweisen, dass die Schwierigkeiten mit dem Medium nicht nur terminologischer Art sind, sondern theoretische Schwierigkeiten der Pädagogik bergen, die sie mit der Bestimmung ihrer Aufgabe(n) in einer Welt hat, für deren aktuelle Veränderung die (Neuen) Medien oft als bezeichnendes Schlüsselphänomen gelten.

Die Beiträge sind für diese Publikation zum Teil deutlich überarbeitet worden und lassen sich nicht in jedem Fall eindeutig einem der beiden Themen-

schwerpunkte („benachbarte Diskurse" oder „Pädagogisches Medium") zuord-
nen. Daher werden sie hier auch nicht in zwei Gruppen präsentiert, sondern in
einer losen Folge.

Werner Sesink geht in seinem Beitrag auf der einen Seite von einer weitge-
henden Medien- und Technikdistanz derjenigen aus, die sich mit Fragen der
Bildungstheorie befassen, und konstatiert auf der anderen Seite, dass die medienpädagogische Forschung und Reflexion kaum bildungstheoretische Bezüge
aufweise. Sein Anliegen ist insofern ein Brückenschlag zwischen Bildungstheorie und Medienpädagogik, die zumindest darin übereinstimmten, dass Bildung
von den Entwicklungen im Bereich der Neuen Medien und Technologien betroffen seien. Diese Betroffenheit durch die Medien wird gewöhnlich konzeptualisiert entweder als Gefährdung oder als Herausforderung oder als Chance für
Bildung. Im Unterschied dazu verfolgt Sesink in seinem Beitrag die These, dass
Bildung von den Medien nicht nur betroffen, sondern aktiv und fundamental
beteiligt sei an den Entwicklungen im Bereich der Neuen Technologien, und
zwar insofern, als Bildung selbst eine (auch) zersetzende Wirkung habe und
keineswegs gefasst werden könne als heilende Antwort auf technologische und
mediale Prozesse der Auflösung von Welt. Zugleich biete das Neue Medium
einen Raum an, in dem das Subjekt neue Einbildungen jenseits der Bindungen
der realen Welt konstruieren könne.

Norbert Meder scheint mit seiner Rekonstruktion und Diskussion des Luhmannschen Medienbegriffs eine ganz andere Diskursarena zu betreten. Er erläu-
tert, dass bei Luhmann das Medium als universale Materie verstanden wird, mit
dem alles mit allem lose gekoppelt zusammenhängt. Geformt werde diese Materie
durch Selektionen, die dem Prinzip der Reduktion von Komplexität folgen. Auf
diese Weise werde die kulturelle Welt einer Gemeinschaft konstituiert. Damit
schlägt auch Meder eine Brücke zur Bildungstheorie: Auf der Grundlage der
Luhmannschen Medienkonzeption könne gesagt werden, dass alle Erkenntnis
von Welt entlang von Formbildung medial vermittelt sei. Da Bildung strukturell
als ein Selbst- und Weltverhältnis gefasst werden müsse, sei somit auch Bildung
immer medial vermittelt. Ähnlich wie Sesink vertritt Meder insofern die Position, dass es keine Allgemeine Pädagogik geben kann, die nicht zugleich Medienpädagogik ist. In der zweiten Hälfte seines Beitrags geht Meder dann der Frage
nach, inwieweit der Luhmannsche Medienbegriff das Phänomen der neuen,
computerbasierten Medien adäquat fassen kann bzw. in welcher Weise die Medium-Form-Differenzen im Kontext der Neuen Medien anders konzeptualisiert
werden müssen.

Winfried Marotzki und *Benjamin Jörissen* gehen in ihrem Beitrag ebenfalls
von der Einsicht aus, dass Bildungsprozesse heute grundsätzlich in medial geprägten Lebenswelten und in medialen Interaktionskontexten stattfinden. Dieser

Grundannahme müsse theoretisch in der Weise Rechnung getragen werden, dass Aspekten der Medialität in der Bildungstheorie und Bildungsforschung ein systematischer Wert zugewiesen werde. Diesem Anspruch versuchen sie in ihrem hier vorgestellten Konzept einer strukturalen Medienbildung gerecht zu werden, das im Horizont der zeitdiagnostischen Debatte um die Wissensgesellschaft entfaltet wird und in dem die Kategorie des Orientierungswissens eine zentrale Stellung einnimmt. Für den Aufbau von Orientierungswissen sind nach Ansicht von Marotzki und Jörissen in komplexen Gesellschaften Medien von zentraler Bedeutung – allerdings weniger ihre Inhalte als vielmehr strukturale Aspekte, und zwar solche, die zur Steigerung von Reflexivität beitragen. Sie erläutern dieses Konzept einer strukturalen Medienbildung im zweiten Teil des Beitrags am Beispiel zweier medialer Bereiche, denen sie eine hohe Relevanz zusprechen, nämlich Film und Internet.

Die leitende Frage für *Torsten Meyer* in seinem Beitrag lautet: Was ist ein pädagogisches Medium? Er geht aus von der Vermutung, dass ein der Sache nicht angemessenes Verständnis des Begriffes Medium dazu beitrage, dass es noch immer viele Missverständnisse bezüglich des Umgangs mit den so genannten Neuen Medien gebe. Häufig setze nämlich der Einsatz Neuer Medien in der Bildung die gewohnten Lehr- und Lernweisen mit neuen Mitteln fort, während eigentlich ein umfassender Umstrukturierungsprozess erforderlich sei. Meyer will somit vor allem zur Erschütterung eines unterkomplexen Verständnisses dessen beitragen, was ein pädagogisches Medium ist. Die Bearbeitung seiner Frage erfolgt in drei Schritten. Zunächst geht es um eine eher metaphorische, mit Beispielen illustrierte Annäherung an einen allgemeinen Begriff von Medium als Milieu. Im zweiten Teil prüft Meyer, inwieweit die französische Mediologie nach Régis Debray dazu beitragen kann, ein angemessenes Verständnis dessen zu entwickeln, was ein pädagogisches Medium ist. Vor diesem Hintergrund werden abschließend einige grundsätzliche Überlegungen angestoßen, die aufzeigen sollen, dass die Theorie der Bildung des Menschen (vorerst) eine permanente Baustelle bleibt.

Heidi Schelhowe argumentiert in ihrem Beitrag dafür, den Computer, der sich zum Digitalen Medium entwickelt habe, als Gegenstand von Bildung und nicht (nur) als Mittler oder Verhinderer zu betrachten. In diesem Sinne will Schelhowe, deren eigener disziplinärer Hintergrund die Informatik ist, das Digitale Medium als pädagogisches Medium verstanden wissen. Zum Gegenstand von Bildung müsse das Computermedium deshalb werden, weil sich in dieses Medium auf der einen Seite wesentliche Momente der Gegenwartsgesellschaft eingeschrieben hätten, weil es auf der anderen Seite im alltäglichen Gebrauch aber zunehmend selbstverständlich und damit unsichtbar werde. Daher wendet sich Schelhowe zunächst der Rolle zu, die Computern in der Arbeitswelt bei uns

diskursiv zugeschrieben wird, um zu prüfen, ob sich Parallelen finden lassen zur
Rolle des Mediums in formalen Bildungsprozessen. Anschließend fragt sie nach
der Bildungsrelevanz der konkreten, letztlich technisch bedingten Möglichkeiten
des konkreten Handelns, die mit der Entwicklung zum Digitalen Medium geschaffen sind und an denen bei der Gestaltung von Lern- bzw. Bildungsumge-
bungen angesetzt werden müsste.

Rainer Winter geht in seinem Beitrag davon aus, dass in den letzten Jahren
die große Relevanz einer kritisch orientierten Pädagogik und Medienpädagogik
deutlich geworden ist, deren Aufgabe vor allem darin besteht, das Ideal einer
demokratischen und freien Gesellschaft zu verteidigen. Kritische Pädagogik sei
kein einheitliches Konzept, die verschiedenen Formen einige aber ihr gemeinsa-
mes emanzipatorisches Interesse, das darin bestehe, die Handlungsmächtigkeit
der von problematischen Ereignissen und einschränkenden Lebensbedingungen
Betroffenen zu entfalten und zu steigern. Winter geht es vor diesem Hintergrund
um eine genauere Betrachtung der sog. performativen Wende, die die kritische
Pädagogik in den USA in den letzten Jahren im Kontext einer stärkeren Ausrich-
tung an einem qualitativen Forschungsparadigma vollzogen hat. Dabei interessiert ihn vor allem die „performance ethnography", die im Zentrum der neueren
kritischen Pädagogik stehe und deutlich politisch geprägt sei. Die Medien kommen bei Winter einerseits als Kräfte ins Spiel, deren Repräsentationen unsere
alltäglichen Erfahrungen wie auch die wissenschaftlichen Diskurse prägen und
deren Macht es insofern aufzudecken und zu brechen gelte. Andererseits eröff-
nen Medien auch spezifische Optionen für ermächtigend wirkende Aufführungen, mithin für eine aufführungsorientierte kritische Pädagogik.

Birgit Althans und *Nino Ferrin* setzen sich ebenfalls mit performativen Praxen – also mit Aufführungen – auseinander und untersuchen deren subjektive
Bedeutung jenseits der in einigen Massenmedien verbreiteten (dominanten) Les-
arten. Sie gehen in ihrem Beitrag davon aus, dass durch die neuen Erfahrungsräume im Internet grundlegende Veränderungen der Praxen der Identitätsbildung
provoziert werden, und fragen in diesem Zusammenhang u.a. mit Bezug auf
Judith Butler danach, inwiefern geschlechtliche Kategorien und vor allem der
Körper als deren Inskriptionsbasis an den identitätsrelevanten Praxen im Netz
beteiligt sind, und inwiefern die entsprechenden medial vermittelten Erfahrungen
in die alltägliche Lebenswelt zurückwirken. Althans und Ferrin wenden sich mit
diesen Fragen zwei ganz unterschiedlichen Onlinewelten zu, um zu rekonstruie-
ren, in welcher Weise dort Konzeptionen von Geschlechtsidentität artikuliert
oder auch konstituiert, verhandelt und verändert werden. Untersucht wird zum
einen die Internet-Kommunikation in den – inzwischen aus dem Netz genomme-
nen – *pro-ana*-Foren im Hinblick auf abweichende Konzeptionen weiblicher
Geschlechtsidentität, und zum anderen die Konstruktion des Geschlechtlichen in

der Online-Welt *Second Life*. Sie zeigen damit auf, dass das Projekt der Erforschung geschlechtsrelevanter Sozialisationsbedingungen und -prozesse auf den Bereich der medialen Praktiken ausgedehnt werden muss.

Klaus Sachs-Hombach beschäftigt sich aus einer bildwissenschaftlichen Perspektive mit der Medientheorie von Marshall McLuhan, deren Verdienst es sei, ein Bewusstsein für die massive gesellschaftliche Wirksamkeit von Medien geschaffen zu haben, die aber gleichwohl kritisch betrachtet werden müsse. Im ersten Teil seines Beitrags versucht Sachs-Hombach zu zeigen, dass die theoretischen Mittel, mit denen McLuhan seine Thesen zu begründen versucht, fragwürdig sind, und zwar vor allem deshalb, weil die Beziehung von Medien und Wahrnehmungsfähigkeiten kausal gedacht wird. Daher wird im zweiten Teil ein alternatives Theoriemodell zur Beschreibung und Beurteilung von Medien – vor allem von den in unserer Kultur besonders relevanten Bildmedien – vorgeschlagen. Bilder werden hier als wahrnehmungsnahe Medien bzw. Zeichen gefasst, deren Besonderheit darin liege, dass sie überwiegend wahrnehmungsnah interpretiert würden. Dies werde am deutlichsten bei illusionistischen bzw. immersiven Bildern, für die insofern eine ausgeprägte perzeptuelle Interpretationsbasis anzunehmen sei. Die Unterscheidung zwischen immersiven und nicht-immersiven (also reflexiv gebrochenen) Bildmedien parallelisiert Sachs-Hombach schließlich mit McLuhans Unterscheidung in heiße und kalte Medien. Insofern will er seine Ausführungen letztlich als Versuch einer Reformulierung einiger Aspekte der Medientheorie McLuhans verstanden wissen.

Das Theorie-Forum versteht sich als offenes Projekt, das auch weiterhin Erkenntnisse benachbarter (Teil-)Disziplinen aufnehmen und die Auseinandersetzung mit grundlegenden theoretischen Fragen einer Pädagogischen Medientheorie „under construction" anregen und führen wird.

Bildungstheorie und Medienpädagogik. Versuch eines Brückenschlags

Werner Sesink

1 Bildungstheorie und Medienpädagogik

Gemäß institutioneller Systematik der Deutschen Gesellschaft für Erziehungs-wissenschaft sind Bildungstheorie und Medienpädagogik getrennte Theoriefel-der und unterschiedlichen Sektionen zugeordnet. Selbstverständlich wird daraus niemand scharfe und unüberwindbare Grenzen zwischen ihnen ableiten; aber eine gewisse Distanz scheint unterstellt.

(Neue) Medien oder Technologien waren und sind für diejenigen, die sich schwerpunktmäßig mit Bildungstheorie beschäftigen (der institutionelle Ort dafür dürfte die Kommission Erziehungs- und Bildungsphilosophie sein), lange ein Randthema gewesen, mit dem man sich gelegentlich auch auseinandersetzt, das aber nicht unbedingt ein Hauptanliegen der bildungstheoretischen Reflexion darstellt.[1] Auf der anderen Seite wird Bildungstheorie in der Medienpädagogik bestenfalls als Hintergrund in Anspruch genommen, die medienpädagogische Forschung und Reflexion aber in aller Regel nicht selbst als Beitrag zur Ent-wicklung von Bildungstheorie verstanden.

Beiden Seiten gemeinsam ist, dass sie Bildung als von den Entwicklungen im Bereich der Massenmedien, der Neuen Technologien und der Neuen Medien betroffen verstehen, dass Bildung also antworten muss auf etwas, das sich an anderem gesellschaftlichen Ort ereignet und vollzieht. Diese Betroffenheit kann als Gefährdung ausgelegt werden – eine Sicht, die sich besonders in Hartmut von Hentigs Büchern „Das allmähliche Verschwinden der Wirklichkeit" (Hentig 1985) und „Der technologischen Zivilisation gewachsen bleiben" (Hentig 2002) zeigt; dann geht es vorrangig um die Bewahrung des in einem emphatischen Bildungsbegriff gefassten „eigentlichen" pädagogischen Anliegens. Oder sie wird als neue Aufgabe, als positiv wahrzunehmende Herausforderung verstan-den, sich nun auch dieses Feldes in bildender Absicht anzunehmen – dies ist eine Position, die vor allem bei Medienpädagogen/innen mit bildungstheoreti-

---

[1] Im Jahre 2007 allerdings stand die Herbsttagung dieser Kommission unter dem Titel „Medien, Technik und Bildung".

schem Hintergrund anzutreffen ist. Oder aber die (Neuen) Medien werden als
Chance gesehen, die pädagogischen Zwecke nun mit neuen Mitteln effizienter
und effektiver anzugehen – eine Haltung, die die große Mehrheit der mediendi-
daktischen Positionen prägt, welche sich weniger dem klassischen Bildungsbegriff als einem neutralen Lernbegriff verpflichtet fühlen.

Mir geht es in diesem Beitrag um eine andere Sicht auf das Verhältnis von
Bildung und Medien und damit auch von Bildungstheorie und Medienpädagogik. Meine Argumentation im Folgenden wird auf den Nachweis zielen, dass
Bildung nicht lediglich betroffen, sondern aktiv und fundamental beteiligt ist an
jenen Entwicklungen im Bereich der Medien, auf die sie nun antworten soll.
Dass also ihr Beitrag keineswegs nur darin liegt und liegen wird, wie ihre Antwort ausfällt, sondern schon längst stattgefunden hat und stattfindet, bevor in
ihrem Namen eine Antwort gefunden wird. Dass m.a.W. Bildung in den Medien
mit einer Explikation ihrer eigenen Implikationen konfrontiert ist. Und diese
Behauptung soll nicht von der theoretischen Position eines seiner klassischen
Emphase entkleideten Bildungsbegriffs oder gar eines neutralen Lernbegriffs
aufgestellt, sondern aus Bestimmungen des Bildungsbegriffs entwickelt werden,
die zu seiner philosophischen Begründung gehören.

2   Medialer Raum: das Medium der Medien

Eine nötige begriffliche Unterscheidung ist zunächst zu treffen, nämlich die
zwischen den vielen Medien, die wir produzieren, benutzen, analysieren, kritisieren können und deren Gemeinsamkeit darin besteht, dass sie in ihrer je spezifischen Weise das menschliche Weltverhältnis vermitteln, und dem Medium,
das uns dies alles ermöglicht. Mit „dem" Medium wird ein weiterer und funda-
mentalerer Medienbegriff zu Grunde gelegt, demzufolge wir das Medium als
einen Raum verstehen, in dem wir uns bewegen, und als den Schauplatz, auf
dem die vielen Medien erscheinen. Das Medium wäre demnach das Medium der
(vielen) Medien. Jedes Buch spricht von der Buchkultur, jede Computersimula-
tion von der durch Neue Technologien geprägten vernetzten Informationsgesellschaft.

Diese aus der Medienphilosophie in verschiedenen Varianten geläufige Unterscheidung findet in der Medienpädagogik – wie mir scheint – bisher noch
nicht die Berücksichtigung, die nötig ist, um ihrer eigenen bildungstheoretischen
Dimension gerecht zu werden.

Die medienpädagogische Diskussion bezieht sich ganz überwiegend auf die
Problematik der vielen Medien. Der Medienbegriff, der diesem Beitrag zugrunde liegt, ist dagegen grundlegender als jener medienpädagogisch gängige Me-

dienbegriff. Er entspricht einem Medienbegriff, wie er auch schon von Marshall McLuhan formuliert wurde oder wie Niklas Luhmann ihn fasst. Das Medium ist hier keine intervenierende, sondern eine *umfassende, einhüllende Instanz*; nicht etwas, *zu* dem, sondern *in* dem Menschen sich verhalten.

Würden wir einen solchen Medienbegriff ganz radikal fassen, so bezeichnete das Medium den Inbegriff des Raums aller menschlichen Lebensmöglichkeiten, einen Raum, in dem wir uns immer schon befinden und den wir nicht schaffen, sondern nur immanent aufgrund seiner Ermöglichungsangebote ausgestalten können. Diese immanenten Ermöglichungsangebote enthalten allerdings selbst wiederum Optionen des Raumschaffens. *Es gibt* die Möglichkeit, Möglichkeiten *einzuräumen*. Wir *haben* den Raum, Räume zu *schaffen*.[2]

In diesem Verständnis dient das Medium also der Vermittlung von Möglichkeiten: als Basis, als Plattform, als Rahmen für etwas, das durch es ermöglicht wird. So bewegt sich der Fisch im Medium des Wassers; das Wasser ermöglicht ihm seine Bewegung und mehr noch: sein Leben. So bewegen sich all unsere theoretischen Reflexionen immer schon im Medium der Sprache. Und so bildet auch die Technik einen *entlastenden, schützenden Rahmen,* innerhalb dessen neue Möglichkeiten entdeckt und realisiert werden können. Wenn etwa Lernumgebungen geschaffen werden, um Lernen nicht zu erzeugen, sondern ihm *Raum* für selbst entdeckte und selbst gewählte Wege zu *geben,* setzen wir Medien in diesem Sinne ein. Das Medium als Rahmen einzusetzen, entspricht einer Auffassung vom Lernen als einem *schöpferischen* Prozess *selbstbestimmter* Entwicklung, in dem die Momente der Spontaneität und der Initiative seitens der Lernenden Anerkennung erfahren (Sesink 2004: 96-99).

Bei genauerer Betrachtung zeigt sich also, dass es nicht ein medialer Raum ist, in dem Menschen agieren und Medien entwickeln, sondern dass sich jeweils eine *Mehr- bis Vielzahl medialer Räume* anbietet („das Buch", „der Film" usw.). Es zeigt sich aber auch, dass sich Räume in Räumen auftun, also z.B. der mediale Möglichkeitsraum der Simulation im umfassenderen Möglichkeitsraum des Neuen Mediums entwickelt wurde, als eine Realisierung neben anderen der dort ermöglichten Ermöglichungen.

Ob wir *Medien als Verwirklichung möglicher oder als Ermöglichung wirklicher Vermittlungen* verstehen, hängt also auch von der Perspektive ab, die wir einnehmen. Letztlich bietet jedes einzelne konkrete Medium immer auch einen Möglichkeitsraum an, der wahrgenommen werden kann, wenn Lehren und Lernen als *prinzipiell freie menschliche Tätigkeiten* verstanden werden und nicht

---

[2] Vgl. zum Verständnis von Medium als Möglichkeitsraum die vorzügliche Monografie von C. Hubig: Die Kunst des Möglichen I. Technikphilosophie als Reflexion der Medialität (Hubig 2006: 143-191).

als quasi automatische Resultate von keinen Raum lassenden rahmenden Bedingungen.

Wenn wir diesen umfassenderen Medienbegriff zu Grunde legen, ist also
zu berücksichtigen, dass sich die Medien herstellenden und gebrauchenden
Menschen schon in einem Rahmen bewegen, der ihnen nicht nur die Formen des
Mediengebrauchs vorschreibt, sondern sehr viel weitergehend sogar das Zweck-
setzen selbst verbietet, beschränkt oder im Gegenteil gar abverlangt. In der Her-
stellung und im Gebrauch der Medien „spricht" sich dann – ganz im Sinne Mc-
Luhans – das Medium aus: Medien herstellend und gebrauchend transportieren
Menschen die geheime Botschaft des Mediums der Medien.

Dieses Verständnis von Medium als Raum soll zunächst ausgeführt und er-
läutert werden mit Bezug auf Sprache und Schrift. Wenn ich Sprache und
Schrift als Vermittlungsraum verstehe, dann richte ich die Aufmerksamkeit
nicht auf die Worte, die gesprochen werden, oder auf die Schriftstücke, die es
gibt, sondern auf Sprache und Schrift als etwas, worin wir uns vorfinden als
Raum der Möglichkeit, zu sprechen und zu schreiben.

3 Vermittlungskollisionen

Die Einsicht, dass Pädagogik diesseits oder jenseits von Medien gar nicht möglich und denkbar sei, provoziert die Frage, was denn an der aktuellen Situation
so anders und neu ist, dass Medien jetzt zu einem so beherrschenden Thema
geworden sind? Meine These ist, dass die aktuelle Konjunktur des Medienthe-
mas damit zusammenhängt, dass sich die Art der medialen Vermittlung und mit
ihr die Rolle des Mediums in unserer Kultur dramatisch zu verändern begonnen
hat.

Die jüdisch-christliche Idee der *Offenbarung* ging (und geht) davon aus,
dass die Welt sich enthüllt bzw. von ihrem Schöpfer uns enthüllt wird; dass wir
staunende, ehrfürchtige Adressaten einer Botschaft sind, die uns übermittelt
wird durch die *vom Weltenschöpfer beauftragten Medien*: „das Wort", „die
Schrift" und deren Sprecher und Schreiber. Lehren ist Verkündigung; und Lernen heißt, „die Schrift" zu lesen und „das Wort" zu hören, das in der Verlesung
durch die des Mediums Mächtigen zur Gehör gebracht wird, und durch dieses
Medium hindurch den Weltenschöpfer prägend auf die eigene geistig-seelische
Gestalt im Sinne des Ge-horchens, des Gehorsams in-formierend wirken zu
lassen.

Mit dem Übergang zur Neuzeit vollzog sich die *Emanzipation von den Medien der Offenbarung und Verkündigung*. Die kulturelle Avantgarde machte
geltend, dass Menschen selbst über die Organe verfügen, die Welt zu entdecken

und sichtbar zu machen. In der bildenden Kunst wurde die *Zentralperspektive* erfunden, die das Bild perspektivisch auf den Betrachter zentriert (Schmeiser 2002). Menschen machten sich auf, aktiv ihre Welt zu erforschen und entdeckend sich anzueignen. Sie machten nun sich selbst ein Bild von der Welt, vertrauten dabei auf die eigenen Organe, die Sinnesorgane ebenso wie ihr Vernunftorgan, auch wenn sie sie anfangs noch als bloße Abbildungsorgane verstanden, in denen sich die Welt repräsentiert. „Die Schrift" wurde in die Sprache der Menschen übersetzt, so dass sie selbst vermöge ihres Verstandes sie rezipieren konnten und dazu nicht mehr der Hüter des Mediums bedurften. Lernen hieß nun „selbst Lesen lernen"; hieß nun auch schreiben lernen, um diese Welt selbst in Text fassen zu können. Und Lehren hieß: den Menschen das Lesen und Schreiben beizubringen.

Wort und Schrift als Medien zur Welt wurden selbst „von dieser Welt", säkularisiert. Sie vermittelten Mensch und Welt innerweltlich, sorgten für einen Zusammenhang im menschlichen Handeln, der vom Menschen kam. Sie wandelten sich zu Medien, in denen die Menschen sich ausdrückten, in denen sie ihre eigene Perspektive als auch handlungsleitend und wirklichkeitsmächtig zur Geltung brachten. „Mündigkeit setzt voraus, daß sich der Mensch aussprechen kann, seiner selbst durch die Sprache mächtig wird" (Heydorn 1972: 60).

Ohne den Buchdruck, der die Massenalphabetisierung ermöglichte und zur Folge hatte, wäre nicht denkbar gewesen, dass „das Volk" sich eines historischen Tages als Autor seines Geschickes begreifen und verhalten würde; in Flugschriften, Zeitungen und Büchern kündigte sich an und formulierte sich vor, was dann im politischen Handeln umgesetzt und wiederum in Flugschriften, Zeitungen und Büchern beschrieben, gerechtfertigt, kritisiert wurde.

Konkret waren es jeweils die in Büchern dargelegten kritischen Diagnosen der Verhältnisse, die mit Anklagen gegen die bestehende Ordnung gefüllten Zeitungen und die mit revolutionären Aufrufen bedruckten Flugblätter, welche als Medien des Umsturzes fungierten. Aber das Feld dafür war bereitet durch die Technik des Buchdrucks und die Alphabetisierung größerer Teile der Bevölkerung, welche das Medium Schrift zum Medium einer neuen Massenkommunikation der Selbsteinsetzung der Menschen als Subjekte werden ließ.

> „Das Zeitalter der Aufklärung brachte das Ideal einer zensurfreien wissenschaftlichen Mitteilung auf der Basis der Drucktechnik hervor. (...) Das Menschenrecht auf freie Meinungsäußerung ist seit der Aufklärung eng mit der Drucktechnik gedacht und auch verwirklicht worden, wie am Beispiel der Pressefreiheit sowie der öffentlich zugänglichen Bibliotheken ersichtlich" (Capurro 2003: 137).

Damit wird auch die *Rolle der Technik* deutlich. Sie gehört zu den Bedingungen der Möglichkeit der vielen real existierenden Medien und steckt den Rahmen für den Raum mit ab, den das Medium der Medien eröffnet. Um beispielsweise ein Buch schreiben und veröffentlichen zu können, bedarf es eines ganzen Ensembles von technischem Gerät für seine Produktion und Verbreitung, angefangen vom Schreibgerät des Autors, den Maschinen in der Druckerei bis hin zu den Transportfahrzeugen, welche die Bücher an ihren Bestimmungsort bringen, oder den Regalen, in denen sie aufbewahrt werden. Steht diese Technik nicht im benötigten Umfang zur Verfügung, kann auch kein Buch veröffentlicht werden. Aber es gehört noch einiges andere dazu; zum Beispiel die Qualifikation der beteiligten Personen, mit der Technik adäquat umzugehen; die Organisation des Ineinandergreifens der verschiedenen Phasen der Produktion und Verbreitung; eine funktionierende Ökonomie des Verlagswesens; und vor allem natürlich eine hinreichend verbreitete Kultur des Lesens und ihre Unterstützung durch öffentliche Bibliotheken, d.h. die allgemeine Anerkennung des Buchs als kulturellen Mediums. Dies alles zusammen (und sicher noch einiges mehr) macht erst das aus, was die Rede vom Medium als Raum oder Medium der Medien rechtfertigt.

Die Epochenwende des Übergangs in die Moderne mit ihrer *fundamentalen Änderung der vermittelnden Leistung des Mediums Text* setze ich von ca. 1500-1800 an; der entscheidende Durchbruch geschah im 18. Jahrhundert. Statt als Selbstoffenbarung einer dem menschlichen Begreifen wie Gestaltungswillen entzogenen absoluten Ordnung diente Text nun den Menschen zum Ausdruck ihrer eigenen Vernunft und ihres Anspruchs, eine menschliche, nämlich vom Menschen kommende und auf ihn zentrierte neue Ordnung erst zu entwickeln; statt als Ausdruck einer absoluten Vernunft, diente er als Vermittlung zwischen den vielen in ihrer individuellen Vernunft je beschränkten Einzelwesen, um zu einer daraus sich entwickelnden gemeinsamen, allerdings nie definitiven Gesamtvernunft zu gelangen, die als gesellschaftliche Gestaltungskraft auftreten sollte.

Was also „tat" das neue Medium Text? Es bot dort, wo zuvor das Feld besetzt war durch den Text der Offenbarung und dessen Auslegung durch die Stellvertreter einer absoluten Vernunft, einen *freien Raum* für die Entwicklung der individuellen und damit auch gesellschaftlichen humanen Vernunft. Das Medium Text wurde als Medium der spezifischen Botschaften, die in den tatsächlich geschriebenen Texten transportiert werden, zum Möglichkeitsraum. Es stürzte nicht die alte Ordnung. Aber es bot einen Raum, in dem für deren Sturz das Feld bereitet wurde.

Was wir heute als „*neu*" erleben, ist eine *dramatische Zuspitzung dieser Richtungsumkehrung* der von den Medien zu leistenden Vermittlung. Die alten Medien vermittelten die Welt als eine lesbare, beschreibbare, berechenbare Welt. Das neue Medium dagegen – so meine im Folgenden noch zu erläuternde

These – vermittelt die Welt als eine konstruierbare (schreibbare und errechenbare).

4 Die Nacht der Welt

Die Umkehrung der Vermittlungsrichtung im Übergang zur Moderne ist aufs Engste verbunden mit der Entstehung der klassischen Bildungsidee. Ohne sie wäre Bildung in unserem modernen Verständnis gar nicht denkbar. Darin scheint verstörenderweise jene von Heidegger angesprochene *nihilistische Dimension des modernen Humanismus* (Heidegger 1986: 393) auf, welcher durch bloße Abwehr nicht zu begegnen ist, zumal wir in ihr einer zu gern verleugneten Schattenseite der Bildung ansichtig werden, der gerade Bildungstheorie sich zu stellen hat. Wenn heute (wieder) öffentlich und gerne der Bildungsbegriff herangezogen wird, um normative Orientierungen für die pädagogische Praxis geltend zu machen, dann erscheint Bildung fast durchweg als heilende Antwort oder rettende Intervention angesichts zunehmenden Zerfalls von Halt gebenden Strukturen. Bildung hat in der Tat Teil an der humanistischen Idee, dass die Wurzel des Menschen der Mensch sei, ist sie doch wesentlich gedacht als die Realisierung des *Prinzips der Rückführung von allem auf den Menschen als seinen letzten Grund*: Der Mensch soll nicht zuletzt auch sein eigener Schöpfer sein (Heydorn 1972: 78). Mit einer Ingeltungsetzung des Wahren, Guten, Edlen und Schönen hat dies aber nur bedingt zu tun. Wo Bildung im Sinne ihrer humanistischen Idee einsetzt, finden wir zuerst vielmehr Auflösung, Destruktion und Vernichtung.

Nun ist dies eine Behauptung, die nicht allzu gut zusammenstimmt mit der Emphase und Feierlichkeit, mit der in der Regel Bildung als heilende Kraft angerufen wird, in der Öffentlichkeit, von der Politik, aber auch innerhalb der Pädagogik in Theorie und Praxis. Deshalb werde ich ihrer Begründung etwas ausführlichere Überlegungen widmen müssen. Dazu werde ich mich auf jene idealistische Philosophie des Subjektes berufen, deren Ausformulierung um 1800 mit dem Übergang in die Moderne und der Entstehung der Bildungsidee historisch und systematisch im Zusammenhang steht und die den medialen Raum des Textes im Selbstbewusstsein der Autorenschaft des Menschen und im Namen der Autorität seiner Vernunft frei räumte von den letzten Resten religiöser Bevormundung.

Die philosophische Postulierung der Subjektivität kann als theoretischer Ausdruck der Entdeckung und Entfesselung ungeahnter menschlicher Gestaltungskräfte in der revolutionären Übergangszeit des 18. Jahrhunderts gelten. Kant, Fichte und Hegel identifizierten – wenn auch mit unterschiedlichen Akzentuierungen – diese basale Kraft der Subjektivität als *produktive Einbildungs-kraft*. In diesem Wort sind Bildung und Bildungskraft enthalten. Dies kann zwar als Legitimation für seine Behandlung im Kontext bildungstheoretischer Über-legungen nicht reichen; ebenso wie die etymologische Verwandtschaft von Information und Einbildung noch keinen systematischen Zusammenhang zwi-schen idealistischen Philosophien des Subjekts, Bildungstheorie und Neuen Medien belegt. Darauf hinzuweisen soll an dieser Stelle aber immerhin ein ers-tes Schlaglicht auf die folgenden Überlegungen werfen.

Für Kant ist die Einbildungskraft vor allem eine synthetische Kraft, eine Kraft, die Ordnung bringt in das Chaos einer ursprünglichen „Mannigfaltigkeit der reinen Anschauung". In seiner „Kritik der reinen Vernunft" heißt es:

„Die Synthesis überhaupt ist die bloße Wirkung der Einbildungskraft, einer blinden, obgleich unentbehrlichen Funktion der Seele, ohne die wir überall gar keine Er-kenntnis haben würden, der wir aber selten nur einmal uns bewußt sind. Das Erste, was uns zum Behuf der Erkenntnis aller Gegenstände a priori gegeben sein muß, ist das Mannigfaltige der reinen Anschauung; die Synthesis dieses Mannigfaltigen durch die Einbildungskraft ist das zweite, gibt aber noch keine Erkenntnis; die Be-griffe, welche dieser reinen Synthesis Einheit geben und lediglich in der Vorstel-lung dieser notwendigen synthetischen Einheit bestehen, tun das Dritte zum Er-kenntnisse eines vorkommenden Gegenstandes, und beruhen auf dem Verstande" (Kant 1781: A 78f.).

Die Einbildungskraft begegnet uns hier – und das stimmt mit gängigem Bil-dungsdenken gut zusammen – als eine *konstruktive*, dem Menschen innewoh-nende und seiner Denktätigkeit zu Grunde liegende Kraft, die dem Chaos, der Zusammenhangslosigkeit der Welt gegenübertritt und nun ihr schöpferisches Werk beginnt, Ordnung in dieses Chaos, Zusammenhang in diese Welt zu brin-gen.

Gegen diese einseitige Bestimmung der Einbildungskraft als synthetisie-rendes Vermögen wendet sich Slavoj Žižek:

„So obsessiv er sich dem Bestreben des Synthetisierens widmete, eine zerstreute Mannigfaltigkeit, die in einer jeden Anschauung gegeben ist, zusammenzufassen, so wortlos übergeht Kant die entgegengesetzte Kraft der Imagination, die später von Hegel betont wird, nämlich die Einbildungskraft als Aktivität der Auflösung, die als eine abgeschiedene Entität behandelt, was tatsächlich nur als Teil eines or-ganischen Ganzen Existenz hat" (Žižek 2001: 44).

Die Stelle, auf die Žižek sich dann bezieht, stammt aus Manuskripten Hegels zu seinen Jenenser Vorlesungen über die Philosophie der Natur und des Geistes der Jahre 1805 und 1806. Hegel führt in dem zitierten Teil der Vorlesung aus, wie sich der Geist von dem ihn zunächst ausfüllenden und beherrschenden Ding und so auch von der eigenen Bestimmtheit durch das Ding emanzipiert:

„(...) er setzt sich frei von dieser Unmittelbarkeit (...); dies reine Subjekt, das frei ist von seinem Inhalt; aber auch über diesen Herr (...); er geht von diesem Sein [aus], und setzt dasselbe in sich als ein *Nichtseiendes*, als ein Aufgehobenes überhaupt, so ist er vorstellende *Einbildungskraft* überhaupt" (Hegel 1805-06: 171; Hervorh. im Original).

Hier taucht also ebenfalls der Begriff der Einbildungskraft auf, aber man spürt schon die andere Dramatik. Von einer Mannigfaltigkeit der Erscheinungen ist hier überhaupt nicht die Rede. Es ist „das Ding", von dem Hegel sprach: offensichtlich eine ganze Gestalt, die in sich schon Mannigfaltiges für die Anschauung zusammenfasst. Der Raum des Geistes diene dem Ding nun keineswegs als sein gehorsames Gefäß; er fasse es vielmehr als *sein* Ding, das, indem es in ihm ist, *ihm gehört*, über das er *Herr* ist. So sei es potenzielles Bild seiner selbst: von ihm geschaffen und darin zugleich ihn selbst in seiner *Macht* erweisend. Der Blick des Geistes auf die Dinge sei ein sich *der Dinge bemächtigender Blick*.

„Dies Bild gehört *ihm* an, er ist im Besitz desselben, er ist Herr darüber; es ist in seinem *Schatze* aufbewahrt, in seiner *Nacht*" (Hegel 1805-06: 172; Hervorhebung im Original).

Es folgt unmittelbar die Passage, die Žižek zitiert, um mit Hegel gegen Kants Reduzierung der Einbildungskraft auf Synthesis Einspruch zu erheben:

„Der Mensch ist diese Nacht, dies leere Nichts, das alles in ihrer Einfachheit enthält – ein Reichtum unendlich vieler Vorstellungen, Bilder, deren keines ihm gerade einfällt –, oder die nicht als gegenwärtige sind. Dies die Nacht, das Innere der Natur, das hier existiert – *reines Selbst*, – in phantasmagorischen Vorstellungen ist es rings um Nacht, hier schießt dann ein blutiger Kopf, – dort eine andere weiße Gestalt plötzlich hervor, und verschwindet ebenso – Diese Nacht erblickt man, wenn man dem Menschen ins Auge blickt – in eine Nacht hinein, die *furchtbar* wird, – es hängt die Nacht der Welt hier einem entgegen" (Hegel 1805-06: 172; Hervorh. im Original).

Dass der Raum des Geistes hier als *Nacht* bezeichnet wird, die, wie es zuvor hieß, einen *Schatz* beherberge, genauer eigentlich: dieser Schatz sei, könnte man missverstehen; nämlich: als gebe es hier einen Aufbewahrungsort erinnerter Bilder, eine Art Schatztruhe, aus welcher der Geist Bilder sozusagen hervorziehe, wenn die Einbildungskraft ans Werk gehe. Dies kann nicht gemeint sein, wenn es andererseits heißt, diese Nacht sei „ein leeres Nichts"; ein Nichts, das

allerdings trotz (oder wegen?) seiner Leere „ein Reichtum unendlich vieler Vorstellungen" sei; von „Bildern, deren keines ihm gerade einfällt" „oder die nicht
als gegenwärtige sind". Gemeint ist also nicht die Fülle der Vorstellungen, die
der Geist aktuell hervorbringen mag, sondern die unendliche Zahl von Vorstellungen, die er noch nicht hervorgebracht hat, aber würde hervorbringen können.
Der Reichtum des Geistes ist daher nicht sein aktuale Fülle, sondern *seine Kraft,
eine unendliche Fülle erzeugen zu können.*

So entsteht eine *Differenz* zwischen dem vom Ding erfüllten Raum des
Geistes, von dem Hegel anfangs spricht; und der Leere dieses Raums, von der
mit Bezug auf die Einbildungskraft dann etwas später gesprochen wird. Diese
Differenz entstehe durch die Bewegung des Geistes, der das Ding zu seinem
Bilde mache, darin seiner eigenen Bildungskraft inne werde, die darum eben
dies *Doppelte* ist: die *Kraft zur Destruktion des Dings, wie es als Bild den Raum
des Geistes zunächst füllt; und die Kraft zur Konstruktion neuer Bilder, die aus
den Trümmern des alten Bildes entstehen können.*

Dazwischen geschieht nun dies: „... hier schießt dann ein blutiger Kopf, –
dort eine andere weiße Gestalt plötzlich hervor, und verschwindet ebenso".
Noch ist die Zerstörung sichtbar; und noch ist nicht sichtbar, wie die Fetzen,
Trümmer und Bruchstücke zu einer neuen heilen Gestalt zusammengefügt werden könnten. Eine „prä-synthetische Einbildungskraft", so Žižek, sei hier „A-
mok gelaufen" und habe „gespenstische Erscheinungen von Partialobjekten
hervorgebracht" (Žižek 2001: 76). Noch zeigt sich nur die destruktive Seite der
Einbildungskraft und nicht schon ihre konstruktive. Noch sind wir also im
Raum der Aufgelöstheit der Dinge, wo vorerst nichts Neues entstanden, aber
zugleich noch alles möglich ist; im Raum größtmöglicher Freiheit. „Diese Nacht
erblickt man wenn man dem Menschen ins Auge blickt – in eine Nacht hinein,
die furchtbar wird, – es hängt die Nacht der Welt hier einem entgegen". „*Für
sich*", schreibt Hegel kurz darauf, „ist hier die freie *Willkür* – Bilder zu zerreißen und sie auf die ungebundenste Weise zu verknüpfen". „Diese Willkür ist die
leere Freiheit" (Hegel 1805-06: 173; Hervorh. im Original).

Hier wird in aller Kompromisslosigkeit ausgesprochen: Die Freiheit des
Menschen gründet sich auf Zerstörung und Vernichtung. Die Mannigfaltigkeit
der Erscheinungen ist nicht etwa – wie Kant behauptet – das Apriori, die Voraussetzung, sondern das Resultat der Einbildungskraft; sie zerreißt das Bild, mit
dem das Ding den Raum des Geistes füllte, lässt es verschwinden, schafft Platz,
damit das Neue möglich werde, das aus der Leere reiner Potenzialität emporsteigen soll. Welcher Schrecken, dieser Freiheit „ins Auge" zu sehen, sich so
ihrem „nüchternen" Blick auszusetzen und dabei einer Leere ansichtig zu werden, welche die Welt in ihre Nacht zu ziehen sucht!

Versuchen wir an dieser Stelle, Hegels „Nacht der Welt" als den frei geräumten medialen Raum des Textes zu interpretieren. Das „Ding" wäre dann allerdings „die Schrift" bzw. „das Wort", das zunächst den Geist okkupiert; jegliche Schrift und jegliches Wort, das als bloß vernommenes, gehörtes Wort Gehorsam und Hörigkeit des Geistes verlangt. Bei der im Hegelschen Sinne gedachten Aneignung des Textes negiert der Geist die dem Text mitgegebene Botschaft. Die Sätze werden aufgelöst, die Wörter voneinander getrennt; möglicherweise weitergehend noch selbst in ihre Bestandteile zerlegt. Sprache tut sich auf als ein von jeglicher Botschaft leerer Möglichkeitsraum des Sprechens und Schreibens; als Reichtum unendlich vieler Texte oder Botschaften, von denen keiner und keine aktuell gesprochen oder geschrieben ist.

> „Ich ist die Kraft dieser freien (...) Ordnung. (...) – es ist das erste sich selbst als Kraft erfassende Ich (...) [Der Geist] ist die freie Kraft, und hält sich fest als diese freie Kraft" (Hegel 1805-06: 178f.).

Eine zweite Stelle, an der Hegel – implizit – auf die Einbildungskraft zu sprechen kommt, ist die Vorrede zur Phänomenologie des Geistes aus dem Jahre 1807.

> „Eine Vorstellung in ihre ursprünglichen Elemente auseinanderlegen, ist das Zurückgehen zu ihren Momenten, die wenigstens nicht die Form der vorgefundenen Vorstellung haben, sondern das unmittelbare Eigentum des Selbsts ausmachen. (...) Die Tätigkeit des Scheidens ist die Kraft und Arbeit des Verstandes, der verwundersamsten und größten oder vielmehr der absoluten Macht. Der Kreis, der in sich geschlossen ruht und als Substanz seine Momente hält, ist das unmittelbare und darum nicht verwundersame Verhältnis. Aber daß das von seinem Umfange getrennte Akzidentelle als solches, das Gebundene und nur in seinem Zusammenhange mit anderem Wirkliche ein eigenes Dasein und abgesonderte Freiheit gewinnt, ist die ungeheure Macht des Negativen; es ist die Energie des Denkens, des reinen Ichs."

Was Hegel hier – wie gesagt: implizit – als Wirkung der Einbildungskraft heraushebt, ist die Tätigkeit des Scheidens als der eigentlich „verwundersamsten und größten oder vielmehr absoluten Macht". Und er fährt fort:

> „Der Tod, wenn wir Jene Unwirklichkeit so nennen wollen, ist das Furchtbarste, und das Tote festzuhalten das, was die größte Kraft erfordert. (...) Diese Macht ist er [der Geist] nicht als das Positive, welches von dem Negativen wegsieht (...); sondern er ist diese Macht nur, indem er dem Negativen ins Angesicht schaut, bei ihm verweilt. Dieses Verweilen ist die Zauberkraft, die es in das Sein umkehrt. – Sie ist dasselbe, was oben das Subjekt genannt worden" (Hegel 1807: 35f.).

Mit diesen letzten Sätzen formuliert Hegel den *Umschlag der prä-synthetischen auflösenden in die synthetische Einbildungskraft*, nämlich als einer sich vom Negierten konstruktiv ablösenden Einbildungskraft, die aufgrund dieser Ablösung, aufgrund dieser Befreiung von dem, was das Denken zunächst vorgefunden hat, auch befreit ist dazu, eine neue Welt erst gedanklich, aber im Ergebnis dessen dann auch praktisch zu entwerfen und zu verwirklichen.

Wir sehen hier die Differenz zu Kant noch einmal ganz deutlich. Nicht die Mannigfaltigkeit der Erscheinungen, sondern die geschlossene Vorstellung eines Dings als Ganzen ist der Ausgangspunkt („Der Kreis, der in sich geschlossen ruht ... ist das unmittelbare ... Verhältnis"). Und nicht die Synthesis ist die erste Aktion des Subjekts, sondern das „Zerlegen" einer Vorstellung in ihre Elemente, die – wie Hegel ausdrücklich betont – gerade nicht (wie bei Kant) die „vorgefundene" Form der Vorstellung sind, sondern *Produkte* des analytischen Geistes, weshalb sie ihm und nur ihm gehören als „unmittelbares Eigentum des Selbsts". Eine vorhandene, durchaus in sich geschlossene Welt wird der Tätigkeit des Scheidens unterworfen, der, wie Hegel in seiner Jenenser Vorlesung es ausgedrückt hatte, „freien Willkür, Bilder zu zerreißen".

Der nächste Schritt ist nach Hegel dann der, dass das Denken die zersetzende Wirkung der Einbildungskraft nicht leugnet, nicht von ihr wegsieht, sondern sie ansieht, bei ihr verweilt, dass es jene Unwirklichkeit, die daraus entstanden ist, das „Tote" festhält und so die Möglichkeit hat, dies Tote wiederum, das Ergebnis des Zerreißens war, „auf die ungebundenste Weise zu verknüpfen". In dem anderen Zitat: „die Zauberkraft, die es [das Unwirkliche; wir können auch sagen: das Virtuelle] in das Sein umkehrt" [Wirklichkeit werden lässt] und damit für Hegel das Subjekt ausmacht.

Slavoj Žižek fasst zusammen:

> „(...) die Mannigfaltigkeit, die die Synthesis der Einbildungskraft zusammenzubringen sucht, ist zugleich das Resultat dieser Einbildungskraft, ihrer spaltenden Wirkung. Diese wechselseitige Implikation räumt (...) dem ‚negativen', disruptiven Aspekt der Einbildungskraft den Vorrang ein" (Žižek 2001: 48).
> „Die Einbildungskraft ermöglicht es uns, die Textur der Realität zu zerreißen" (Žižek 2001: 47).

Dabei entsteht ein Raum, der bei Hegel als „Nacht der Welt" bezeichnet worden war und den Žižek als *„ontologische Lücke"* charakterisiert.

> „(...) in einer (...) gänzlich konstituierten positiven ‚Kette des Seins' gibt es (...) keinen Platz für ein Subjekt (...) Es gibt nur insofern ‚Realität' [nämlich eine Realität des Subjektes], als es gerade in ihrem Innersten eine ontologische Lücke, einen

Bruch gibt, das heißt einen traumatischen Exzess, einen Fremdkörper, der nicht in sie integriert werden kann" (Žižek 2001: 87).

Diese „ontologische Lücke" findet das Subjekt nicht vor, sie wird ihm nicht eröffnet; sie entsteht im Akt der Selbstkonstitution des Subjekts in seinem *Aufbegehren gegen das Seiende.* Mit diesem Aufbegehren hebt Bildung an. Soll sich das Subjekt als Autor seiner Texte, als Gestalter seiner Welt und als Sich-Bildender (statt bloß Erzogener) verwirklichen, muss es allem, was es als seiend einfach vorfindet, seine unbefragte Geltung entziehen. Soll eine neue Ordnung aus menschlicher Vernunft erwachsen, darf nichts, aber auch gar nichts Bestehendes der Kritik entzogen sein, sind alle Verhältnisse, in denen die Menschen sich schicksalhaft vorfinden, analytisch aufzulösen und ist dann aus den Kräften der Vernunft eine dem Menschen entsprechende Ordnung in diese Welt neu einzubilden. Alle *Verantwortung* allerdings liegt damit bei der Vernunft; keine andere Legitimation kann mehr in Anspruch genommen werden. Dass es zu einem Gebrauch des Verstandes in diesem Sinne in der Tat des Mutes bedarf (Kant 1783: 53), ist wahrlich einsichtig. Erstens des Muts, die alte Ordnung in Frage zu stellen, zu kritisieren, aufzulösen. Zweitens des Muts, die Verantwortung für das Neue zu übernehmen, für dessen autonome Konstruktion. Damit sind beide Seiten der Bildung angesprochen, die konstruktive, synthetische und die destruktive, analytische. Sie gehören untrennbar zusammen: Wenn Bildung als konstruktive Antwort auf Phänomene des Zerfalls und der Auflösung angerufen wird, dann, insofern ihre geschichtliche Einsetzung als Selbsthervorbringung des Subjekts für eben diese Phänomene in hohem Maße verantwortlich ist.

5 Das Prinzip der Kritik

Der mit dem Subjektbegriff oft verbundene Anspruch einer Einheit der Vernunft, mit Žižek und Hegel hier von mir als erst sekundär anschließender Versuch interpretiert, die vom Subjekt zu verantwortende Leere der „Nacht der Welt" mit sinnvollen Konstruktionen wieder zu füllen, rückt so in ein anderes Licht. Mit und in ihm hebt das Subjekt nicht an, sondern setzt es sich schon mit seiner eigenen Destruktivität auseinander. Wenn die Stiftung von Einheit und Zusammenhang nicht gelingen will und womöglich gar nicht gelingen kann, belegt dies insofern aus dieser Sicht eher die Überforderung, der das Subjekt sich selbst in seiner Selbstkonstitution mit dem Übergang zur Moderne aussetzt, als die Überholtheit des Subjektbegriffs oder gar „der Moderne". Nicht die

Postmoderne liegt mit der Moderne, sondern das kritisch-analytische Moment der Bildung liegt mit ihrem konstruktiv-synthetischen Moment im Widerstreit.

Den Anspruch der Herstellung *Einer Welt* aufzugeben, wäre demzufolge nicht etwa eine Überwindung der Moderne, sondern zurückweichende Resignation angesichts der ungeheuren Verantwortung, welche aus der analytischen Kraft, „der verwundersamsten und größten oder vielmehr der absoluten Macht" (Hegel) und ihrem autonomen Gebrauch resultiert.

Ein Zurück kann es aber wohl nicht mehr geben. Von der Fähigkeit des „Scheidens" Gebrauch zu machen, heißt, der Kantischen Forderung nachzukommen, die eigenen Verstandeskräfte zu gebrauchen. Was bei Kant eine Forderung an das Subjekt war, wurde umgekehrt zum Anspruch des Subjekts an die neue gesellschaftliche Ordnung. *Kritik* wurde zum *Menschenrecht*. Mehr noch: Sie wurde zum *ökonomischen Prinzip* als Wettbewerbsordnung, in der das künftige neue Produkt oder Verfahren immer schon der Feind des in Produktion und am Markt gegenwärtig Gängigen ist. Und schließlich wurde im Computer das Prinzip der Kritik zur *Technologie* (Technologie verstanden als Prinzip der Generierung von tatsächlich verfügbaren Techniken).

Nach meinen vorhergehenden Überlegungen lässt sich schon ahnen, dass es zwischen Bildung und dieser neuen Technologie nach meiner Auffassung einen Zusammenhang geben muss. Und auch, dass dieser Zusammenhang etwas mit der Umkehrung der Vermittlungsrichtung im medialen Raum des Textes zu tun hat.

Meine Überlegungen hierzu beginne ich mit einem Zitat von Gregory Bateson aus seinem Buch „Ökologie des Geistes", in dem er auf die Frage eingeht, was denn *Information* eigentlich sei, bzw. genauer gesagt, worin denn deren kleinste Einheit, das Bit, bestehe: „Ein ‚Bit' Information läßt sich definieren als ein Unterschied, der einen Unterschied macht" (Bateson 1981: 408).

Information ist ein Unterschied, und sie „macht" einen Unterschied; sie tätigt das (Unter-)Scheiden. Wie sagte Hegel: „Die Tätigkeit des Scheidens ist die Kraft und Arbeit des Verstandes, der verwundersamsten und größten oder vielmehr der absoluten Macht."

Die konsequenteste Destruktion, der man die Welt gedanklich unterwerfen kann, scheint mir, dass man sie oder die Aussage über sie auf eine letzte fundamentale Unterscheidung reduziert: dass etwas ist oder nicht ist. Genauer gesagt: dass es dieses oder jenes ist oder nicht ist. *Kritik* kommt ja aus dem Altgriechischen, von krinein; krinein heißt soviel wie *unterscheiden* oder – mit Gregory Bateson gesprochen – *einen Unterschied machen*. Wir könnten also sagen, im Zuge der Technik der Digitalisierung geschieht eine Auflösung der Welt in einen riesigen Bithaufen. Die Welt als je gegebene wird *durch Digitalisierung* buchstäblich, wenn auch erst gedanklich, *in Schutt und Asche gelegt* mit den

Bits als *Atomen der Kritik.* Und als solche sind sie nun allerdings gleichzeitig die *Bausteine* für neue Welten, die sich aus ihnen konstruieren oder synthetisieren oder computieren lassen.

Damit sind wir bei den Neuen Medien und ihrer häufig beklagten zersetzenden Wirkung. Das *Feld der neuen Medien* (das Medium der neuen Medien: den Konstruktionsraum des Programmierers – Weizenbaum spricht vom „Spielplatz" – Weizenbaum 1978: 156f.) kann man in einem gewissen Sinne als *geräumten Bauplatz* betrachten.[3] Die Macht der alten Welt (genauer: jeder Realität, die aus Sicht ihrer kritischen Auflösung immer „alte Welt" ist) ist dort eliminiert. Insofern ist der Bauplatz geräumt. Wo wir es mit Bits zu tun haben, gibt es keine Bezugnahmen mehr auf Realität, nicht den leisesten Anklang an irgend etwas, das Welt in unserem herkömmlichen Sinne ist, also Welt, der wir selber angehören, aus der wir kommen. Das Feld der neuen Medien ist ein geräumter Bauplatz mit Bytes und Bits als Baustoffen einer neuen und jetzt einzig auf den Menschen noch zurückführbaren Welt.

Hier haben wir in einer anderen, vielleicht noch konsequenteren Weise die „Nacht der Welt", von der Hegel sprach. Diese Nacht ist noch leerer, noch schwärzer, noch unwirklicher, als sie bei Hegel erschien. Dort gab es immerhin noch „phantasmagorische Vorstellungen": blutige Köpfe, gespenstische weiße Gestalten, die auftauchen und wieder verschwinden. Es gab dort m.a.W. Erinnerungen des Geistes an ein Heiles und Wirkliches, furchtbare Erinnerungen, weil dies Heile und Wirkliche zerstört und verloren ist; in Hegels „Nacht der Welt" ist der Schrecken der Vernichtung noch präsent. Wenn man sie als ein „Zwischen" bezeichnen kann zwischen dem Nicht-mehr der alten und dem Noch-nicht der neuen Welt, dann ist hier noch größere Nähe zum Nicht-mehr zu spüren. Der geistige Raum gehört noch einem lebendigen Wesen, das sich seiner Herkunft und seiner Tat erinnert. Solche Erinnerung ist im Felde der Neuen Medien ausgelöscht. Hier gibt es keine blutigen Köpfe und keine weißen Gestalten, es sei denn, sie würden absichtsvoll konstruiert. Im Kopfe des Menschen, die mit Neuen Medien umgehen, mag sich alles Mögliche an phantasmagorischen Vorstellungen abspielen; nichts davon ist dem Feld der Neuen Medien eingeschrieben; nichts davon kann dort *gefunden* werden.

Auch dieser geräumte Bauplatz der Neuen Medien bleibt ein „Sprachraum", ein „Textraum". Meine Überlegungen zur Umkehrung der Vermittlungsrichtung im Text als Medium der Medien hatten dort angesetzt. Als in diesem Zusammenhang vom Wort und von der Schrift die Rede war, waren Worte und Schriftstücke gemeint, die in natürlicher Sprache ge- und verfasst wurden. Natürliche Sprachen heißen deswegen so, weil sie kontextgebunden, d.h. auf eine

---

[3] Der Parallele zwischen dem Bauen der Architektur und pädagogischem Raumgeben bin ich in einem Vortrag vor Architekt/innen der TU Darmstadt nachgegangen (vgl. Sesink 2006b).

Welt verpflichtet sind, die uns jeweils gegeben, also nicht unser Produkt ist und auf die sie in ihrer Semantik Bezug nehmen müssen, sonst können wir sie weder sprechen noch verstehen. Formale oder Programmiersprachen hingegen sind kontextfrei, d.h. sie sind auf keine gegebene Welt mehr verpflichtet.

Die Ab- oder Nach-schrift wird im Raum des Neuen Mediums definitiv abgelöst durch die *Vor-schrift* (wörtl. Übersetzung von Programm), nämlich das Computerprogramm, das – als Steuerungsprogramm implementiert – maschinell ausführbar ist. Diese Vorschrift bedingt eine neue, eine andere Art des Schreibens. Natürlicher Sprache ist ihr Sprecher niemals ganz Herr. Sprecher und Schreiber suchen nach Worten, ringen um Formulierungen. Natürliche Sprache wird erfahren als ein Medium mit Eigenleben, in dem das gemeinte Objekt doch ein Mitspracherecht zu haben scheint: ihr Ausdruck soll ihm angemessen sein. Zugleich artikuliert sich in ihr eine kulturelle und sich permanent wandelnde Tradition von Weltrezeption, in der sich ein Sprecher und Schreiber erst einmal zurechtfinden muss, will er verstehen und sich mitteilen können. Was „sie sagt",", mag dem, der sich in ihr auszudrücken versucht, deshalb oft fremd und ihm nicht ganz gehörig erscheinen.

Wenn dagegen jemand Text von der Sorte eines Computerprogramms schreibt, dann schreibt er der Welt vor, wie sie zu sein, wie sie sich zu verhalten hat. Er bezieht sich auf die Welt als eine, der man auf diese Weise Vorschriften machen kann. Der Text fungiert jetzt als eine An-ordnung (eine der Wortbedeutungen von informatio), eine Kette von Befehlen, durch deren Befolgung die Übersetzung in Wirklichkeit zu leisten ist. Welt wird hier nicht mehr beschrieben, sondern ge-schrieben; *Schreiben wird zum Akt der Konstruktion.* Oder – wie es die Klagenfurt-Gruppe mit Rückbezug auf Gotthard Günther sagt – die Theorie (als Modell der Sache) wird operational (Klagenfurt 1995: 16; Sesink 2004: 60-62).

6 Verantwortung

Bildung benötigt einen medialen Raum, in dem der Mensch, als Einzelmensch wie als Menschheit, zum Autor der Texte wird, die er schreibt und liest. Kompromisslos zu seiner letzten Konsequenz gedacht, würde ein absolut gefasster Bildungsanspruch verlangen, dass der Text nichts sagt, als was sein Autor sagt; dass im Text nichts mit-spricht, das sich der Kontrolle des Subjekts entzieht; dass der Text also eine reine Konstruktion des Autors ist. Hierzu muss der mediale Raum der Sprache text- und bedeutungsleer sein, wenn der Autor ihn betritt; eine Tabula rasa. Jeder Text, in dem sich eine andere Botschaft als die des Subjektes ausspricht, wäre zu löschen. Das Subjekt will kein Gehorsamer, kein Höriger mehr sein.

Computerprogramme sind solche reinen Konstruktionen im derart leeren Sprachraum des Neuen Mediums. Das „Verbrechen" einer „Ermordung der Realität" lastet nicht nur Jean Baudrillard (1996: 9) daher den Neuen Medien an. Hartmut von Hentigs Diktion ist kaum weniger drastisch, wenn er meint, sein Buch „Der technischen Zivilisation gewachsen bleiben", in dem er sich mit dem Verhältnis der Bildung zu den Neuen Medien befasst, hätte eigentlich auch den Untertitel „Die Vernichtung der Wirklichkeit durch Virtualität" tragen können (Hentig 2002: 9).

Von der endlichen Erhebung des Menschen aus dem Staub eines vermeintlichen materiellen Grundes seiner Existenz zum wahrhaft „aufrechten Gang" und zur freien Projektion neuer Welten spricht dagegen Flusser.

„Das Zurücktreten des Denkens aus der Linie in den Punkt (der ein Nichts ist) ist ja nicht nur eine Bewegung des Kalkulierens – des Analysierens der Welt und des Menschen –, sondern ebensosehr eine Bewegung des Komputierens: des Synthetisierens von Welten und Menschen. Es ist zwar richtig, dass mit dem Einsetzen des numerischen Denkens ein Schritt zum Zersetzen der Dinge und des Menschen zu ‚nichts' getan wird. Aber ebenso richtig ist, dass damit das Feld für das Projizieren alternativer Welten und Menschen frei wird" (Flusser 1998: 17).

Das Neue Medium ist *Medium der Konstruktion* (oder „Projektion" bei Flusser). Diese digitale Welt, dieser *freigeräumte Bauplatz* basiert auf dem „vollständigen und spurlosen Verschwindenlassen der realen Welt" (Baudrillard 1996: 9); und sie ist das neue Feld der Konstruktions- und Rekonstruktionsversuche von Welt, wenn informatisch Entwürfe für technische Systeme geschaffen werden, die dann zur Veränderung unserer wirklichen Welt beitragen.

Durch das Neue Medium wird nun Bildung in doppelter Weise mit ihrer Verantwortung konfrontiert.

Zum ersten kulminiert in seinem Siegeszug eine Entwicklung, die wesentlich durch Bildung vorangetrieben wurde und wird. Bildung ist *unaufhaltsame Kritik*; diese Unaufhaltsamkeit hat zu Konsequenzen geführt, die sich jetzt, im Neuen Medium, zeigen. In der Informatik manifestiert sich, wohin Bildung führt.

Zum zweiten steht Bildung damit in der Herausforderung, auf die Leere des freien Raums, welche ihr Technologie gewordenes Prinzip der Kritik hervorgebracht hat, auf diese nihilistische Konsequenz ihrer Unaufhaltsamkeit eine Antwort zu finden; d.h. dem in ihr erhobenen Anspruch der Freiheit auch positiv gerecht zu werden.

Diese Freiheit ist kein Geschenk, sondern eine Errungenschaft. Das Subjekt konstituiert sich in der *Auflehnung* gegen die Realität. Es ist per se *revolutionäres* Subjekt, und als solches schafft es sich den freien Raum für eine neue Welt, die seine eigene Konstruktion ist; nicht mehr verhängtes Schicksal. Jetzt kann es sich endlich *sein eigenes Gesetz geben*, also autonom werden. Nicht nur die Welt, die es umgibt, sondern auch die Welt, die es selbst ist, hat es aufgelöst; es betritt den Raum des Zwischen Nicht-mehr und Noch-nicht; die „Nacht der Welt"; den informatischen Raum der freien Konstruktion. Nichts hemmt mehr das Neue, das kommen soll: die neue Welt und den neuen Menschen. „Diese Willkür ist die leere Freiheit" (Hegel 1805-06: 173).

Der Schrecken der Heimsuchung durch blutige Köpfe und weiße Gestalten in der „Nacht der Welt" ist nur zu bannen, wenn zugleich die Aussicht auf Heilung, auf ein kommendes Gutes eröffnet ist, eine Aussicht, welche die konstruktive Einbildungskraft dann einlösen soll. Aber *woran misst sich*, was Verbesserung heißt, was heil und gut ist? *Woher kommen* die neuen Ordnungsstrukturen, die Regeln und Gesetze menschlichen Lebens, wenn jede Ordnung negiert ist?

Befreit von der alten Welt ist nun *alles möglich*; allerdings *nichts mehr notwendig*. Im leeren Raum des Konstruierens gibt es *keine Gründe* mehr. Es bietet sich kein Warum und Wozu mehr an; auf die Frage „Was soll ich tun?" wird dem Konstrukteur *keine Antwort* gegeben. Alle Konstruktionen erscheinen als gleich gültige mögliche Manifestationen seiner konstruktiven Einbildungskraft; sie hat *keinen Maßstab* mehr, der ihr Orientierung gibt.

Die aus Sicht des „seine Freiheit festhaltenden" Subjekts konsequenteste Antwort wäre wohl, dass diese Maßstäbe eben *freie Setzungen* des Subjekts zu sein hätten. Die Welt wäre demnach gut zu machen, indem das Subjekt selbst setzte, was gut ist. Und dies hieße: dass *gut ist, was und weil es eine freie Setzung des Subjekts ist*. Das wäre Reduktion des Guten auf eine *reine Manifestation der Willensfreiheit*, auf den *Willen, der sich will*. „(...) und gerade darin wurzelt ja der Nihilismus" (Žižek 2001: 70).

Das seine Freiheit „festhaltende" Subjekt hätte sich also in eine *ausweglose Situation* manövriert, sofern es richtig ist, dass es einen Ausweg braucht, es also nicht vollständig in die Immanenz dessen gehört, was es geschaffen hat; dass es *mehr ist, als es vermag*; dass seine Kraft nicht ihr eigener Grund ist. Anders ausgedrückt: In der Einbildungskraft wird die Realität nicht nur ermordet, sondern wird sie (im empirischen Menschen) zum Subjekt, das daher immer das Andere seiner selbst bleibt. Die Einbildungskraft ist eine Kraft, die in genau dem Augenblick erstürbe, in dem sie mit der gelungenen Ermordung der Realität den vollständigen Triumph erränge. Sie ist „älteren Datums" als ihre Manifestation im Subjekt. Sie bleibt immer in dem verwurzelt, das sie zersetzt und auflöst. Wir können es auch so formulieren: So sehr das Subjekt geistig über die

Welt, in der es lebt, hinaus sein mag, so sehr bleibt es dabei materiell Teil dieser Welt und dieser mit all seinen Trieben und Motivationen, seinen Leidenschaften, Wünschen und Hoffnungen verbunden.

Als Kraft ist sie *selbst eine Realität* genau der Art, von der sie sich löst. Sie ist sich selbst gegeben. (Michael Wimmer spricht von der „Gabe der Bildung" – Wimmer 1996). Sie verdankt sich nicht sich selbst, sondern der alten Welt, der Realität, der Ordnung, aus der sie kommt. Die Kritik, die der Ausgangspunkt war für die Zersetzung der alten Welt, ist selbst in dieser alten Welt, die sie zersetzt, gegründet; sie kommt dorther. Diese alte Welt, die sie zersetzt, ist ihre Herkunft. Wunsch und Ziel, die alte Ordnung abzuschaffen, entstand in deren Schoße. Die Kritik an der alten Ordnung war nicht ihr eigener Ermöglichungsgrund, sondern sie fand sich als Möglichkeit vor, und diese Möglichkeit wurde von der alten Welt unterbunden, insofern sie zugleich eingeräumt war.

Damit sind wir an einem Punkt, an dem der Begriff *Schuld* angebracht sein könnte. Reflektiert das Subjekt auf die Bedingung der Möglichkeit seiner Freiheit, so stößt es auf etwas, an das die Wahrnehmung seiner Freiheit gebunden ist. Diese Bindung ist nicht mehr eine, die von sich aus wirkt; solche Bindungen hat die Einbildungskraft zerrissen. Vielmehr ist es Bindung, die notwendig wird, sobald das Subjekt sich *Rechenschaft* ablegen will über Gründe und Sinn seines Konstruierens, sobald seine Freiheit sich in die Welt hinein *gestaltend verwirklichen* will. Die konstruktive oder synthetische Einbildungskraft verweist daher nicht nur auf ihre destruktive Seite als ihre Voraussetzung, sie steht auch in der Schuld der alten Ordnung, aus deren Asche ihr Phönix emporsteigen soll. Sie *schuldet* ihr *Wiedergutmachung*.

Wiedergutmachung heißt, *das Gute des zerstörten Alten restituierend zu bewahren im Neuen*, d.h. darin steckt ein Bekenntnis, dass im Alten etwas Gutes war, und wenn es nur die Ermöglichung der auflösenden und befreienden Kritik war, die dieses Gute ausmacht. Die Einbildungskraft steht sozusagen in der Schuld dessen an der alten Ordnung, dem sie sich verdankt. Sie schuldet der alten Ordnung, dass sie dies Gute wiederschafft; dass sie es re-konstruktiv restituiert.

Alle wirklichen Überlegungen und Konzepte zu neuen Ordnungen sind m.E. in diesem Sinne wiedergutmachend; sie knüpfen an, entwickeln weiter – allerdings all dies dem Anspruch nach auf der Basis vernünftiger Entscheidungen. Wiedergutmachung bildet den normativen Bezugspunkt des emphatischen Bildungsbegriffs. Man könnte von einer *zurückhaltenden* Einbildungskraft sprechen; einer Einbildungskraft, die *sich selbst hemmt* (da sie von nichts anderem mehr gehemmt zu werden beansprucht) und *sich selbst Bindung auferlegt* (nachdem sie alle Bindungen gesprengt hat); einer Einbildungskraft, die *Verantwortung* übernimmt und sich *an ein selbstauferlegtes Gesetz bindet*.

Die synthetische Einbildungskraft verpflichtet sich selbst auf Wiedergutmachung; und bekennt damit die Schuld, in der sie als präsynthetische, als destruktive Einbildungskraft steht; nicht zuletzt ist sie sich selbst Wiedergutmachung schuldig. Das Gute ist keine Neuerfindung, sondern in der Destruktion des Schlechten und Bösen schon erfahren, als bisher Unterdrücktes, zu kurz Gekommenes, Verhindertes; als Ahnung und Sehnsucht. Es bildet den Hintergrund der Initiative der Einbildungskraft, der ihm allerdings, als immer schon hintergründig wirksam, nie klar in den Blick kommen und transparent werden kann.

Daraus resultiert eine Praxis, die *experimentell* und auf Revidierbarkeit gerichtet ist, weil damit eingestanden ist, dass, was den Maßstab für Güte ausmacht, nicht theoretisch und praktisch in einem Akt ungebundener Freiheit („freier Willkür" – Hegel) einfach gesetzt werden kann, sondern aus der Welt, der der Mensch als leibliches Wesen zugehört, stammen muss, und dass insofern sein Handeln immer auch ein *Suchen* nach diesen Maßstäben ist, ohne je die Chance zu haben, sie als definitiv gefunden dingfest zu machen.

Das Neue Medium ist die informatische Welt (oder Sphäre). In ihr ist der Bildungsanspruch, wie ihn Heydorn etwa emphatisch als „dauernde Selbstschöpfung" charakterisierte (Heydorn 1972: 56), auf eine absurde Spitze getrieben. Hier kann jeder tatsächlich sich selbst neu erfinden (Turkle 1999: 285-377; Marotzki 2000: 241f.; Meder 2000: 51). Bildung wird hier sozusagen absolut: ihre emanzipatorische Seite eliminiert alle Bindungen, befreit so vollständig, dass dort auf nichts mehr Berufung möglich ist, was im wirklichen Leben eben auch die individuelle Identität ausmacht: die attraktive Erscheinung, das Alter, das Geschlecht, die Behinderung, die Rasse. Dort kann das Individuum sich gleichsam gut machen, so gut es nur will. Und doch – nicht nur leiser Zweifel schleicht sich ein, ob mit dem Wollen, auch dem Sich-selbst-besser-Wollen, nicht zwangsläufig wieder Bezüge und Bindungen ins Spiel kommen (müssen), die das, was der Sich-selbst-neu-Erfinder dort erfindet, rückbinden an die Welt, von der aus er dies tut. Und so ist es wohl doch eher eine Art Wiedergutmachung der eigenen Person, die dort versucht wird; nicht so ganz anders als in der wirklichen Welt.

Das Neue Medium ist ein *konstruktivistisches Medium*. Der Raum, den die Einbildungskraft sich in ihm geschaffen hat, ist durch keine Referenzen an die reale Welt eingeschränkt. Das Subjekt findet dort keine Maßstäbe vor, an denen es seine Einbildungen normativ orientieren könnte. Es hat die volle Verantwortung zu tragen für seine Konstruktionen. Dafür aber ist mehr und anderes verlangt, als nur ein genialer Konstrukteur zu sein. Jetzt gilt es, im Sinne der Wiedergutmachungsidee die *Vermittlung des formalen Modells mit dem lebensweltlichen Kontext* zu leisten. Und dazu muss man sehr gut verstehen, worauf die

Formalismen dort stoßen, wenn sie damit in eine hybride Konstellation gebracht werden sollen (Capurro 2003: 229). Denn spätestens hier erweist sich, dass Konstruktion nicht ohne Destruktion zu haben ist und daher die Einführung neuer Technologien immer auch den Widerstand derer provoziert, die das Gute im Alten vor der Vernichtung durch das Neue bewahren wollen. Wiedergutmachung heißt hier: Rücksicht nehmen auf die Bedürfnisse der Betroffenen; Anschluss suchen an ihre Interessen; Partizipation ermöglichen (Schelhowe 1997: 207-211).

Das betrifft keineswegs nur die Informatiker als Konstrukteure im engeren Sinne. Erstens werden auch den Nicht-Informatikern immer mehr Instrumente an die Hand gegeben für informatische Konstruktionen. Und zweitens ist auch die Implementierung dieser Konstruktionen in den lebensweltlichen Kontext mit einem konstruktiven Moment, nämlich der Um-Konstruktion von Wirklichkeit verbunden.

Was nun gar nicht geht, ist, gegen den Konstruktivismus des Mediums das Heil in der Flucht in scheinbar lebensnahe echte Wirklichkeiten zu suchen; gegen das Medium die Unmittelbarkeit von Natur, Feld, Wald und Wiesen, von Gefühlen und Sinnlichkeit in Stellung zu bringen. Das wäre Verrat am hier entfalteten Bildungsgedanken und seinem emanzipatorischen Anspruch.

Das Neue Medium ist Grund, aber auch Resultat von Bildung. Es entstand in Konsequenz der neuen Medialität, die mit dem Übergang zur Moderne das Subjekt in jedem Menschen provoziert. Es mag sich leugnen, dieses Subjekt; die Verantwortung von sich weisen, weil es mit ihr überfordert ist. Aber noch darin erweist es sich als das, was zu sein es leugnet: Es selbst ist es, das darüber urteilen zu können und zu dürfen beansprucht, ob es dies (nämlich Subjekt) sei, worauf sich sein Anspruch gründet. Nur es selbst kann sich daher zurücknehmen, ohne zurückzukehren in die vormodernen Zeiten einer Medialität, die bildungsfern und -feindlich war, insofern sie das Schicksal der Menschen durch Verkündigung einer von weit her kommenden Botschaft bestimmte.

Literatur

Baudrillard, Jean (1996): Das perfekte Verbrechen. München: Matthes & Seitz.
Bateson, Gregory (1981): Ökologie des Geistes. Frankfurt a.m.: Suhrkamp (Orig. 1972).
Capurro, Rafael (2003): Ethik im Netz. Wiesbaden: Franz Steiner.
Euler, Peter (1998): Gesellschaftlicher Wandel oder historische Zäsur? Die „Kritik der Kritik" als Voraussetzung von Pädagogik und Bildungstheorie. In: Rützel/Sesink (1998): 217-238.
Flusser, Vilém (1998): Vom Subjekt zum Projekt. Menschwerdung. Hrsg. S. Bollmann und E. Flusser. Frankfurt a.m.: Fischer.

Hegel, Georg Friedrich Wilhelm (1805-06): Jenaer Systementwürfe III. Naturphilosophie und Philosophie des Geistes. Hrsg. R.-P. Horstmann. Hamburg: Meiner 1987.

Hegel, Georg Friedrich Wilhelm (1807): Phänomenologie des Geistes. In: Werke in 20 Bänden. Red. E. Moldenhauer und K.M. Michel. Bd. 3. Frankfurt a.m.: Suhrkamp 1970.

Heidegger, Martin (1986): Seminare. Hrsg. C. Ochwadt. Gesamtausgabe Bd. 15. Frankfurt a.m.: Klostermann.

Hentig, Hartmut von (1985): Das allmähliche Verschwinden der Wirklichkeit. München: Hanser.

Hentig, Hartmut von (2002): Der technischen Zivilisation gewachsen bleiben. Weinheim: Beltz.

Heydorn, Heinz-Joachim (1972): Zu einer Neufassung des Bildungsbegriffs. In: Ders.: Bildungstheoretische und pädagogische Schriften 1971-1974. (Werke Bd. 4). Hrsg. I. Heydorn, H. Kappner, G. Koneffke und E. Weick. Wetzlar: Büchse der Pandora 2004: 56-145.

Hubig, Christoph (2006): Die Kunst des Möglichen I. Grundlinien einer dialektischen Philosophie der Technik. Technikphilosophie als Reflexion der Medialität. Bielefeld: transcript.

Kant, Immanuel (1783): Beantwortung der Frage: Was ist Aufklärung? In: Ders.: Werke in zehn Bänden. Hrsg. W. Weischedel. Bd. 9. Darmstadt: Wissenschaftliche Buchgesellschaft 1968: 51-61.

Kant, Immanuel (1781/87): Kritik der reinen Vernunft. Hrsg. R. Schmidt. Hamburg: Meiner 1956.

Klagenfurt, Kurt (1995): Technologische Zivilisation und transklassische Logik. Eine Einführung in die Technikphilosophie Gotthard Günthers. Frankfurt a.m.: Suhrkamp.

Marotzki, Winfried (2000): Zukunftsdimensionen von Bildung im neuen öffentlichen Raum. In: Marotzki/Meister/Sander (2000): 233-258.

Marotzki, Winfried/Meister, Dorothee M./Sander, Uwe (Hrsg.) (2000): Zum Bildungswert des Internet. Opladen: Leske + Budrich

Masschelein, Jan/Wimmer, Michael (Hrsg.) (1996): Alterität, Pluralität, Gerechtigkeit: Randgänge der Pädagogik. St. Augustin: Academia.

McLuhan, Marshall (1964): Die magischen Kanäle. Understanding Media. 2. erw. Aufl. Basel: Verlag der Kunst 1995.

Meder, Norbert (2000): Wissen und Bildung im Internet. In: Marotzki/Meister/Sander (2000): S. 33-56.

Rützel, Josef/Sesink, Werner (Hrsg.) (1998): Bildung nach dem Zeitalter der Großen Industrie. Jahrbuch für Pädagogik 1998. Frankfurt a.m.: Lang.

Schelhowe, Heidi (1997): Das Medium aus der Maschine. Zur Metamorphose des Computers. Frankfurt a.m./New York: Campus.

Schmeiser, Leonhard (2002): Die Erfindung der Zentralperspektive und die Entstehung der neuzeitlichen Wissenschaft. München: Fink.

Sesink, Werner (2002): Vermittlungen des Selbst. Eine pädagogische Einführung in die psychoanalytische Entwicklungstheorie D.W. Winnicotts. Münster: Lit.

Sesink, Werner (2004): In-formatio. Die Einbildung des Computers. Beiträge zur Theorie der Bildung in der Informationsgesellschaft. Münster: LIT.

Sesink, Werner (Hrsg.) (2006a): Subjekt – Raum – Technik. Beiträge zur Theorie und Gestaltung Neuer Medien in der Bildung. Münster: LIT.

Sesink, Werner (2006b): Wissende Beweglichkeit. Über das Räumen von Plätzen, das Bauen von Räumen und die Bewegung des Entwerfens. In: Sesink (2006a): 48-54.

Weizenbaum, Josef (1978): Die Macht der Computer und die Ohnmacht der Vernunft. Frankfurt a.M.: Suhrkamp.

Wimmer, Michael (1996): Die Gabe der Bildung. Überlegungen zum Verhältnis von Singularität und Gerechtigkeit im Bildungsgedanken. In: Masschelein/Wimmer (1996): 127-162.

Winnicott, Donald W. (1988): Aggression. Versagen der Umwelt und antisoziale Tendenz. Stuttgart: Klett-Cotta.

Winnicott, Donald W. (1974): Reifungsprozesse und fördernde Umwelt. Frankfurt a.M. Fischer.

Turkle, Sherry (1999): Leben im Netz. Identität in Zeiten des Internet. Reinbek: Rowohlt.

Žižek, Slavoj (2001): Die Tücke des Subjekts. Frankfurt a.M.: Suhrkamp.

Die Luhmannsche Systemtheorie und der Medienbegriff

Norbert Meder

0. Als ich mich im letzten Jahr nach vielen Jahren wieder mit Luhmann beschäftigte, stieß ich auch wieder auf sein Verständnis von Medien und sah, dass es dem meinen sehr ähnlich ist. Anlass der erneuten Beschäftigung mit Luhmann war sein posthum erschienenes Buch „Das Erziehungssystem der Gesellschaft" (Luhmann 2002). Ich hatte von früher her schon eine grobe Vorstellung von Luhmanns Medienbegriff. Als Beispiele nennt Luhmann häufig Sinn sowie Geld und Wahrheit als Medien der Vergütung. Das schien mir damals zu weit hergeholt, so dass ich mich nicht weiter mit diesem Punkt der Luhmannschen Systemtheorie beschäftigte. Aber im letzten Juni als ich beim ‚Luhmann schmökern' wieder einige interessante Sachen fand, motivierte mich das, mir seinen Medienbegriff doch noch mal genauer anzusehen. Hinzu kam, dass ich im Mai gerade meinen eigenen Medienbegriff in einem Aufsatz präzisiert hatte (Meder 2007). Nun zu Luhmann. Ich kann natürlich hier nicht seine komplette Gesellschaftstheorie referieren, sondern nur skizzieren, was nötig ist, um seinen Medienbegriff zu verstehen. Und diese Skizze wird auch noch subjektiv gefärbt sein, weil ich hier nicht zwischen Textlage und eigener Deutung oder Projektion unterscheiden kann und will.

Luhmanns Begriff der Gesellschaft

1. Gesellschaft ist ein System, das sich von der Umwelt abgrenzt. Gesellschaft als System erhält ihre Bestimmtheit in der Differenz zur Umwelt, der so genannten Innen-Außen-Differenz. Die Innen-Außen-Differenz ergibt sich aus einem Komplexitätsgefälle. Innen ist weniger Komplexität als außen. Die Umwelt ist komplexer als das System. Das System bestimmt sich dadurch, *dass* es die Komplexität der Umwelt reduziert und *wie* es dies tut.

Solange die Umwelt auch nur beschränkt bekannt ist, – wie dies bei Teilsystemen innerhalb der Gesellschaft der Fall ist – kann man mit solchen Differenzen arbeiten, sie analysieren, reflektieren und auf den Begriff bringen. Wenn man aber an so was wie Weltgesellschaft denkt, die von keiner weiteren sozialen

Ordnung und Unordnung umgeben ist, dann wird es schwierig das Verhältnis zu klären. Dann wird die soziologische Frage zu einer erkenntnistheoretischen Frage. Wie ist die Innen-Außen-Differenz zu denken? Luhmann gibt hier die Antwort: im Medium des Sinns.

2. Die Reduktion von Komplexität wird als Selektion vollzogen. Selektion heißt Auswahl aus mehreren alternativen Möglichkeiten. Selektion reduziert Komplexität und erzeugt systemimmanent Kontingenz. Sie transformiert Komplexität in Kontingenz als deren Innenansicht. Kontingenz bezeichnet den Umstand, dass die Selektion auch hätte anders ausfallen können. Man hat – in einem Fall von Gewalt unter Jugendlichen – als Streetworker gehandelt, nicht als Bulle, nicht als Priester und nicht als ängstlicher Bürger. Die Liste möglicher Negationen kann als unendlich gedacht werden. Selektionen vollziehen sich also als unendliche Negationen, d.h. als Limitationen wie Luhmann im Einklang mit der Kantischen Kategorientafel sagt. Man kann also sagen, dass Selektionen einerseits Bestimmtheit (hier des Handelns) und andererseits den Raum alternativer Möglichkeiten erzeugen. Sie erzeugen soziale Wirklichkeit und den korrelierenden Möglichkeitsraum im Modus der Limitation. Die ausgelassenen Möglichkeiten tragen zur Bestimmtheit der Wahl bei. Das ist sehr überzeugend, solange man solche Analysen innerhalb von Gesellschaften durchführt. Denn da sind uns die Alternativen zumindest teilweise gegeben. Aber wie konstituiert sich die Gesellschaft als Ganzes gegen die Umwelt. Wie grenzt sich die Weltgesellschaft gegen die Umwelt ab, damit das Soziale, Kulturale seine Bestimmtheit erhält. Man kann diese grundlegende Frage auch im Denkstil Kants stellen: Wenn die Konstitutionsleistung in der Modallogik Limitation heißt, wie ist dann die Handlung, die solcher Logik folgt, in Raum und Zeit schematisiert?

Der Schematismus von Medium und Form

3. Luhmanns Antwort auf diese Frage ist Sinn als Medium. Das konsterniert zuerst einmal. Was führt Luhmann da schon wieder im Schilde? Was heißt Sinn? Sinn heißt das Gerichtet-Sein eines Prozesses – Durchlaufsinn. Ein Prozess oder ein Vollzug erscheint als sinnbestimmt entweder über sein Ziel, das die Richtung vorgibt, oder über ein Prinzip, das den Verlauf von Prozess und Vollzug beherrscht, gleichgültig auf welches Ziel Prozess oder Vollzug hinausläuft. Luhmann entscheidet sich für letzteres: Sinn ist der Vollzug, der vom Prinzip der Reduktion von Komplexität beherrscht wird, weil wir in unserer Endlichkeit und Singularität mit der vollen Komplexität gar nicht umgehen könnten, wäre sie uns gegeben. Sinn ist also das Vollzugsschema des endlichen Lebens angesichts einer als Ganzes nicht zu bewältigenden Komplexität. Dabei ist Leben hier so

weit gefasst, dass es die Performanz des Einzelmenschen ebenso umfasst wie die eines sozialen Gebildes. Im Schema des Sinnes nun scheiden sich Medium und Form. Das ist Luhmanns Theorieposition, die er von Heider übernommen hat (Medium der Wahrnehmung). Das Medium wird als universale Materie verstanden, wo alles mit allem lose zusammenhängt. Und Sinn als Selektion formt diese Materie, indem gewisse Zusammenhänge vor dem Hintergrund des losen universalen Zusammenhangs hervorgehoben werden. Der lose, noch nicht gewichtete Zusammenhang der Materie wird Umwelt oder Welt genannt. Die Formbildung ist Kulturleistung als Konstitution der kulturellen Welt einer Gemeinschaft.[1] Die Formen sind Kulturgüter, sofern sie sich mindestens über drei Generationen bewähren.

4. Im und mit dem Sinnbegriff formuliert Luhmann die Erkenntnistheorie für seine Systemtheorie. Er versucht zwar die Fallen einer möglichen Ontologie zu umschiffen, indem er Form und Medium strikt im Wechselverhältnis begreift: keine Form ohne Medium und kein mediales Substrat ohne Form. Aber das ist ein alter auch ontologischer Gedanke, der auf Aristoteles zurückgeht: die causa formalis steht stets in einem simultanen Wechselverhältnis mit der causa materialis. Ohne Stoff kann der Bildhauer keine Statue formen. Ohne Form wird aus dem Marmor keine Statue usw. Luhmann trifft so eine Theorieentscheidung, die zur Parallelisierung der Differenzen von Medium und Form und von Materie und Form führt. Das ist nicht zwingend. Mit Luhmann gesprochen: Das ist nur eine von zwei möglichen Theorie-Wahlen. Man kann das Medium auch als Universum lose gekoppelter Formen begreifen und die Selektion im Medium als hervorvorhebende Materialisierung bestimmter Formen. Schiller hat im Spieltrieb sogar das Wechselspiel beider Konzepte gedacht. Bei ihm wird das Wechselverhältnis von Medium und konkreter Form zu einem Wechselverhältnis von Formtrieb (Formung des materiellen Substrats à la Luhmann) und Stofftrieb (Materialisierung von möglichen Formen als Leben). Ich betone dies, stolz ein Bildungstheoretiker zu sein. Denn wir sind noch komplexer als Luhmann.

5. Wir können hier dennoch festhalten, dass wir auf der Grundlage der Luhmannschen Medienkonzeption sagen können, dass alle Erkenntnis von Welt, ja sogar die Konstitution von Welt in einer passiven Synthesis entlang von Formbildung, medial vermittelt ist.[2] Insofern nun Bildung immer strukturell ein Selbst- und Weltverhältnis ist, ist somit auch Bildung immer medial vermittelt. Das macht den Schulterschluss von Allgemeiner Pädagogik und Medienpädago-

---

[1] Krämer hat zu Recht auf Parallelen zu Leibniz' Monadologie hingewiesen (vgl. Krämer 1998; siehe auch Khurana 2004).

[2] Der Ausdruck „passive Synthesis" stammt von Husserl, der darin zum Ausdruck bringt, dass in jeder konkreten Gegenstandsbestimmung, in jeder gegenständlichen Erfahrung Welt mitbestimmt, mitkonstituiert ist.

gik aus. Das macht es aus, dass es keine Allgemeine Pädagogik geben kann, die nicht zugleich Medienpädagogik ist. Rein wissenschaftsempirisch erklärt dies, warum sich so viele jüngere Allgemeine Pädagogen mit der Medienpädagogik beschäftigen.

Neue Medien

6. Ich nehme noch einmal den Faden auf, die Luhmannsche Medium-Form-Differenz anders zu konzipieren. Eine Welt als Raum möglicher Selektionen, die als Raum möglicher Formen angesehen wird, ist eine mathematisch-platonische Welt. Sie ist nach dem derzeitigen Stand mathematischer Forschung eine Art Bourbaki-Welt und deren Theorie ist im Kern die Verbandstheorie. Äußerst vereinfacht gesagt: die Welt der Formen ist eine 0-1-Welt in der Grammatik des Shefferschen Striches oder des Peirceschen Operators.[3] Sie ist die Welt, die das digitale Medium ausmacht. In dieser formalen Welt, d.h. auch in diesem formalen Medium, werden durch Materialisierungen Kulturgüter als das Zusammenspiel von Form und Materie hervorgebracht. Die Neuen Medien bieten nur Formen für mögliche materiale Selektionen. Sie stellen selbst keine Selektionen dar, sieht man einmal von der Differenz von Algorithmus und kreativer Erfindung ab. Die Neuen Medien bieten Formen als mögliche Lösungen für material gegebene Probleme. Jedenfalls ist schon jetzt klar, dass Luhmann dieses Phänomen neuer Medien in seinem Konzept vom Medium nicht fassen kann. Und das liegt daran, dass er die Differenz von Medium und Form strikt parallelisiert mit der Logik von Materie und Form. Ich zitiere:

„Der Begriff Medium soll hier eine spezifische Differenz bezeichnen, und zwar die Differenz zwischen einem medialen Substrat und einer in diesem Substrat gebildeten Form.[4] Die Differenz ergibt sich aus Unterschieden der Kopplung von Elementen, die, wenn es um spezifische Medien geht, nicht weiter aufgelöst werden können. Ein mediales Substrat besteht aus einer großen Zahl von nur lose gekoppelten Elementen, eine Form kommt durch feste Kopplung der Elemente eines Mediums zustande" (Luhmann 2000: 41f.).

---

[3] Der Peircesche Operator ist auch die logische Funktion in Wittgensteins Traktat, die jeder NAND- oder NOR-Schaltung im Computer zugrunde liegt.

[4] Diese Fassung geht zurück auf die (lange Zeit vergessenen) Untersuchungen von Fritz Heider über Wahrnehmungsmedien (vgl. Heider 1926). Es ist nicht uninteressant, anzumerken, dass Heider sich später vor allem für Wahrnehmung und Attribution von Kausalität interessiert hat – so als ob auch Kausalität ein Medium einer riesigen Menge von Kombinationsmöglichkeiten sei, das aber nur durch Zurechnung bestimmter Wirkungen auf bestimmte Ursachen Form gewinnen könne (vgl. Heider 1944). Eine allgemeine Theorie des Verhältnisses von Medium und Form ist daraus zunächst nicht entstanden. Wichtige Anregungen aber bei Karl E. Weick (1985), insb. S. 163ff., S. 239ff., S. 335f.

Leiblichkeit als Medium

7. Luhmann hat das Schema „Medium als Substrat und Form" von Heider über-nommen, der es im Rahmen einer Theorie der Wahrnehmung entwickelt hat. Das Gewühl der Empfindungen ist das Substrat. Die menschlichen Sinne formen die Verbindungen der Empfindungen im Substrat. Also schon die fünf Sinne können als Medien gefasst werden. Auch hier wiederholt sich die grundsätzliche Frage: Formen die Sinne das Gewühl von Empfindungen zu Gestalten der Wahrneh-mungen oder füllen Performanzen des konkreten Lebens, der konkreten Praxen, Formen, die in den Sinnen genetisch angelegt, d.h. prädisponiert sind und die dann sozial entwickelt werden? Die Bildungstheorie hat stets beides bedacht, auch wenn sich bestimmte Bildungstheoretiker schon mal auf eine der beiden Seiten geschlagen haben. In meiner theoretischen Grundlegung der Medienpäda-gogik bildet der Leib in seiner spezifischen Sinnlichkeit deshalb auch das Urme-dium. Es ist in sich nach den fünf Sinnen gegliedert. Denn jeder dieser fünf Sin-ne ist ein eigenes Medium als Gewühl von Empfindungen mit eigener spezifi-scher Formbildung, was Helmuth Plessner unabweisbar nachgewiesen hat. Im Übrigen: dass Bildung immer schon mediale Bildung ist, kann vor diesem Theo-riehintergrund leicht begründet werden. Denn frühkindliche Bildung als Ent-wicklung der sensumotorischen Intelligenz ist Bildung der Formgebung im Me-dium der Sinne, die nur im Wechselspiel mit der motorischen Bewegung reali-siert werden kann. Nicht umsonst spricht Husserl von Kinästhese. Und dieser kinästhetische, d.h. mediale Entwicklungsprozess ist nicht unabhängig von äuße-ren Einflüssen: er kann gefördert und vernachlässigt werden.

Sprache

8. Luhmann würde all dem nicht widersprechen. Für ihn ist Sprache als Medium der Kommunikation basal. Schließlich ist für ihn Gesellschaft nicht der Zusam-menschluss von Menschen, auch kein Handlungssystem wie bei Parsons, son-dern ein Kommunikationssystem. Menschen und Handlungen gehören zur Um-welt des Systems der Gesellschaft. Orale Sprache setzt bei ihm im Medium des Akustischen an, in dem alle möglichen Laute und Lautwahrnehmungen lose gekoppelt sind. Formbildung schafft in diesem Medium Melodien. Die Melodien als Formen des Akustischen bilden ein sekundäres abgeleitetes Medium, in dem gewisse phonetische Melodien als Formen von Wörtern, d.h. von Bedeutungs-trägern herausgebildet werden. In dieser Formbildung fungiert Sinn als Selekti-ons- und Konstitutionsbasis von Sachverhalten als Formen im Medium von Welt. Auf dieser Ebene findet erkenntnistheoretisch die Konstitution der Diffe-

renz von System und Umwelt bzw. Welt statt. Auch dies deckt sich mit den empirischen Befunden zu den Bildungsprozessen in der Entwicklung des kindlichen Selbst- und Weltverhältnisses. Die Formen der Bedeutungsträger bilden sodann ein tertiäres Medium, in dem Sätze als Formbildungen auftreten. Die Menge aller syntaktisch richtig gebildeten Sätze stellt dann ein quartäres Medium dar, in dem Texte geformt werden: ein Gedicht, eine Werbung, ein wissenschaftlicher Vortrag. Mit diesem Konzept der immer wieder rekursiv verschachtelt angewandten Differenz von Medium und Form fasst Luhmann weit präziser das Phänomen, das McLuhan als Reflexivität der Medien nur benannt hat.[5] Zugleich wird am Beispiel deutlich, wie sich Luhmann Sinn als erkenntnistheoretisch konstitutives Basismedium vorstellt.

9. Sinn als der Vollzug von Konstitution strukturiert alle abgeleiteten Medien in der Differenz von Welt als dem notwendigen Hintergrund der versachlichenden Formgebung. Dies ist ein Gedanke, den auch Husserl stark gemacht hat. Für ihn ist Welt der offene Horizont immer neuer Gegenstandsbestimmungen. Luhmann hat die Husserlsche Phänomenologie gekannt und von ihr viele Theoriestücke übernommen – auch diesen Husserlschen Gedanken. Er hat ihn umformuliert in die Korrelation von Medium und Form.[6]

Form, Kultur und Welt

10. Welt bildet aber auch den Bereich der sich uns in seiner Gänze stets entzieht. Keiner kennt die Welt. Sie ist deshalb jederzeit für jede Überraschung gut. Überraschung ist der Erlebniswert der unüberschaubaren Komplexität. Das, was die Überraschung ausmacht, nennt Luhmann Kontingenz. Kontingenz bezeichnet den Umstand, dass alles immer auch anders kommen kann, dass jedes Wirklich-

---

[5] „Für eine kurze Einführung in diese Begrifflichkeit ist schließlich noch wichtig, daß verschiedene Medien nicht nur nebeneinander entwickelt werden, sondern auch aufeinander aufgebaut werden können, indem die Formen, die in einem Medium produziert werden, zugleich als Medium für andere Formen dienen können – so Worte im akustischen oder, bei Schrift, im optischen Medium als Medium der Sprache oder imaginäre Räume in der perspektivisch konstruierten Malerei oder im Roman als Medium für ungezählte Gestaltungsmöglichkeiten" (Luhmann 2000: 42).

[6] Für Luhmann ist die Differenz Medium und Form das Schema, wie die Differenz Umwelt und System performant wird. Besser gesagt: Das Schema Medium und Form ist die Performanz, in der sich der Überschuss an Möglichkeiten in der Umwelt wie auch der Art der Reduktion dieses Überschusses regeln. Medium ist von daher keine Substanz, keine Maschinerie, sondern eine Betrachtungsweise vor dem Hintergrund von Formbildung als empirischem Prozess. Deshalb verschränkt bzw. synchronisiert die Differenz Medium und Form mehrere in der Tradition getrennt gehaltene Differenzen. Das sind die Differenzen von Vergangenheit und Zukunft, von Wirklichkeit und Möglichkeit, von Phänomen und Konstitution, von Materie und Form sowie die wechselseitige Veränderung von Form und Medium.

werden begleitet ist von alternativen Möglichkeiten: Es hätte auch ganz anders kommen können. Der Raum dieser Möglichkeiten wird bei Luhmann Welt als Komplexität genannt. Kultur als die

> „künstliche Horizontverengung ist (...) die Art und Weise vermittelnder Unmittelbarkeit, welche das ganze menschliche Verhalten charakterisiert, vorgebildet in dem Zusammenspiel von Auge und Hand, verdichtet in dem meinend-artikulierenden Wesen der Sprache und fortgeführt durch alle schöpferischen Gestaltungen auf immer anderen Ebenen, in denen es sich abspielt" (Plessner 1976: 55f.).

Die Korrelation von Medium und Form schafft mithin immer sowohl einen potentiellen Kulturraum als auch die möglichen Formbildungen in ihm. Solche Formbildungen müssen nach Luhmann stets unter dem Gesichtspunkt von Tradition und irritierender Innovation betrachtet werden. Beides sind Aspekte von Bildung.

11. Bewährte Formen in einem Medium werden redundant verwendet und damit zu Kulturgütern. Durchaus erfolgreiche Formen in einem Medium, die aber eher situativ oder zeitbeschränkt nutzbar sind, werden vergessen. Sie geben das Medium explizit frei für neue Formbildung. Formbildung verbraucht auf keinen Fall das Medium, weil Rekombinationen im lose gekoppelten medialen Substrat stets möglich sind.[7] Redundanz – pädagogisch: Tradierung – reduziert die Kontingenz und entlastet: Man muss nicht immer neue Problemlösungen finden. Andererseits fordert eine Kultur im Umgang mit Kontingenz – auch mit irritierenden pädagogischen Kontingenzen – das Wachhalten von alternativen und innovativen Kommunikationen. Mediale Bildung, d.h. an dieser Stelle Bildung in und für ein Medium, heißt demnach stets Tradierung von Mediengebrauch, d.i. Kenntnis der Redundanzen, und Kultivierung des Möglichkeitsraumes für neue Formen der medialen Kommunikation, d.h. Kultivierung der Kontingenz.[8]

---

[7] „Lose Kopplung ist die Voraussetzung für die Stabilität und die Regenerierbarkeit des Mediums. Über feste Kopplungen kann man nur temporäre Formen bilden, die sich wie Sätze, die gesprochen sind, wiederauflösen und ihre Elemente für andere Kompositionen freigeben. Die Formbildung verbraucht das Medium nicht, sie dient im Gegenteil dazu, das Medium durch Verwendung zu reproduzieren. Ein Medium ist also, dank seiner konstitutiven Differenz, instabil und stabil zu gleich. Es ist reproduzierbar. Das deutet darauf hin, daß immer ein selbstreproduktionsfähiges ‚autopoietisches' System vorausgesetzt ist, das das Medium verwendet und die im Medium erzeugten Formen von Fall zu Fall auswählt. Anders gesagt: Das Medium ist immer Medium eines Beobachters, der Formen unterscheidet, Formen herausgreifen kann und damit zugleich eine andere Seite der Form, eben das Medium erzeugt" (Luhmann 2000: 41).

[8] „In einer informationstheoretischen Sprache, die darauf abstellt, wie ein Beobachter Informationen gewinnt und verarbeitet, kann man lose Kopplung auch als Varietät und feste Kopplung als Redundanz bezeichnen. Dabei wird auf die Erleichterungen abgestellt, die eine wiederholte Verwendung

Zwischenstand der Überlegungen

12. Luhmann transformiert die für ihn grundlegende metaphysische Differenz von System und Umwelt in die modallogische Differenz von Akt und Potenz, von Wirklichkeit und Möglichkeit, die er parallelisiert mit dem Schema Materie (causa materialis) und Form (causa formalis). Dieses kategoriallogische Konzept muss unter den Bedingungen des aktualen und konkreten Vollzuges raumzeitliche Bestimmungen annehmen. Räumlich wird die System-Umwelt-Differenz in die Innen-Außen-Differenz transformiert, zeitlich in die Differenz von zukünftigen Möglichkeiten, aktualen Erfordernissen und vergangenen, aber im Gedächtnis bewahrten Erfahrungen. Das Schema von Medium und Form fasst in performanter Differenz zusammen: Zukunft und Gegenwart, Außen und Innen, Möglichkeit und Wirklichkeit, Materie und Form, sowie Konstitution (apriori) und Phänomen (Erscheinung bzw. aposteriori).

Luhmann versucht im Schema Medium und Form alle traditionellen Differenzen zusammen zu denken. Meiner vorläufigen Meinung nach übernimmt er sich damit. Aber dies gilt es weiter zu untersuchen. Ich will dies im Folgenden im Problemkreis der so genannten Bildungsmedien tun.

Bildungsmedien

13. In einem gegebenen gesellschaftlichen Rahmen findet soziales Handeln in Teilsystemen statt, die funktional differenziert sind.[9] Teilsysteme werden analysiert und bestimmt über die Form, wie sie mit der gesellschaftlich produzierten Kontingenz kommunikativ umgehen. Das Religionssystem schiebt alle Kontingenz auf Gott sowohl im Begründungsmodus als auch im Modus fatalen Schicksals.[10] Das Moralsystem behandelt die Kontingenz über den Begriff der Freiheit,

---

von Formen mit sich bringt. Man braucht nicht von Fall zu Fall immer neue Formen erfinden und ausprobieren. Man kann anhand vertrauter Formen Wiederholungen vollziehen und Abweichungen erkennen, also Varietät in die Form von Überraschung, Abweichung, Neuerung bringen" (ebd.: 41).

[9] In vormodernen Gesellschaften gab es das Problem gesamtgesellschaftlicher Reproduktion nicht. Die Gesellschaft war statisch strukturiert – in Zünfte und Stände – und die Reproduktion ergab sich quasi naturwüchsig aus Zünften und Ständen heraus. Wenn der Vater Bäcker war, dann hatte der Sohn auch Bäcker zu werden. Er hatte keine oder nur eine unwahrscheinliche Chance, aus diesem Reproduktionsmechanismus auszubrechen. Ausbruchschancen gab es nur im Militärdienst und im Kloster bzw. im kirchlichen Dienst. Insofern waren Militär und Kloster vordemokratisch egalitär und modern – wenn auch rein funktional bezogen auf Feudalherrschaft.

[10] „Religion stellt den Gottesbegriff zur Verfügung. Gott weiß alles und kann alles. Er hat die Welt trotzdem nicht als offene, unentschiedene und unentscheidbare Kontingenz geschaffen, sondern ihr im Akt der Schöpfung bestimmte Formen gegeben, an die man sich halten kann, wenn es um Erken-

das Wirtschaftssystem tut dies mit der Formel von der Knappheit der Güter. Das Erziehungssystem behandelt seine Kontingenz in der Paradoxie von Bildsamkeit und Anlage/Natur. Im Erfolgsfall pädagogischen Handelns spricht man von Bildsamkeit, die man hat befördern können, im Falle des Scheiterns spricht man von mangelnder Begabung. Das Medium, in dem über Sozialisation, Erziehung und Bildung Formbildung stattfindet, ist für Luhmann der Lebenslauf. Der Lebenslauf ist das materiale Substrat lose gekoppelter Ereignisse, die in der Zeit zwischen Geburt und Tod eines jeden Einzelmenschen gegeben sind bzw. sich realisieren. Bildung ist Formgebung in diesem Medium. Das konstitutive Schema von Formgebung ist Sinn. Im Kontext von Bildung wird Sinn als Sinn des Lebens respezifiziert. Der Sinn des eigenen Lebens ergibt sich aus der individuellen Selektion und Verknüpfung von Ereignissen im Medium des Lebenslaufes, d.h. aus der Hervorhebung und Gewichtung von Ereignissen, die man erlebt hat, unter der Bedingung von Kontinuität. Für Luhmann ist die Form, die im Medium des Lebenslaufes je aktual gebildet wird, Wissen – besser: Wissen um sich selbst. Das ist nicht falsch, aber unbefriedigend. Wissen um sich selbst und um die Ereignisse im Rahmen der eigenen Lebenszeit sind notwendig aber nicht hinreichend, um im Medium Lebenslauf eine Form zu finden. Die Form im Medium Lebenslauf ist die Konstruktion der eigenen Biographie. Dazu ist Wissen um die Ereignisse im Zeitraum meines Lebens notwendig, aber meine Biografie ergibt sich erst über die selektive Gewichtung der Ereignisse in meinem Leben. Der Vollzugsmodus dieser Gewichtung ist die Narration. Die Konstruktion meiner individuellen Biografie kann – auch nach Luhmann – nur als Erzählung vollzogen werden, weil weder logische, kausale noch moralische Formgebungen hinreichen, Kontinuität zu formen. Über Luhmann hinaus sage ich, die Narration, in der im Medium des Lebenslaufes über Wissen um die Ereignisse, die im Zeitraum meines Lebens gegeben waren, die Form der eigenen Biografie gefunden wird, folgt der Logik des Ästhetischen. Das Ästhetische soll hier ganz im Sinne Humboldts, Herbarts oder Schillers verstanden werden.

14. Wenn das Basismedium für Bildung der Lebenslauf ist und wenn das Sich-Bilden die Konstruktion der eigenen Biografie bedeutet, dann müssen alle anderen Medien der Gesellschaft bildungstheoretisch dahingehend untersucht werden, in wie weit sie zur Konstruktion der eigenen Biografie beitragen. Eine solche Untersuchung kann niemals allgemeingültige Regeln liefern, weil die Konstruktion der eigenen Biografie zwar entlang des medial vermittelten Wissens gestaltet wird, aber noch von vielen anderen kontingenten Größen abhängig ist – zu vorderst von der Anerkennung und der Zustimmung zur Erzählung über mich und mein Leben durch die Anderen. Wenn Narration der Modus der Kon-

---

nen und Handeln geht. Er kann diese Ordnung durchbrechen und Wunder tun, aber, heute jedenfalls, hält er sich in dieser Hinsicht zurück" (Luhmann 2002: 183).

struktion meiner Biografie als Form im Lebenslauf ist, dann ist dieser Konstruktionsmodus notwendig auf einen Zuhörer angewiesen – und zwar auf einen Zuhörer, der dem Erzählten zustimmt.

15. Da nach Luhmann Sinn schon Medium des Weltverhältnisses ist, ist Bildung stets medial vermittelt. Da nach Luhmann der Lebenslauf das Medium von Bildung ist, in dem sich Sinn als Weltverhältnis respezifiziert als Selbstverhältnis im Modus von Sinn meines Lebens, ist Bildung stets medial vermittelt. Leib als individuelles Medium und Sprache als kommunikatives Medium sind auch bei Luhmann Grundbedingungen von Erziehung und Bildung. Welche Rolle spezielle Medien wie Zeitung, Radio oder Tafelbild spielen, kann nur aus der Struktur und dem empirischen Gebrauch erforscht werden. Für die strukturellen Analysen bedarf es keiner Forschungsprojekte, sondern nur eines beobachtenden Analytikers. Als Analytiker der Neuen Medien will ich abschließend einige Bemerkungen machen, die einerseits im Theorieduktus von Luhmann liegen, andererseits aber von seiner Theorie auch abweichen. Das scheint mir notwendig, um die neuen Medien ähnlich exakt zu beschreiben, wie dies Luhmann etwa bei den Massenmedien tut.

Neue Medien als Massenmedien

16. Neue Medien wie das Internet sind einerseits Massenmedien. Der kommunikative Beitrag eines Senders kann nicht sicher sein, ob an ihn angeschlossen wird oder nicht. Da Gesellschaft nach Luhmann fortlaufende Kommunikation ist, ist also in einem Massenmedium der gesellschaftliche Bestand nicht sicher gestellt. Die Sender und Empfänger Relation ist entkoppelt. Das bedeutet Kontingenzsteigerung, die kompensiert werden muss. Traditionelle Massenmedien tun dies, indem sie mit Sensationsmeldung, mit Image-Profilbildung bestimmte Zielgruppen zu erreichen suchen. Das heißt, es geht um Aufmerksamkeitserregung. Die Mitteilungsfunktion der Kommunikation tritt dahinter zurück, weil die Sensation das Selektionskriterium ausmacht.

Das Neue Massenmedium Internet entkoppelt zwar auch Sender und Empfänger, stellt aber zugleich als Medium die Möglichkeit der Re-Kopplung zur Verfügung. Einerseits kann jeder Massenmedien-Empfänger im Medium – also ohne Medienwechsel wie beim Leserbrief – reagieren. Andererseits kann jeder auch Massenmedien-Sender werden. Es kommt also zu einer Art Resymmetrisierung der Asymmetrie der Massenmedien unter Beibehalt der prinzipiellen Kontingenz von anschließenden Kommunikationen. Die Neue Symmetrie macht zwar Kommunikation im Neuen Medium wieder wahrscheinlicher, aber erhöht zugleich die Komplexität dadurch, dass die sonst übliche kulturelle Homogenität der kommunikativen Anschlüsse faktisch auf Null gesetzt ist. Auch für diese Komplexitätssteigerung stellt das Medium eine neue Form der Reduktion zur Verfügung: die interessengebundenen Communities und Austauschplattformen für spezifische Formen der Selbstdarstellungen. Das heißt der Verlust der Kulturbindung wird durch neue virtuelle Kulturen bzw. Kulturbildungen kompensiert.

Neue Medien als Reflexion auf Medialität

17. Die Neuen Medien sind multimedial, indem sie andere traditionelle Medien simulieren bzw. in sich selbst transformieren. Das macht unweigerlich die traditionellen Medium-Form-Differenzen thematisch. Zum ersten Mal wird damit die Medialität zur Form in einem Medium. Dies geschieht nicht in der Traditionellen Weise der Verschachtelung – nämlich, dass Formen zu einem neuen Medium werden – sondern indem die Medium-Form-Differenzen selbst zu Formen im Neuen Medium werden. Damit kann das Neue Medium nicht mehr nur als materielles Substrat gefasst werden, wie dies Luhmann tut. Wenn das Neue Medium die Medium-Form-Differenzen als Formen möglich machen soll, dann liegt es nahe anzunehmen, dass das Neue Medium materielles und formales Substrat in einem und zugleich ist – das Hypermedium par Excellanze.

Neues Medium als lose Kopplung reiner Formen

18. Dem ist aus meiner Sicht nicht so. Das Neue Medium ist der Raum lose gekoppelter Formen – eben ein Raum von 0-1-Folgen. Um mit Luhmann zu sprechen, sind die Elemente dieses Raumes Formen, nicht materiale Partikel. Das Neue Medium ist das Substrat als Menge aller digital möglichen Formen, die lose gekoppelt sind. Sie merken, im Neuen Medium werden die Luhmannschen Seiten seiner Zwei-Seiten-Differenz verkehrt. Die Formen bilden den Horizont, die Materialisierung führt zur konkreten Gestalt. Jetzt bilden die Formen die unmarkierte Seite und der Stoff die markierte Seite. Beim Neuen Medium kommt es dann zur vordergründigen Gestalt, wenn man Formen seligiert, indem man sie mit Stoff füllt. Die digitale Welt ist eine platonische Welt. Der logische Computer als abstrakter Automat ist die Welt aller möglichen endlichen und konkreten Automaten, d.h. die Welt für alle möglichen Programme, Software-Pakete und Internetauftritte. Zur Aktualisierung im Neuen Medium als Potenz kommt es nicht durch Formgebung sondern durch Materialisierung. Die neu eröffnete Differenz ist nicht Medium und Form, sondern Medium und Stoff. Es

ist die Seite der Stoff-Form-Korrelation, die Schiller im Stofftrieb beschrieben hat: Das Vitale ist das Stoffliche; es drängt, sich zu realisieren, d.h. die konkrete Zeit auszufüllen; die Zeit ist selbst Form, aber genügt nicht allein, weil sonst Gleichzeitigkeit nicht darstellbar ist; also sucht sich das Vitale die nächst beste nicht-zeitliche Form, um sich in der Zeit zu realisieren. In diesem Vollzugsmodus – nach Schiller – beherrscht der Stofftrieb den Formtrieb, er bedient sich der Formen.

Der Formtrieb geht – nach Schiller – zwar auch auf Realisierung im konkreten Vollzug, aber er hat die Tendenz zu ewiger Geltung. Deshalb konstituiert Formbildung im Luhmannschen Sinne auch Welt als Medium, Welt als referenzielle Wahrheit, die als unmarkierte Seite der Form passiv mitgedacht ist. In dieser Konstitution, die selbst nicht ontologisch gefasst ist, erzeugt die Luhmannsche Systemtheorie die Ontologie als die unmarkierte Seite der Reduktion von Komplexität als Formbildung.

Das Neue Medium als Menge aller virtuellen Welten

19. Wie gesagt, dreht sich die Stoff-Form-Korrelation um und parallelisiert sich mit Akt und Potenz. Stoff ist Akt und Welt der Formen ist Potenz, also genau umgekehrt wie bei Luhmann. Die Träger der Aktualisierung sind auch bei Luhmann die konkreten Einzelmenschen, auch wenn sie nur Umwelt für soziale Systeme sind. Diese Einzelmenschen in der Umwelt haben im System eine so genannte Innensicht als Personen. Person ist ein sozial-formales Schema, um mit Einzelmenschen, die für das System Umwelt sind, strukturelle Kopplungen einzugehen. Wenn der Einzelmensch als Träger von Formgebung betrachtet wird, dann eignet sich Person als strukturelle Kopplung. Wenn aber der Einzelmensch als Träger von Materialisierung des Neuen Mediums gefasst werden muss, dann kann – weil Materialisierung als Vitalität an Leib gebunden ist – die Form der Person nicht mehr die strukturelle Kopplung leisten. Das soziale System muss eine neue Innensicht des Einzelmenschen schaffen, die mit der leiblichen Materialisierung im Medium der Formen strukturell gekoppelt werden kann.

20. Diese Innensicht ist die des Einzelmenschen als eines Kreativen, der immer wieder auf neue Materialisierungen aus ist. Diese Sicht erlaubt es einerseits das Konzept bzw. den Terror des lebenslangen Lernens zu verankern. Sie erlaubt aber auch das Moment des kreativen Spiels als Motor der Innovation in Gang zu setzen – jenes hybride Moment, das schon Schiller als Korrelation von Soff- und Formtrieb systematisch angesetzt hatte. Die Kehrseite von lebenslangem Lernen und Kreativität, d.h. mit Luhmann deren nicht markierte Seite, ist das Neue Medium als Menge lose gekoppelter Formen, die einen Sog der Mate-

rialisierung erzeugen, die das stoffgebende Leben aufsaugen. Das Neue Medium ist der Dracula der digitalen Welt. Das Neue Medium ist strukturell immersiv. Indem der Einzelmensch sich materiell eingibt, verdoppelt er sich in eine virtuelle Welt und wird in dieser virtuellen Welt zu einem Zeichen seiner selbst. Er transformiert seine leibliche Vitalität in eine Luhmannsche Medien-Form-Differenz, in der er Medium ist und seine Selbstdarstellung Form als eine Materialisierung des digitalen Mediums und damit als eine Luhmannsche Form in einer möglichen Welt (vgl. Meder 1998; siehe auch Meder 2000; 2004).

Literatur

Borrelli, Michele/Ruhloff, Jörg (Hrsg.) (1998): Deutsche Gegenwartspädagogik. Band III. Baltmannsweiler: Schneider Verlag Hohengehren.

Heider, Fritz (1926): Ding und Medium. In: Symposion 1: 109-157. Neuausgabe: Berlin: Kadmos Kulturverlag 2004.

Heider, Fritz (1944): Social Perception and Phenomenal Causality. In: Psychological Review 51: 358-374.

Khurana, Thomas (2004): Niklas Luhmann – Die Form des Mediums. In: Lagaay/David (2004): 97-126.

Krämer, Sybille (1998): Form als Vollzug oder: Was gewinnen wir mit Niklas Luhmanns Unterscheidung von Medium und Form? In: Rechtshistorisches Journal, Nr. 3: 2-16.

Lagaay, Alice/David Lauer (Hrsg.) (2004): Medien-Theorien. Frankfurt/New York: Campus.

Luhmann, Niklas (2000): Das Medium der Religion. In: Soziale Systeme 6, H. 1: 39-51. Online available at: http://www.uni-bielefeld.de/sozsys/pdf/luhmann1.pdf [1.2.08].

Luhmann, Niklas (2002): Das Erziehungssystem der Gesellschaft. Frankfurt a.M. 2002.

Marotzki, Winfried/Meister, Dorothee M./Sander, Uwe (Hrsg) (2000): Zum Bildungswert des Internet. Opladen: Leske + Budrich.

Meder, Norbert (1998): Neue Technologien und Erziehung/Bildung. In: Borrelli/Ruhloff (1998): 26-40.

Meder, Norbert (2000): Wissen und Bildung im Internet – in der Tiefe des semantischen Raumes. In: Marotzki/Meister/Sander (2000): 33-56.

Meder, Norbert (2004): Superzeichensemantik, oder der Sprachspieler in möglichen Welten. In: Meder, Norbert: Der Sprachspieler. Würzburg: Königshausen & Neumann.

Meder, Norbert (2007): Theorie der Medienbildung. In: Sesink/Kerres/Moser (2007): 55-73.

Plessner, Helmuth (1976): Die Frage nach der Conditio humana. Frankfurt a.M.: Suhrkamp.

Sesink, Werner/Kerres, Michael/Moser, Heinz (Hrsg.) (2007): Jahrbuch Medienpädagogik 6. Wiesbaden: VS Verlag.

Weick, Karl E. (1985): Der Prozeß des Organisierens. Dt. Übers. der zweiten Auflage (1979). Frankfurt a.M.: Suhrkamp.

Wissen, Artikulation und Biographie: theoretische Aspekte einer Strukturalen Medienbildung

Winfried Marotzki, Benjamin Jörissen

Das Konzept der Medienbildung stellt eine neue Entwicklung dar, die sich seit einigen Jahren im Schnittfeld bildungstheoretischer, medientheoretischer und kulturtheoretischer Erwägungen konstituiert. Es folgt der Einsicht, dass Bildungs- und Subjektivierungsprozesse sich grundsätzlich in medial geprägten kulturellen Lebenswelten und in medialen Interaktionszusammenhängen ereignen (vgl. Aufenanger 2000; Marotzki 2004). Dieser Grundannahme trägt das Konzept der Medienbildung Rechnung, indem es Aspekten der Medialität in der Bildungswissenschaft einen systematischen, d.h. theoriebildenden und forschungsleitenden Wert zuweist.

Das im Folgenden vorgestellte Modell der Medienbildung basiert auf einer *strukturalen Bildungstheorie*, die Bildungsprozesse als eine Form komplexer, selbstreflexiver Lern- und Orientierungsprozesse versteht. Bildung lässt sich aus dieser Perspektive nicht als Ergebnis oder Zustand verstehen, sondern muss als ein *Prozess* aufgefasst werden, in welchem vorhandene Strukturen und Muster der Weltaufordnung durch komplexere Sichtweisen auf Welt und Selbst ersetzt werden (vgl. Marotzki 1990).

Damit sind zwei Grenzlinien aufzuzeigen. *Erstens* grenzt sich solches formales Bildungsverständnis gegen *materiale Bildungstheorien* ab, die Bildung als Ergebnis der Auseinandersetzung etwa mit kanonischen Werken der Literatur etc. verstehen („Gebildetheit"; vgl. etwa Schwanitz 1999). *Zweitens* lässt sich der strukturale Bildungsbegriff in Abgrenzung zu weniger reflexiven Formen des Lernens spezifizieren, insofern er auf eine besonders komplexe Formen des *Lernens* abstellt (vgl. Bateson 1981: 362ff.): Während Lernen im klassischen Verständnis auf die Herstellung von Verfügungswissen abzielt, sind Bildungsprozesse durch Kontextualisierung, Flexibilisierung, Dezentrierung, Pluralisierung von Wissens- und Erfahrungsmustern, also durch die Eröffnung von *Unbestimmtheitsräumen* gekennzeichnet.

Diese klare Unterscheidung von Lernen einerseits und Bildung andererseits impliziert eine *wissenstheoretische* Positionierung: Bildungsprozesse zielen auf die Herstellung von *Orientierungswissen*. Informationen zu erhalten und zu verarbeiten, ist eben nicht identisch mit Bildung; vielmehr bedarf es einer reflexiven

lebensweltlichen Integration dieser Informationen in die Selbst- und Welthaltun-
gen der Individuen. Bildungsprozesse sind in diesem Sinne immer auch als Subjektivierungsprozesse zu verstehen, weil sie neue und komplexere Weisen, sich
auf sich und auf die Welt zu beziehen, hervorbringen.

Medien spielen hierbei schon deshalb eine zentrale Rolle, weil sie als Ort
der Manifestation und Artikulation von Weltsichten grundsätzlich ein Moment
der Entäußerung (und damit der Distanzierung) beinhalten – dies ist sozusagen
eine (medien-) anthropologische Perspektive, deren Vorläufer bis in die Antike
zurückverfolgt werden können (Jörissen 2007). Die Fähigkeit, Orientierungsleistungen zu vollbringen, stellt aber insbesondere unter den Bedingungen unserer
hochkomplexen, globalisierten, nachtraditionellen Gesellschaften eine *conditio
sine qua non* der sozialen und kulturellen Partizipation, der Bewältigung von
Alltagssituationen wie auch der Gestaltung des eigenen Lebens dar. Zugleich
haben Medien, zuerst in Form der Massenmedien und in jüngster Zeit in Form
der Neuen Informationstechnologien, die Lebenswelten der einzelnen erobert; sie
bilden einen nicht zu trennenden Teil derselben. Es handelt sich gleichsam, um
einen Begriff Jan Assmanns zu verwenden, um eine *kulturelle Formation* (Assmann 1997: 139), zu der neue Informationstechnologien wie das Internet mittlerweile ganz selbstverständlich gehören.

Unsere folgenden Überlegungen entfalten und vertiefen zunächst einige der
angesprochenen wissens- und bildungstheoretischen Aspekte: Anhand der Debatte um die „Wissensgesellschaft" stellen wir unseren zeitdiagnostischen Ausgangspunkt dar, diskutieren die Frage des Orientierungswissens anschließend in
einer bildungstheoretischen Perspektive und stellen schließlich mit unserer Auffassung von medialen *Artikulationen* ein Konzept vor, die unseres Erachtens für
die Thematisierung von Medienbildung ausgesprochen fruchtbar ist. Im zweiten
Teil des Aufsatzes stellen wir den Gedanken der „Strukturalen Medienbildung"
exemplarisch an konkreten Beispielen aus den Bereichen des Films und des
Internets (dort insbesondere des so genannten „Web 2.0") dar.

1   Wissen und Bildung in der Wissensgesellschaft

1.1   Stichwort „Wissensgesellschaft"

Um jüngere Gesellschaftsentwicklungen zu beschreiben, ist seit Ende der 1990er
Jahre der Begriff der Wissensgesellschaft populär geworden. Es ist zwar immer
wieder festgestellt worden, dass im wissenschaftlichen Diskurs kein homogenes
Konzept einer Wissensgesellschaft existiert (z.B. Stroß 2001: 89; Tänzler/Knob-
lauch/Soeffner 2006), trotzdem scheint diese Beschreibung im öffentlichen und

auch im bildungswissenschaftlichen Diskurs tauglich, um einige charakteristische Entwicklungszüge der gegenwärtigen Gesellschaft zu skizzieren (Müller/Stravoravdis 2007; Kempter/Meusenberger 2005).

Schon immer wussten die Menschen, dass Wissen wichtig ist. Nicht umsonst gibt es das Sprichwort: „Wissen ist Macht". Aber wie ist es zu erklären, dass von aktuellen gesellschaftlichen Trends behauptet wird, sie würden zeigen, dass wir auf dem „Weg in eine Wissensgesellschaft" seien? Die These der „Dienstleistungsgesellschaft" konnte sich auf den Sachverhalt berufen, dass die Dienstleistungsarbeit auf Kosten der klassischen industriellen Güterproduktion immer mehr ansteigt: Mittlerweile arbeiten fast zwei Drittel aller Beschäftigten im Dienstleistungssektor (vgl. Deutscher Bundestag 2002: 260).

Die eigentliche Legitimation für die Bezeichnung „Wissensgesellschaft" liegt darin, „daß wissenschaftliches Wissen auf fast allen Gebieten des Lebens eine einflußreichere Rolle spielt" (Stehr 1994: 16). Der Einfluss von Wissenschaft und Technik wird größer, reicht sozusagen bis in den kleinsten Winkel der Lebenswelt hinein. Dies betrifft gleichermaßen die Formen des Wissens wie auch die Formen des Wissenserwerbs bzw. der Wissensvermittlung in den klassischen institutionalisierten Lernfeldern, beispielsweise Schule, aber auch die außerschulische Jugendbildung in Jugendarbeit, Peer groups und Medien. Wissen gilt inzwischen als vierter – und zudem bedeutendster – Produktionsfaktor neben Arbeit, Kapital und Natur. In einigen volkswirtschaftlichen Bereichen wird davon ausgegangen, dass 70 bis 80 Prozent des wirtschaftlichen Wachstums auf neues oder verbessertes Wissen zurückgeführt werden können (vgl. de Haan/Poltermann 2002). Das heißt, die Bedeutung des Wissens für eine Volkswirtschaft wie auch für den Einzelnen hat zugenommen.

> „Die Erzeugung und Verteilung von Wissen werden künftig eine vorrangige Bedeutung in der Wertschöpfung und im gesellschaftlichen Bewusstsein einnehmen. Die Zukunft gehört der Wissensverarbeitung, den hochqualifizierten Tätigkeiten" (Deutscher Bundestag 2002: 260).

Das schlägt sich dann auch in der Verteilung der Beschäftigten nieder: Immer mehr Menschen sind in Berufen und Jobs tätig, in denen die Generierung, Aufbereitung, Präsentation und Zirkulation von Wissen im Vordergrund steht, so dass Helmut Willke von einem neuen Typ des Arbeiters spricht, nämlich vom Wissensarbeiter (Willke 1999).

Innerhalb der Erziehungswissenschaft ist zunächst einmal darauf zu verweisen, dass es eine längere Auseinandersetzung und Selbstvergewisserung über die Frage gibt, was pädagogisches Wissen ist (vgl. König/Zedler 1989; Oelkers/Tenorth 1993). Daran anschließend ist die Doppelfrage, ob die Zeitdiagnose der Wissensgesellschaft zutreffend sei und was daraus folge, durchaus kontro-

vers diskutiert worden (allgemein: Höhne 2003; für die Sozialpädagogik: Hom-
feldt/Schulze-Krüdener 2000; für die Erwachsenenbildung: Nolda 2001).

Mag sein, dass die Bezeichnung des Wissensarbeiters etwas überzeichnet
ist, sie weist aber doch in eine Richtung, deren Vorzeichen nicht zu ignorieren
sind: Die heranwachsende Generation wächst in eine Gesellschaft hinein, in der
Arbeit (im Sinne von Erwerbsarbeit) überwiegend auf hohem Qualifikationsniveau zu haben sein wird. Dass dieses enorme Folgen für Fragen der sozialen
Struktur einer Gesellschaft haben wird und jetzt schon hat, liegt auf der Hand.
Dieses hohe Qualifikationsniveau muss, das sagt beispielsweise das Schlagwort
des lebenslangen Lernens, ständig erhalten und erweitert werden. Insofern ist die
Wissensgesellschaft auch eine Lerngesellschaft und deshalb ist auch deutlich,
was diese Debatte um die Wissensgesellschaft mit Pädagogik und Erziehungswissenschaft zu tun hat: Das Bildungssystem steht vor der Aufgabe, Unterstützung und Hilfe zur Wissensbewältigung während des gesamten Lebenslaufs zu
gewähren. In der Erziehungswissenschaft geht es ja darum, die nachfolgende
Generation durch Prozesse der Erziehung, des Lernens und der Bildung in diese
Gesellschaft einzuführen. Ob und wie das gelingt, davon sind die Lebenschancen
dieser nachfolgenden Generation elementar abhängig.

Wissen ist nicht identisch mit Information, und das hat – erziehungswissen-
schaftlich gesehen – weit reichende Konsequenzen: Die Rede von der Informationsgesellschaft stellte auf der Grundlage der Beobachtung des rapiden Informa-
tionsanstiegs infolge der Verbreitung neuer Informationstechnologien die Problematik der Datenverarbeitung und des Datentransfers in den Vordergrund. Es
wurde nach der Infrastruktur für effektive Informationsverbreitung, nach der
Produktion und Verarbeitung von Information und nach der Bedeutung von
(neuen) Zeichensystemen für die Formation von Gesellschaften gefragt. Dem
gegenüber bezieht sich der Begriff der Wissensgesellschaft wesentlich stärker
auf die Entwicklungspotentiale und biographischen Prozesse des einzelnen Menschen:

„Im Unterschied zu diesem Begriff [der Informationsgesellschaft; W.M./B.J.], der
die gesellschaftliche und systemische Seite betont, ist das Konzept der Wissensgesellschaft stark auf das Individuum ausgerichtet, auf seine Rolle, Funktion, sein Potential und seine Bedeutung für die wissensbasierte Gesellschaft. Mit dem Begriff
‚Wissensgesellschaft' wird kenntlich gemacht, daß Informationen die Informationen
von jemandem sind und daß diese Informationen eine Bedeutung haben" (de
Haan/Poltermann 2002: 8).

Aus Informationen wird Wissen dann, wenn sie von Menschen aufgenommen, in
Zusammenhänge (Kontexte) eingeordnet, bewertet und auf zu lösende Probleme
bezogen werden. Wissen ist sozusagen situierte Information, die auf soziale

Handlungen im weitesten Sinne bezogen wird. So setzt einer der ‚Väter' der Debatte um die Wissensgesellschaft, nämlich Nico Stehr, Wissen mit Handlungsfähigkeit gleich (vgl. Stehr 1994: 208). Soziale Handlungen sind eingebettet in eine soziale Gemeinschaft, in eine Kultur bzw. eine Gesellschaft. Insofern kann mit Stehr auch gesagt werden, dass der Wissensprozess in der „Teilnahme an den kulturellen Ressourcen der Gesellschaft" (ebd.: 205) besteht. Die Fähigkeit zur Teilhabe (Methexis) und zur aktiven Teilnahme (Partizipation) an der jeweiligen Kultur setzt soziales Handeln voraus, und damit auch die Fähigkeit, sich zu orientieren. Gernot Böhme ist Recht zu geben, wenn er sagt, dass der Begriff der Wissensgesellschaft als Epochenbegriff zwar nicht tauge, jedoch wichtige aktuelle Tendenzen beschreibe und gegenüber dem Begriff der Informationsgesellschaft den subjektiven Faktor ernst nehme (Böhme 2002). Gerade von diesem subjektiven Faktor hängt die Erzeugung von Wissen aus Informationen ab. Dabei spielt die orientierende Reflexion eine zentrale Rolle.

1.2 Wissen, Orientierung, Bildung und Medien

Jürgen Mittelstrass (1982; 1989; 2001) hat seit den 1970er Jahren immer wieder den Sachverhalt reflektiert, dass in modernen Gesellschaften der Abstand zwischen Verfügungswissen (Faktenwissen) und Orientierungswissen gewachsen ist. Moderne Gesellschaften seien stark in der Akkumulation von Verfügungswissen und schwach in der Ausbildung von Orientierungswissen, so Mittelstrass. Was technisch möglich und moralisch nötig sei, lasse sich immer weniger miteinander vereinbaren. Für Erziehungswissenschaft und Pädagogik ist deshalb die Klärung des Verhältnisses von Verfügungs- und Orientierungswissen in hochkomplexen Gesellschaften u.E. zu einer zentralen Aufgabe geworden.

Insbesondere ist es das Gebiet der *Bildungstheorie*, das sich mit der Frage nach dem orientierenden Wert von Wissen beschäftigt. Denn die Frage, ob Wissen eine orientierende Funktion hat, ist identisch mit der Frage, ob es eine bildende Funktion hat. Orientierungswissen kann jedoch nicht durch eine Steigerung des Verfügungswissens erreicht werden: „Je reicher wir an Information und Wissen sind, desto ärmer scheinen wir an Orientierungskompetenz zu werden. Für diese Kompetenz stand einmal der Begriff der Bildung" (Mittelstrass 2002: 154).

Vor diesem Hintergrund wird deutlich, dass die Folgen der sich anbahnenden Wissensgesellschaft gleichsam in den letzten Schichten der Lebenswelt der Menschen spürbar werden, denn sie beziehen sich auf die Art und Weise des Lernens und der Orientierungsleistungen: Menschen müssen angesichts der medial vermittelten Informationsvielfalt (*information overload*) Wissen für sich aufbauen, um handeln und um sich in einer komplexer werdenden Welt orientieren zu können. Es ist in der Debatte um die Wissensgesellschaft unter dem Stichwort neuer Subjektivierungsformen immer wieder darauf hingewiesen worden, dass eine elementare Folge darin besteht, dass immer mehr Verantwortung auf die einzelnen Menschen abgewälzt wird, die immer mehr verantwortlich für das eigene Lernen und für die eigene Qualifikation werden (vgl. Höhne 2003: 62ff.). Die Komplexität des Orientierungswissens – also die Qualität von Bildung – muss diesen Anforderungen entsprechen. Ohne Anspruch auf Vollständigkeit lassen sich dabei die folgenden Momente hervorheben:

1. *Orientierung als Fähigkeit des Umgangs mit Kontingenz:* Die Krisen der Moderne sind wesentlich als *Orientierungskrisen* zu verstehen, die aus verschiedenen Erfahrungen, wie etwa der Transformation tradierter Rollenbilder, dem Wechsel von der Industrie- zur Dienstleistungs- und schließlich zur Informations- und Wissensgesellschaft, den Legitimationsverlusten kultureller Orientierungsmuster in heterogenen und transkulturellen Gesellschaften usw. resultieren (vgl. Beck 1984). Die Fähigkeit, sich innerhalb unübersichtlicher und kontingenter gesellschaftlicher Bedingungen Orientierung zu verschaffen und zu positionieren, muss in den gegenwärtigen Gesellschaften als eine Kernkompetenz der Lebensbewältigung wie auch der sozialen und kulturellen Partizipation betrachtet werden.

2. *Flexibilisierung:* Die Fähigkeit der Orientierung muss dabei angesichts der sich immer schneller verändernden gesellschaftlichen Verhältnisse wesentlich auch als Fähigkeit der *Umorientierung* verstanden werden. Insofern in Ermangelung letztgültiger Orientierungen die vorhandenen Denk- und Handlungsmuster immer wieder geprüft und reflexiv zur Disposition gestellt werden müssen, ist *Flexibilisierung* ein weiteres wesentliches Moment moderner Bildung.

3. *Tentativität:* Flexibilisierung bedeutet zugleich auch, sich für neue Situationen offen zu halten, sozusagen eine Haltung der vorausschauenden Kontingenzerwartung zu kultivieren. Bildungsprozesse gehen in diesem Sinn mit der Eröffnung von Unbestimmtheitsräumen einher, mit einem auf *Tentativität* und Exploration, mithin auf das aktive Erschließen *neuer* Erfahrungsräume (i.S. John Deweys Begriff der *experience*) ausgerichtetes Verhalten.

4. *Einlassen auf Anderes und Fremdes:* Schließlich ist hervorzuheben, dass dabei das Moment des Fremden und Unbekannten, der *Alterität*, eine bedeutende Rolle einnimmt. Bildungsprozesse im Sinn der Strukturalen Bildungstheorie zielen darauf ab, mit Unbekanntem – und möglicherweise unbekannt Bleibendem – umgehen zu lernen (vgl. Koller/Marotzki/Sanders 2007). Ins-

besondere in globalisierten multi- und transkulturellen Gesellschaften ist die
Bedeutung dieser Fähigkeit evident.

Medien spielen hierbei eine doppelte Rolle. Sie stellen *einerseits* ein lebenswelt-
liches Phänomen dar, das für eine große Zahl von Menschen ausgesprochen
vielfältig, aber durchaus nicht unproblematisch ist. Die lebensweltliche Begegnung und Auseinandersetzung mit Medien und Medientechnologien erfordert
bereits, wie insbesondere das Beispiel der Neuen Medien aufzeigt, Fähigkeiten
und Einstellungen wie Bereitschaft zu tentativer Erkundung des (noch) Unbekannten, Begegnung mit (z.b. kulturellem) Anderem und Fremdem, Interesse am
Erwerb neuer Interaktionsweisen und -muster, etc. Seien es generationsbedingte
Berührungsängste (Marotzki/Nohl 2004), kulturelle Hürden wie Migrationshin-
tergründe (Theunert 2007), formale Bildungshürden (Kompetenzzentrum Informelle Bildung 2007) oder andere Ursachen: die Indikatoren verweisen darauf,
dass die Wissenskluft in der Gesellschaft sich zunehmend in manifeste Partizipa-
tionshürden verwandelt – insbesondere dort, wo Partizipation zunehmend in
medialen Räumen stattfindet (Zillien 2006; Zwiefka 2007). Auch wenn heute
nicht mehr von einer Digitalen Spaltung im Sinne eines *access divide* gesprochen
werden kann (vgl. etwa Medienpädagogischer Forschungsverbund Südwest
2007), so besteht doch das Problem einer *voice inequality* (Iske/Klein/Kutscher
2005) mehr denn je.

Andererseits bieten Medien dort, wo sie sich einen nicht mehr wegzuden-
kenden Platz in den Lebenswelten der Menschen erobert haben, neue Anlässe
und neue Räume für Bildungserfahrungen und -prozesse im oben genannten
Sinn. Wo Individuen einen Zugang zu diesen Erfahrungsräumen haben, haben
sie prinzipiell auch Teil an den (Bildungs-) Optionen und Chancen, die diese
Räume bieten. Evident ist dies für das Internet, das unzählige neue Möglichkeiten, sich auf verschiedensten Ebenen zu artikulieren und zu partizipieren, hervorgebracht hat. Doch beschränken sich diese Bildungspotenziale durchaus nicht
auf die interaktiven neuen Informationstechnologien. Komplexe mediale Formate wie etwa der Film beinhalten ebenfalls ein hohes reflexives Potenzial, indem
sie etwa Fremdheitserfahrungen inszenieren, nachvollziehbar und reflektierbar
machen, indem sie Biographisierungsweisen thematisieren, ethische Paradoxa
verhandeln, usw.

Reflexive Orientierungsoptionen in diesem Sinne entfalten ihre Relevanz in
unterschiedlichen lebensweltlichen Bereichen. Bereits thematisiert wurde die
Dimension des *Wissens*. Doch in Anlehnung die vier berühmten Fragen, die Kant
in seiner Logik formulierte – „*Was kann ich wissen? Was soll ich tun? Was darf
ich hoffen?* und *Was ist der Mensch?*" (Kant 1977: 448) – lassen sich insgesamt
vier grundlegende Orientierungsdimensionen unterscheiden:

1. Der *Wissensbezug* als Rahmung und kritische Reflexion auf Bedingungen und Grenzen des Wissens;
2. der *Handlungsbezug* als Frage nach ethischen und moralischen Grundsätzen des eigenen Handelns, insbesondere nach dem Verlust tradierter Begründungsmuster;
3. der *Transzendenz- und Grenzbezug* als Verhältnis zu dem, was von der Rationalität nicht erfasst werden kann; sowie schließlich
4. die *Frage nach dem Menschen* (Biographiebezug) als Reflexion auf das Subjekt und Frage nach der eigenen Identität und ihren biographischen Bedingungen.

Die Unterscheidung dieser vier Dimensionen kann allgemein für die Analyse von Bildungsprozessen fruchtbar gemacht werden; sie soll uns im Folgenden als leitende Heuristik für Analyse von Medienbildungspotentialen dienen. Bevor wir dies an einigen Beispielen aus dem Bereich Film und Internet konkretisieren, möchten wir einen Begriff diskutieren, der uns im Hinblick auf Medienbildung von zunehmender Bedeutung zu sein scheint.

1.3 Die Bedeutung medialer Artikulationen für den Aufbau von Orientierungswissen

Der Erwerb von Orientierungswissen beinhaltet eine soziale Komponente, die nicht übersehen werden darf. Fragen wie die genannten – nach Ethik und Moral, nach Geltungsbedingungen von Wissen, nach ästhetischen und religiösen Grundsätzen usw. – stehen immer auch in einem gesellschaftlich-diskursiven Kontext. In ihrer Offenheit und Unabgeschlossenheit müssen sie immer wieder im sozialen Raum neu ausgehandelt werden. Dies gilt umso mehr für komplexe und heterogene moderne Gesellschaften, in denen tradierte Orientierungsmuster nur noch geringe Bindungskraft entfalten. Bildungsprozesse können vor diesem Hintergrund nicht mehr nur als eine individuelle Angelegenheit betrachtet werden. Vielmehr müssen sie in diesem Zusammenhang als Teilhabeprozesse an deliberativen Öffentlichkeiten verstanden werden (vgl. Klafki 1985): Erworbene Einstellungen zur Welt und zum Selbst existieren nicht im sozialen Vakuum; Bildungsprozesse sind grundsätzlich mit Anerkennungsproblematiken verknüpft (Stojanov 2006). Bildung ist insofern auch eine Frage (der Möglichkeiten und Bedingungen) gesellschaftlicher Partizipation. Die aktive Teilnahme an gesellschaftlichen Diskursen und Auseinandersetzungsprozessen bedingt eine Fähigkeit zur *Artikulation* der eigenen Sichtweisen, die in verschiedenen sozialen

Arenen inszeniert oder aufgeführt werden, sowie die Fähigkeit, Artikulationen anderer verstehend anzuerkennen.

Magnus Schlette und Matthias Jung haben in ihrem Sammelband „Anthropologie der Artikulation. Begriffliche Grundlagen und transdisziplinäre Perspektiven" (Schlette/Jung 2005) aus anthropologischer Perspektive das Konzept eines umfassenden Artikulationsbegriffs entwickelt. Der anthropologische Begriff der Artikulation bei Jung hat den subjektiven Bezugspunkt menschlicher Selbst- und Weltverhältnisse vor Augen. Dabei wird ein Verständnis von Artikulation als multimediales Ausdruckskontinuum zugrunde gelegt: „Wer sich artikuliert, deutet seine qualitative Erfahrung, indem er sie (...) zur Sprache, zum Bild, zur Musik oder wozu auch immer bringt" (Jung 2005: 126). In diesem expressiven Kontinuum grenzen die Autoren drei (bezogen auf den Grad von Reflexivität stufenförmige) „Zonen" voneinander ab:

• Die präreflexive Zone bezeichnet eine Bandbreite an Ausdrucksverhalten, etwa Gefühlsausdrücke, die spontan-leiblich sind (kreatürliche Freude im Lachen und im Lächeln des Kleinkindes). Am Beispiel des ironischen Lächelns verweist Jung darauf, dass solche somatischen Ausdrucksweisen durchaus auch im Zusammenhang eines stärkeren Grades von Reflexivität zu finden sind.

• Die reflexive/narrative Zone ist auf alle (medialen) Ausdrucksformen der qualitativen Erfahrung und des Erlebens bezogen, also auch beispielsweise auf Bilder. Dadurch, dass das Erlebte in Form verschiedener Symbolmedien (piktorale, musikalische, sprachliche usw.) artikuliert werde, würden sie von ihrer Bindung an ein Hier und Jetzt gelöst und würden dadurch den Sinn von Erlebtem intersubjektiv zur Geltung bringen (können). „Es ist daher anthropologisch fundamental, den Ehrentitel des Reflexiven allen in diesem Sinn artikulatorischen Medien und nicht etwa nur der Sprache zuzuerkennen" (Jung 2005: 133).

• Die dritte Stufe (Zone) bezeichnet metareflexive/argumentative Artikulationsformen. Hier ist die Sonderposition von (begrifflicher) Sprache situiert. Jung meint damit, dass die reflexiven nicht-sprachlichen und sprachlichen Bedeutungsbestimmungen in meta-reflexive (sprachliche) Vollzüge eingebettet sind (ohne dass nicht-sprachliche Bedeutungsbestimmungen durch Sprache substituierbar sind).

Menschliche Artikulationen beziehen sich auf alle drei Ebenen. In diskursiven Äußerungen werden Erfahrungen artikuliert, die vor dem Hintergrund von Lebensinteressen und Handlungsproblemen gemacht wurden, entweder im metareflexiven (argumentativen) oder aber reflexiven (erzählenden, beschreibenden usw.) Modus. Der Diskurs wird als (multimediale) Artikulation von Erfahrungsräumen thematisierbar. Die Betonung multimedialer Artikulation des Menschen erlaubt es, gerade den in den Neuen (Kommunikations-) Medien vorfindlichen Kommunikationsweisen einen systematischen und nicht substituierbaren Stellenwert einzuräumen.

Mit dem Begriff der Artikulation sind zwei wichtige Aspekte verknüpft: Einerseits geht der individuelle Prozess der Artikulation wie beschrieben mit einer Formgebung einher, die ein reflexives Potential enthält, insofern die Äußerung von Erfahrungen zugleich eine Entäußerung impliziert, und damit ein Moment der Distanzierung beinhaltet. Artikulationsprozesse beinhalten somit ein hohes Bildungspotential. Zum anderen weisen die Artikulationen selbst einen – mehr oder weniger ausgeprägten – reflexiven Gehalt auf. Ihre Aufführung in sozialen Räumen und Arenen provoziert eine Reaktion des sozialen Umfelds. In der Begegnung mit artikulativen Äußerungen liegt – insbesondere im Fall elaborierter, kulturell bzw. subkulturell komplexer Beiträge – selbst ein Bildungspotential. In diesem Sinn werden unsere folgenden Betrachtungen von der These geleitet, dass der *Aufbau von Orientierungswissen in komplexen, medial dominierten Gesellschaften wesentlich über mediale Artikulationen verläuft.*

2 Strukturale Medienbildung

Maßgebend für den Gedanken der Medienbildung ist der Umstand, dass erstens *Artikulationen* von *Medialität* nicht zu trennen sind, und dass zweitens mediale Räume zunehmend Orte sozialer Begegnung darstellen, dass also *mediale soziale Arenen* in den Neuen Medien eine immer größere Bedeutung für Bildungs- und Subjektivierungsprozesse einnehmen. Aus Sicht der Medienbildung gilt es mithin, die reflexiven Potentiale von medialen Räumen einerseits und medialen Artikulationsformen andererseits im Hinblick auf die genannten Orientierungsleistungen und -dimensionen analytisch zu erkennen und ihren Bildungswert einzuschätzen. Dabei geht es weniger um die *Inhalte* der jeweiligen Medien, sondern um ihre strukturalen Aspekte. Die Analyse der medialen Formbestimmtheiten mündet im Sinne der oben vorgebrachten Bildungstheorie in eine *Analyse der strukturalen Bedingungen von Reflexivierungsprozessen.*

Liegt die soziale und kulturelle Wirkung von Medien vor allem in ihren Formeigenschaften, so hebt die Betrachtung von Medienphänomenen aus der Perspektive der Medienbildung dementsprechend darauf ab, Bildungsgehalte und implizite Bildungschancen von Medien über die strukturanalytische Thematisierung von Medienprodukten und medialen sozialen Arenen zu erschließen. Wir werden dies im Folgenden anhand zweier unterschiedlicher medialer Bereiche von hoher aktueller Relevanz – Film und Internet – erläutern.

2.1 Medienbildung am Beispiel des Films

Das Medium Film ist aus Sicht der Medienbildungsforschung deshalb von besonderer Relevanz, weil Filme als Verschmelzung visueller und auditiver Gehalte in der zeitlichen Dimension (des Bewegtbildes) besonders komplexe – und häufig ausgesprochen elaborierte – Formen medialer Artikulationen darstellen. Filme werden hinsichtlich ihres Bildungswertes beurteilt, indem sie unter den vier verschiedenen Perspektiven (Wissens-, Handlungs-, Transzendenz- und Grenzbezug wie auch Biographiebezug) betrachtet werden (können). Sie können Reflexionspotentiale in dem o.g. Sinne enthalten und dadurch bildungsmäßig wertvoll sein. Von den vier oben genannten Reflexionsdimensionen sollen im Folgenden zwei Dimensionen – die Wissensdimension und die Reflexion auf Subjektivität – exemplarisch diskutiert werden (vgl. ausführlich: Marotzki 2007a).

2.1.1 Wissensbezug: Reflexion auf Wissenslagerungen

Hinsichtlich der Reflexion auf Wissenslagerungen ist der Bereich der Dokumentarfilme von besonderer Relevanz, denn ihre Aufgabe ist es, Wissen über bestimmte Gebiete audiovisuell darzubieten. Im Gegensatz zum Spielfilm beansprucht der Dokumentarfilm, Aussagen über Aspekte der Wirklichkeit zu machen, also Wissen über diese zu präsentieren. Das Verhältnis von Inszenierung und Dokumentation wurde bereits bei dem ersten Meilenstein des Dokumentarfilms kontrovers diskutiert, nämlich anhand des Films „Nanook of the North" von Robert J. Flaherty (1922). Flaherty beschreibt darin die Lebenswelt des Eskimos Nanook und hat nachweislich einige Szenen durch Nanook „spielen" lassen. Beispielsweise hat er ihn gebeten, extra für die Filmaufnahmen ein Iglu zu bauen. Die Diskussion um den Dokumentarfilm ist bis heute durch die zentrale Frage nach dem Verhältnis von Dokumentation und Inszenierung gekennzeichnet.

In der formalen Analyse zeigt die Geschichte des Dokumentarfilms eine große Vielfalt und Unterschiedlichkeit – von der Wochenschau-Tradition vom Anfang des 20. Jahrhunderts bis zum Aufkommen des Fernsehens, vom Direct Cinema und Cinéma Vérité nach dem zweiten Weltkrieg bis zu den heutigen dokumentarischen Formaten, wie beispielsweise das von Michael Moore vertre-

tene, wie es in den Filmen „Bowling for Columbine" (2002) oder „Fahrenheit
9/11" zum Ausdruck kommt. Immer jedoch wird man das spannungsreiche Verhältnis von „Abbildung" und „Nachspielen" finden. Zugleich ist damit der auf-
klärerische Anspruch verbunden, dass wir über Sachverhalte informiert werden
sollen, und häufig ist damit auch die pädagogisch engagierte Absicht verbunden,
dass für eine bestimmte Sichtweise der Dinge in engagierter Form geworben
werden soll.

In diesem Spannungsfeld zwischen Inszenierung und Authentizitätsan-
spruch, zwischen medialer Konstruiertheit und Aufklärungsanspruch entfaltet
der Dokumentarfilm – potentiell – kritisch-reflexive Momente. Das für den Dokumentarfilm typische Ensemble *verschiedener* formaler Informationstypen
(Interview, Narration, teilnehmende Kamera-Beobachtung, Statistiken, etc.)
provoziert die kritische Reflexion der Betrachter, insofern diese Vielfalt immer
auch Divergenzen hervorruft: Bilder, die anders gelesen werden können als es
der Off-Kommentar versucht, Narrationen, die als subjektive Erfahrungen objek-
tiven Daten gegenüberstehen, usw.: Eine Reflexion auf Wissenslagerungen ist in
dieser strukturellen Offenheit des Dokumentarfilms angelegt.

2.1.2 Biographiebezug: Reflexion auf Biographisierungsprozesse

Hinsichtlich der Reflexion auf die eigene Identität, auf Biographisierungsprozesse, sind Filme dann bildungsmäßig wertvoll, wenn sie komplizierte und komplexe menschliche Sinnbildungs- und damit Identitätsbildungsprozesse zum Thema
haben. Beispielhaft genannt sei zum einen der Film „Wilde Erdbeeren" von
Ingmar Bergman (1957). Der Film zeigt Biographisierungsprozesse des 78-
jährigen Medizinprofessors Isak Borg. Der Film beginnt mit einem Traum, durch
den er mit seinem Tod konfrontiert wird. Mit dem Auto fährt er dann zusammen
mit seiner Schwiegertochter in die schwedische Stadt Lund, wo er eine Aus-
zeichnung als Doktor Jubilaris entgegennehmen soll. Die Stationen der Reise
werden in Träumen, Visionen und Erinnerungsbildern zu Stationen seines gelebten Lebens. Die heterogenen Aspekte seines Lebens und seines Charakters versucht Borg in einem Prozess der Selbstverständigung, der Zusammenhangsbil-
dung zu einem Muster des gelebten Lebens zu integrieren.

Es handelt sich bei dem Leben des Medizinprofessors Borg eher um eine
traditionelle, konventionelle Biographie, so dass gesellschaftlich induzierte Prozesse der Kontingenz und Emergenz nur in Ansätzen sichtbar werden. Anders
sieht es aus, wenn wir ein zweites Beispiel aus den letzten Jahren wählen, nämlich den Film „Big Fish" von Tim Burton (2003). In diesem Film wird eine Va-
ter-Sohn-Geschichte liebevoll in Szene gesetzt. Der Sohn will sich mit seinem

Vater auf dessen Sterbebett aussöhnen, und versucht herauszufinden, wer dieser wirklich war. Doch der Vater wartet, wie bereits in seinem ganzen Leben, mit unglaublichen Geschichten auf, die in ihrer Gesamtheit die Geschichte seines Lebens und damit seiner Identität sein sollen. Der Film zeigt, dass es nicht mehr gelingt, ein Leben in die *eine* konsistente Geschichte zu bringen. Vielmehr handelt es sich um Versionen, Fragmente, die in immer neuen Konstellationen zur Geltung gebracht werden, ähnlich wie es Nelson Goodman bereits 1990 in seinem Buch „Weisen der Welterzeugung" beschrieben hat.

Beide Filme bieten Reflexionsanreize, um Fragen der Identität, der Art und Weise, wie Menschen zu sich selbst finden können, wie sie versuchen, Sinn in ihr Leben zu bringen, in vollständig unterschiedlicher Weise zu thematisieren. Als elaborierte mediale Artikulationen von Biographisierungsmustern und Biographisierungsoptionen weisen Filme wie die hier exemplarisch besprochenen ein hohes Reflexionspotential auf. Über die Auseinandersetzung mit einer Geschichte hinaus inszenieren sie unterschiedliche Biographisierungsweisen und bringen diese zur Verhandlung.

2.2 Artikulation und Partizipation: Neue Medien als deliberative Kulturräume

Betrachtet man die Geschichte des Internets, die auf das militärische ARPA-Net zurückgeht und bis in die späten 1960er Jahre zurückreicht, so fällt auf, dass zu allen Zeiten und in allen Entwicklungsphasen „ungeplante" Kommunikationsanwendungen für Innovationsschübe gesorgt haben, welche die zunächst bloß technische Netzwerkstruktur zunehmend durch soziale und kulturelle Räume angereichert haben. Dies gilt etwa für die Einführung der Email im Jahr 1972 ebenso wie für die ersten textbasierten Rollenspiele (MUDs, Multi User Domains/Dungeons), die ebenfalls bereits in den 1970er Jahren programmiert wurden. Das Internet entwickelte sich rasant zu einer Plattform, auf der neue Formen von Öffentlichkeit entstanden. In den 1980er Jahren waren dies vor allem Mailinglisten, die Diskussionsforen des Usenet sowie die erwähnten MUDs. Die Schlüsseltechnologie der 1990er Jahre war das von Tim Berners-Lee am Schweizer CERN konzipierte World Wide Web (WWW). Während das WWW aufgrund seiner einfachen Verwendbarkeit das Internet zu einem globalen Massenmedium machte, ist die jüngste Entwicklung von der Transformation des WWW zum so genannten „Web 2.0" gekennzeichnet. Unter diesem durchaus heterogenen Label verstehen wir vor allem einen enormen Zuwachs von technisch niederschwelligen und (überwiegend) kostenlosen Angeboten zur aktiven Partizipation im Internet (vgl. Jörissen/Marotzki 2007). Das für das Web 2.0 grundlegende Prinzip des „user generated content" hat innerhalb weniger Jahre eine enorme Vielfalt unterschiedlichster techno-sozial vernetzter Kommunikationsphänomene geschaffen.

War bereits das Internet der 1990 Jahre – insbesondere in seiner Eigenschaft als Plattform für Online-Communities und Online-Foren – ein Medium, dessen Bildungspotentiale deutlich hervortraten (Marotzki 2000; Marotzki 2003), so stellen die jüngsten Entwicklungen eine Steigerung sowohl in Qualität als auch hinsichtlich der Reichweite und Ausbreitung dieser Bildungspotentiale dar (zur Reichweite und Nutzungsweisen vgl. Haas et al. 2007). Die Optionen zur Partizipation und zur multimedialen Artikulation in Weblogs, Wikis in sozialen Netzwerken, auf Foto- und Videosharingseiten (wie etwa youtube.com) befinden sich derzeit immer noch einer Explorations- und Ausweitungsphase. Wir können an dieser Stelle der Komplexität und Reichhaltigkeit der Phänomene nur ansatzweise gerecht werden und die Bildungspotentiale des Internets anhand einiger Bereiche skizzieren. Dabei beschränken wir uns, wie bereits oben am Beispiel des Films, exemplarisch auf die Dimensionen des Wissens und der Biographisierung.

2.2.1 Orientierungsleistungen kollaborativer Wissensgenerierung und -weitergabe im Internet

In Bezug auf die Dimension des Wissens sind zwei besonders evidente Phänomene hervorzuheben, die durch Begriffe wie *Syndikation* und *kollaborative Wissensgenerierung* zu kennzeichnen sind. Unter *Syndikation* ist dabei eines der hervorstechendsten Merkmale des heutigen WWW zu verstehen, nämlich die Entbindung der kommunizierten Inhalte von der Form und auch vom Ort ihrer Präsentation. Einfach strukturierte Austauschformate (wie z.B. „RSS", Really Simple Syndication) erlauben die automatisierte Verbreitung und Sammlung (Aggregation) beliebiger medialer Inhalte. Auf diese Weise sind News- und Blogbeiträge in Form strukturierter ‚Informationsschnipsel' so einfach zu verbreiten, dass sie in ständig neuen Kontexten auftauchen und aufgegriffen werden. Insofern jede Information in verschiedensten Zusammenhängen auftauchen kann, ist die *De- und Rekontextualisierung des verfügbaren Wissens im WWW zum Regelfall geworden*. Damit verbunden sind Kritik-, Ergänzungs- und Kommentierungspraktiken, so etwa die Diskussion aktueller Themen und Meldungen in spezifischen Weblogs (deren Beiträge wiederum in anderen Weblogs und auf entsprechenden Themenportalen auftauchen und hier wiederum rekontextualisiert und annotierbar gemacht werden). Damit hat sich die grundlegende Einstellung zum Wissen im Kontext des Web 2.0 im Vergleich zum Gebrauch klassischer Medien radikal verändert. Im Neuen Medium gehören Quellenkritik und Kontextualisierung von Informationen gleichsam zur informationellen Grundausstattung.

Ein weiteres einschlägiges Beispiel stellt die *Wikipedia* als kollaboratives Megaprojekt dar. Sie steht exemplarisch für eine ganze Reihe von Communities bzw. sozialen Netzwerken ähnelnden Angeboten, bei denen das Ziel der Herstellung enger persönlicher Bindungen der Projektorientierung und der aktiven Teilnahme am Aufbau „emergenter" kollaborativer Wissensräume gewichen ist. Die Richtigkeit, die Angemessenheit und die Qualität der Artikel werden nach dem Prinzip der sozialen Validierung sichergestellt, d.h. es gibt keine Redaktion im engeren Sinne, sondern die Autoren/innen und Benutzer/innen korrigieren sich gegenseitig. Der Entscheidungsprozess, ob ein neuer Artikel aufgenommen wird, obliegt ebenfalls der Community. Die Wikisoftware, mit der Wikipedia arbeitet, dient dabei nicht nur als Plattform für die Präsentation der eigentlichen Inhalte, sondern sie beherbergt auch die Diskussionen und die „Backstage"-Bereiche, anhand deren man nachvollziehen kann, wie die Wikipedia funktioniert. Denn die Plattform gibt nur eine schwache Struktur vor, der Hauptteil der Arbeit des Projektes Wikipedia hingegen besteht darin, diese offene technische Struktur durch eine soziale Struktur zu ergänzen und dem Ganzen eine Organisationsform zu geben, mit der sich arbeiten lässt.

Die Zusammenarbeit in der Wikipedia erfordert einen ständigen Austausch der Autoren und Administratoren, primär über die Inhalte und die Arbeitsweise. Wikipedia weist hochgradig deliberative Strukturen auf und stellt eine vertrauensvolle Kooperation autonomer, aber wechselseitig abhängiger Akteure, die für einen begrenzten Zeitraum zusammenarbeiten, dar. Im Ergebnis entsteht ein hochgradig fluides (beinahe jeder Eintrag kann jederzeit in beliebigem Umfang verändert werden) und in hohem Maße deliberatives Wissensnetz. Sowohl für passive als auch v.a. für die aktiven Nutzer der Wikipedia verändert sich die *Einstellung zum Wissen* im Vergleich zum Gebrauch klassischer Medien – also in diesem Fall klassischer Enzyklopädien – erheblich, insofern eine mitlaufende Orientierung *über* die dargebotenen Wissensgehalte stets notwendig ist (Quellenkritik, Prüfung und Diskussion des Zustandes von Einträgen und vorhergegangener Versionen usw.). Diese Orientierungsleistung ist zwar elaborierten Nutzern klassischer Medien ebenso zuzuschreiben. Im Gegensatz zu den professionellen und redaktionellen Inhalten der Massenmedien jedoch ist es ein *alltäglicher Erfahrungsbestandteil* in der Nutzung der neuen Wissensangebote, dass Wissen standortgebunden, lebensweltlich positioniert und immer auch zeitabhängig ist. Nicht zuletzt darin liegt hier der Bildungswert.

2.2.2 Biographisierungs- und Erinnerungskulturen im Internet

Als diachrone Orientierungsformate bezeichnet man in bildungstheoretischer Perspektive die Einbettung des Einzelnen in geschichtliche, gesellschaftliche, gemeinschaftliche oder biographische Kontinuitäten. Solche Bildungslinien können individuell sein, nämlich dann, wenn der einzelne an seiner biographischen Kontinuität arbeitet (biographische Wurzeln), sie können – oft damit verbunden – auch gemeinschaftsorientiert (Gemeinschaftswurzeln) sein, nämlich dann, wenn der einzelne sich selbst darüber vergewissert, aus welchen Zugehörigkeiten er sich zu dem entwickelt hat, der er jetzt ist. Auf jeden Fall ist es Aufgabe von Biographisierungsprozessen, die Teile der Vergangenheit zu einem Ganzen zu fügen. Biographiearbeit hat also immer etwas mit der Herstellung von diachronen Bildungslinien zu tun und ist insofern zu großen Teilen Erinnerungsarbeit (vgl. hierzu und zum Folgenden ausführlicher: Marotzki 2007b).

Das Internet hat eine erstaunliche Vielfalt öffentlicher und kollektiver Formen von Erinnerung hervorgebracht. Zu nennen wären als klassische Beispiele etwa virtuelle Tierfriedhöfe oder Gedenkseiten für verstorbene Menschen, die etwa in Form von Homepages oder auf speziellen Gedenkseiten realisiert sind. Diese sog. *memorial sites* können entweder Prominenten gewidmet sein (www.prinzessin-diana.de), oder aber Profile verstorbener Privatpersonen beinhalten (memory-of.com; gonetosoon.co.uk), die dort von Angehörigen und Freunden mit Erinnerungen in Formen von Texten, Bildern gefüllt werden. Diese am Gedenken Verstorbener orientierten Angebote nehmen teilweise Bezug auf Konventionen und Rituale des Gedenkens (Kondolenzbücher, virtuelle Kerzen), stellen aber andererseits eine in dieser Weise vorher nicht existente Form des öffentlichen und kollektiven Erinnerns dar. So wird etwa das zeitlich singuläre Ereignis des kollektiven Abschiednehmens in Form der Beerdigung auf den *memorial sites* in eine gleichermaßen kollektive, nun aber kontinuierliche Form der Wiederbegegnung, des Erinnerns und Gedenkens transformiert. Erinnerungsarbeit als wiederholtes Durcharbeiten und Trauern erfolgt damit nicht mehr im abgegrenzten Privatbereich der je eigenen Erinnerungen, sondern vielmehr im Kontext des sozialen Gedächtnisses (Welzer 2001) der Angehörigen und Freunde eines Verstorbenen. Damit ist eine Vielfalt von Perspektiven gegeben, die den Trauerprozess bereichern und anregen kann, die aber auch dazu betragen kann, die Konstruktion der Vergangenheit (auch der eigenen, insofern der Verstorbene Teil der eigenen Biographie ist), aufgrund der kollektiven Erinnerungsbeiträge zu verändern und umzudeuten.

Ein weiterer Trend, den wir hier nur andeuten können, liegt im Bereich des sog. *digital storytellings*, also von Angeboten, die im Sinne der *oral history* historische und biographische Ereignisse in einem sozialen Netzwerkkontext miteinander verknüpfen. Angebote wie *zeitzeugen.de*, *miomi.com* und *memoloop.de*[1] bringen auf diese Weise mediale Räume der kollaborativen Geschichtsschreibung hervor, die es in dieser Form bisher nicht geben konnte. Sie stellen zudem die individuellen biographischen Lebensereignisse ganz konkret – etwa in Form von Visualisierungen – in den Kontext des kollektiven Gedächtnisses. Dabei überführen sie die klassischen Biographisierungspraxen – v.a. als biographische Erzählung im privaten Raum – in eine öffentliche Artikulation, die damit sichtbar, annotierbar und kommentierbar wird.

3 Zusammenfassung

Medien und Neue Informationstechnologien verändern nicht nur die Wahrnehmungsweisen des Menschen, und dadurch auch ihn selbst. Sie verändern auch die Koordinaten für Lern- und Bildungsprozesse. Es entspricht einer langen Tradition geisteswissenschaftlichen Denkens, davon auszugehen, dass Menschen im „Ausdruck" Sinnerfüllung finden und dass in der Kommunikation Anerkennung gesucht wird. Solche Artikulationen finden immer im Rahmen jener grundlegenden Koordinaten statt, die Lernen und Bildung konfigurieren. Verändern sich diese, finden wir auch veränderte Artikulationsbedingungen. An zwei medialen Bereichen – Film und Internet – haben wir aufgezeigt, wie diese neue und innovative Orientierungsformate und Subjektivierungsweisen hervorbringen. Wir verstehen unter Medienbildung in diesem Sinne die *in* und *durch* Medien induzierte strukturale Veränderung von Mustern des Welt- und Selbstbezugs.

Literatur

Assmann, Jan (1997): Das kulturelle Gedächtnis. Schrift, Erinnerung und politische Identität in frühen Hochkulturen. München: C.H. Beck.

Aufenanger, Stefan (2000): Medien-Visionen und die Zukunft der Medienpädagogik. Plädoyer für Medienbildung in der Wissensgesellschaft. In: Medien Praktisch, 24. Jg., Nr. 1: 4-8.

Bateson, Gregory (1981): Ökologie des Geistes: Anthropologische, psychologische, biologische und epistemologische Perspektiven. Frankfurt a.M.: Suhrkamp.

Böhme, Gernot (2002): Strukturen und Perspektiven der Wissensgesellschaft. In: Zeitschrift für Kritische Theorie, 14: 57-65.

Brödel, Rainer/Kreimeyer, Julia (Hrsg.) (2004): Lebensbegleitendes Lernen als Kompetenzentwicklung. Analysen – Konzeptionen – Handlungsfelder. Bielefeld: Bertelsmann.

---

[1] Vgl. http://del.icio.us/jocriben/DigitalStorytelling

Deutscher Bundestag (2002): Schlussbericht der Enquete-Kommission Globalisierung der Weltwirtschaft – Herausforderungen und Antworten: Drucksache 14/9200. Berlin.

Gross, Friederike von/Marotzki, Winfried/Sander, Uwe (Hrsg.) (2007): Internet – Bildung – Gemeinschaft. Wiesbaden: VS Verlag.

Haan, Gerhard de/Poltermann, Andreas (2002): Funktion und Aufgaben von Bildung und Erziehung in der Wissensgesellschaft. Online available at: http://www.wissensgesellschaft.org/themen/bildung/bildungwissen.pdf [3.2.2008].

Haas, Sabine/Trump, Thilo/Gerhards, Maria/Klingler, Klingler (2007): Web 2.0: Nutzung und Nutzertypen. Eine Analyse auf der Basis quantitativer und qualitativer Untersuchungen. In: media perspektiven, Nr. 4: 215-222. Online available at: http://www.media-perspektiven.de/1657.html [16.2.2008].

Hartwich, Dietmar et al. (Hrsg.) (2007): Mit-Spieler. Überlegungen zu nachmodernen Sprachspielen in der Pädagogik. Norbert Meder zum 60. Geburtstag. Würzburg: Königshausen & Neumann.

Höhne, Thomas (2003): Pädagogik der Wissensgesellschaft. Bielefeld: transcript.

Homfeldt, Hans Günther/Schulze-Krüdener, Jörgen (Hrsg.) (2000): Wissen und Nichtwissen. Herausforderungen für Soziale Arbeit in der Wissensgesellschaft. Weinheim/München: Juventa.

Iske, Stefan/Klein, Alexandra/Kutscher, Nadia (2005): Differences in Internet Usage: Social Inequality and Informal Education. In: Social Work & Society, Vol. 3, Nr. 2: 215-223. Online available at: http://www.socwork.de/IskeKleinKutscher2005.pdf [16.2.2008].

Jörissen, Benjamin (2007): Beobachtungen der Realität. Die Frage nach der Wirklichkeit im Zeitalter der Neuen Medien. Bielefeld: transcript.

Jörissen, Benjamin/Marotzki, Winfried (2007): Neue Bildungskulturen im „Web 2.0": Artikulation, Partizipation, Syndikation. In: Gross/Marotzki/Sander (2007): 203-225.

Jung, Matthias (2005): „Making us explicit": Artikulation als Organisationsprinzip von Erfahrung. In: Schlette/Jung (2005): 103-142.

Kant, Immanuel (1977): Logik. Ein Handbuch zu Vorlesungen. Hrsg. v. G.B. Jäsche. In: Kant, I.: Schriften zur Metaphysik und Logik 2. Werkausgabe Bd. VI. Hrsg. v. W. Weischedel. Frankfurt a.m.: Suhrkamp.

Kempter, Klaus/Meusenberger, Peter (Hrsg.) (2005): Bildung und Wissensgesellschaft. Wien/New York: Springer.

Killius, Nelson/Kluge, Jürgen/Reisch, Linda (Hrsg.) (2002): Die Zukunft der Bildung. Frankfurt a.m.: Suhrkamp.

Klafki, Wolfgang (Hrsg.) (1985): Neue Studien zur Bildungstheorie und Didaktik: Beiträge zur kritisch-konstruktiven Didaktik. Weinheim/Basel: Beltz.

König, Eckard/Zedler, Peter (Hrsg.) (1989): Rezeption und Verwendung erziehungswissenschaftlichen Wissens in pädagogischen Handlungs- und Entscheidungsfeldern. Weinheim: Deutscher Studien-Verlag.

Koller, Hans-Christoph/Marotzki, Winfried/Sanders, Olaf (Hrsg.) (2007): Bildungsprozesse und Fremdheitserfahrung: Beiträge zu einer Theorie transformatorischer Bildungsprozesse. Bielefeld: transcript.

Kompetenzzentrum Informelle Bildung (Hrsg.) (2007): Grenzenlose Cyberwelt? Zum Verhältnis von digitaler Ungleichheit und neuen Bildungszugängen für Jugendliche. Wiesbaden: VS Verlag.

Marotzki, Winfried (1990): Entwurf einer strukturalen Bildungstheorie: Biographietheoretische Auslegung von Bildungsprozessen in hochkomplexen Gesellschaften. Weinheim: Deutscher Studien-Verlag.

Marotzki, Winfried (2002): Zur Konstitution von Subjektivität im Kontext neuer Informationstechnologien. In: Bauer, Walter u.a. (Hrsg.): Weltzugänge: Virtualität, Realität, Sozialität. Baltmannsweiler: Schneider-Verlag Hohengehren. S. 45-61

Marotzki, Winfried (2004): Von der Medienkompetenz zur Medienbildung. In: Brödel/Kreimeyer (2004): 63-74.

Marotzki, Winfried (2007a): Dimensionen der Medienbildung. Abschätzung und Reichweiten am Beispiel audiovisueller Formate (Film). In: Hartwich et al. (2007): 127-140.

Marotzki, Winfried (2007b): Erinnerungskulturen im Internet. In: Kompetenzzentrum Informelle Bildung (2007): 93-104.

Marotzki, Winfried/Meister, Dorothee M./Sander, Uwe (Hrsg.) (2000): Zum Bildungswert des Internet. Opladen: Leske + Budrich.

Marotzki, Winfried/Nohl, Arnd Michael (2004): Bildungstheoretische Dimensionen des Cyberspace. In: Thiedeke (2004): 335-354.

Medienpädagogischer Forschungsverbund Südwest (2007): JIM-Studie 2007. Jugend, Information, (Multi-) Media. Basisuntersuchung zum Medienumgang 12- bis 19-Jähriger. Stuttgart: Medienpädagogischer Forschungsverbund Südwest.

Mittelstrass, Jürgen (1982): Wissenschaft als Lebensform. Reden über philosophische Orientierungen in Wissenschaft und Universität. Frankfurt a.M.: Suhrkamp.

Mittelstrass, Jürgen (1989): Der Flug der Eule. Von der Vernunft der Wissenschaft und der Aufgabe der Philosophie. Frankfurt a.M.: Suhrkamp.

Mittelstrass, Jürgen (2001): Wissen und Grenzen. Philosophische Studien. Frankfurt a.M.: Suhrkamp.

Mittelstrass, Jürgen (2002): Bildung und ethische Masse. In: Killius/Kluge/Reisch (2002): 151-170.

Müller, Hans-Rüdiger/Stravoravdis, Wassilios (2007): Bildung im Horizont der Wissensgesellschaft. Wiesbaden: VS Verlag.

Nolda, Sigrid (2001): Vom Verschwinden des Wissens in der Erwachsenenbildung. In: Zeitschrift für Pädagogik, 47. Jg., Nr. 1: 101-120.

Oelkers, Jürgen/Tenorth, Heinz Elmar (Hrsg.) (1993): Pädagogisches Wissen. Weinheim: Beltz.

Pongs, Armin (Hrsg.) (1999): In welcher Gesellschaft leben wir eigentlich? Bd. 1. München: Dilemma.

Schlette, Magnus/Jung, Matthias (Hrsg.) (2005): Anthropologie der Artikulation. Begriffliche Grundlagen und transdisziplinäre Perspektiven. Würzburg: Königshausen & Neumann.

Schwanitz, Dietrich (1999): Bildung: alles, was man wissen muß. Frankfurt a.M.: Eichborn.

Stehr, Nico (1994): Arbeit, Eigentum und Wissen. Zur Theorie von Informationsgesell-
schaften. Frankfurt a.m.: Suhrkamp.

Stojanov, Krassimir (2006): Bildung und Anerkennung. Soziale Voraussetzungen von
Selbst-Entwicklung und Welt-Erschließung. Wiesbaden: VS Verlag.

Stroß, Annette M. (2001): Die „Wissensgesellschaft" als bildungspolitische Norm? In:
Sozialwissenschaftliche Literatur-Rundschau, Heft 42: 84-100.

Tänzler, Dirk/Knoblauch, Hubert/Soeffner, Hans-Georg (Hrsg.) (2006): Zur Kritik der
Wissensgesellschaft. Konstanz: UVK.

Theunert, Helga (2007): Integrationspotenziale neuer Medien für Jugendliche mit Migra-
tionshintergrund. Online available at: http://www.jff.de/dateien/integrationspoten-
ziale_neue_medien_migration.pdf [18.10.2007].

Thiedeke, Udo (Hrsg.) (2004): Soziologie des Cyberspace. Medien, Strukturen und Se-
mantiken. Wiesbaden: VS Verlag.

Welzer, Harald (2001): Das Soziale Gedächtnis. Geschichte, Erinnerung, Tradierung.
Hamburg: Hamburger Ed.

Willke, Helmut (1999): Die Wissensgesellschaft. In: Pongs (1999): 259-280.

Zillien, Nicole (2006): Digitale Ungleichheit: neue Technologien und alte Ungleichheiten
in der Informations- und Wissensgesellschaft. Wiesbaden: VS Verlag.

Zwiefka, Natalie (2007): Digitale Bildungskluft. Informelle Bildung und soziale Ungleichheit im Internet. München: Reinhard Fischer.

Zwischen Kanal und Lebens-Mittel: pädagogisches Medium und mediologisches Milieu

Torsten Meyer

1   Einleitung

Die Frage, der sich die folgenden Überlegungen verdanken, lautete: Was ist ein pädagogisches Medium?[1] Vor dem Hintergrund der inzwischen 15 Jahre alten ‚Neuen Medien' scheint diese Frage fast ein bisschen verspätet. Es könnte aber auch sein, dass sie sich schon länger stellt, aber immer noch schwer zu beantworten ist.

Die folgenden Überlegungen verdanken sich auch der Vermutung, dass ein der Sache nicht wirklich angemessenes Verständnis von Medium verantwortlich ist für einige, eventuell schwerwiegende Missverständnisse bezüglich des Umgangs mit den immer noch so genannten ‚Neuen Medien'. Werner Sesink weist auf solche Missverständnisse hin, wenn er davor warnt, „den Einsatz Neuer Medien in der Bildung als Fortsetzung der gewohnten Bildung mit neuen Mitteln" zu verstehen. Der Einsatz neuer Medien in der Bildung müsse vielmehr als „Umstrukturierungsprozess [begriffen werden], dessen Folgen heute noch gar nicht absehbar sind" (Sesink 2006: 72f.).

Mit der Frage, was ein pädagogisches Medium sei, geht es demnach auch um den Ort und um den Gegenstand dieses Umstrukturierungsprozesses und damit auch um das Ausmaß seiner Folgen. Kurz gefasst lautet die Frage, der ich mit den folgenden Ausführungen näher kommen möchte, also: Was werden die Folgen der Neuen Medien für die Bildung des Menschen gewesen sein?

Mit einiger Absicht ist diese Frage im Futur 2 formuliert – Was werden die Folgen gewesen sein? Diese grammatische Form macht deutlich, dass es hier momentan nur um Ahnungen und Vermutungen gehen kann und dass diese Folgen vielleicht nur in vergleichsweise großem historischem Maßstab vermessen werden können.

Die Frage, was ein pädagogisches Medium sei, soll dem gemäß nicht im Sinne einer klärenden, weil vereindeutigenden Begriffsbestimmung wirklich

---

[1] Der Text basiert auf dem gleichnamigen Vortrag im Rahmen des Theorie-Forums 2007 der Kommission Medienpädagogik der DGfE, das am 6. und 7. Juli .2007 in Darmstadt unter dem Titel „In Medias Res: Was ist ein pädagogisches Medium?" stattgefunden hat.

beantwortet werden. Vielmehr soll es darum gehen, ein unterkomplexes, weil vielleicht zu Technologie-orientiertes Verständnis dessen, was Medium meinen könnte, ein wenig zu erschüttern.

Abbildung 1:   Neue Medien in der Bildung

Quelle: Fotomontage Torsten Meyer (2000)

Was ist es also, das pädagogische Medium? – Ist es zum Beispiel, wie man der Szenerie in Abb. 1 entnehmen könnte, die Schultafel? Oder, wie man der Szenerie auch entnehmen könnte, ist es bzw. könnten es auch (und zwar im gleichen Sinn wie die Schultafel) diese ‚Neuen Medien' sein, die da – so scheint es – als Tafelanschrieb die gerade beginnende Unterrichtsstunde thematisch bestimmen werden? Oder – aber dazu muss man vielleicht ganz anders nachdenken über ‚Medien' – ist die ganze hier dargestellte Szenerie ein pädagogisches Medium?

Die Beschäftigung mit der Frage nach dem pädagogischen Medium erfolgt in drei großen Schritten. Zunächst werde ich mich eher metaphorisch einem allgemeinen Begriff von Medium annähern. Ich warne vor: Die Metaphern, die ich dazu verwende, mögen eventuell niedlich erscheinen. Trotz aller Niedlichkeit geht es dabei aber um recht abstrakte, systemtheoretische Überlegungen (in Anlehnung an die Distinktion Medium/Form) bzw. die so genannten „Heider-Medien" (vgl. Heider 1926). Im zweiten Teil soll die Frage aus der medien-kultur-historischen und epistemologischen Perspektive der französischen Mediologie nach Régis Debray beleuchtet werden, um im dritten Teil einige relativ grundsätzliche Überlegungen anzustoßen, die bildungstheoretisch relevant sein könnten.

1.1 Kernfragen menschlicher Kommunikation, „prioritäre Themen" und das Hauptgeschäft der Erziehung[2]

Medien und Bildung hängen auf vielfältige und auf sehr grundsätzliche Weise zusammen – insbesondere wenn der Medienbegriff nicht, wie zurzeit leider sehr üblich, auf „Neue" oder „elektrische" Medien verkürzt wird. Vilém Flusser zum Beispiel galt in seinen Vorlesungen zu Kommunikologie die „Paideia" als „Kernfrage der menschlichen Kommunikation überhaupt", weil sie den Prozess beschreibt, der die Übertragung von im Gedächtnis einer Generation enthaltenen Informationen in das Gedächtnis der nächsten erlaubt (vgl. Flusser 2000: 309).

Andersherum behauptete zum Beispiel Johann Friedrich Herbart bereits 1804 das „Hauptgeschäft der Erziehung" sei „die ästhetische Darstellung der Welt" (vgl. Herbart 1804). Weil Darstellung und Kommunikation nur möglich sind unter Zuhilfenahme von Medien – seien es nun Bücher, Bilder, Filme, Lernumgebungen, Internetze oder Lehrer – und weil die Beschaffenheit dieser Medien Darstellbarkeit und Kommunizierbarkeit bedingen, wird klar, dass Erziehungswissenschaft schon immer, aber vielleicht eher implizit, nicht als explizite Medien-Pädagogik, sehr eng mit Medien zu tun hatte. Eine Pädagogik, die ohne Mittel und Mittler auskommt – un-mittel-bar sozusagen –, ist nicht denkbar. Und eine Bildungstheorie, die das Verhältnis von Subjekt und Gesellschaft ohne Berücksichtigung medialer Bedingtheiten zu bestimmen sucht, erscheint vor diesem Hintergrund lückenhaft.

Dass es hier Lücken, auch im institutionellen und disziplinären Selbstverständnis, gibt, scheint keineswegs Konsens zu sein in pädagogischen Denkzusammenhängen. Erziehungswissenschaftler, Bildungsmanager und auch Pädagogen im Praxisfeld sind auf diesem, dem mediologischen Auge meist relativ blind, bzw. angemessener formuliert: Sie sehen nicht, dass sie dort nicht sehen können.

Seit von „Neuen" Medien die Rede ist, sind (neue) Medien zwar zu einem so genannten „prioritären Thema" der Erziehungswissenschaft geworden (so der Bericht zur Reform der Hamburger Lehrerbildung, vgl. Keuffer/Oelkers 2001) und es wird auch allerlei pragmatische Hektik um „eLearning", „Wissensmanagement", „Schulen ans Netz", „Virtuelle Hochschule" usw. betrieben. Aber – um eine Metapher von Régis Debray (2004: 73) zu gebrauchen –, bislang „quietscht" es noch recht selten in den „gut geölten Scharnieren" des institutio-

---

[2] Auszüge aus den folgenden Abschnitten sind parallel veröffentlicht in Meyer 2007b.

nellen und disziplinären Selbstverständnisses der Erziehungswissenschaft. Sowohl die Institutionen als auch die Theorie der Bildung des Menschen scheinen substanziell noch recht unberührt von den seit mehr als 15 Jahren „Neuen" Medien.

1.2 Dieses Gerät

Das ist einerseits merkwürdig, andererseits, nämlich aus mediologischer Perspektive, vielleicht sehr klar und voraussehbar. Merkwürdig ist es, weil es durchaus schon relativ frühe Hinweise gegeben hat darauf, dass es sich bei diesen Anfang der 1990er Jahre ‚Neuen Medien' nicht einfach um neue Werkzeuge handelt, mit denen das, was wir seit einigen Jahrhunderten tun, nun genauso, nur vielleicht etwas schneller tun können.

Es sei nur kurz an Theodor Nelson erinnert, der sich 1982 (Prähistorie der Neuen Medien) angesichts der ersten elektronischen Textverarbeitungen in seinem (immer noch) visionären Aufsatz „A new Home for the Mind" zu der Behauptung hinreißen ließ: „An important choice faces us: let the computer perpetuate archaic methods of publishing, or use it to vault our minds into a hyperspace of thought" (Nelson 1982: 168).

Wir waren also bereits 1982 – zehn Jahre vor dem World Wide Web – vor die entscheidende Wahl gestellt: Wollen wir mit dem Computer „archaische Methoden" des Publizierens (der Informationsverteilung, z.B. des Lehrens und Lernens) fortführen oder gar verewigen? Oder nutzen wir den Computer, um uns einzulassen, uns hineinzuschmeißen in einen „HyperRaum" des Denkens? – also, so kann man die Raummetaphorik hier interpretieren, in ein ‚Neues Medium' für das Denken oder – um es mediologisch auszudrücken – in eine neue Mediosphäre?

Auch im Lager der Erziehungswissenschaft hat es schon relativ früh warnende Hinweise gegeben. So etwa Hartmut von Hentig in der ‚Spätantike' des Internets:

> „Können wir wirklich annehmen, dieses Gerät lasse sich in unsere Schulen holen –
> als neuer Unterrichtsgegenstand und als neues Unterrichtsmittel, ohne daß das Fol-
> gen [hat] für das Ganze, für den ‚Lehrplan des Abendlandes', für unsere Auffassung
> von Bildung und Kultur (...)?" (von Hentig 1996: 330).

Von Hentig beweist mit dieser Frage einige mediologische Weitsicht. Sowohl die Institutionen als auch die Theorie der Bildung des Menschen sind an bestimmte kulturelle Praxen gebunden, die eng mit bestimmten Medientechnologien in Zusammenhang stehen. Und sie sind möglicherweise nicht – oder nicht ohne weiteres – kompatibel mit den kulturellen Praxen, die in Zusammenhang stehen mit den *aktuellen* Medientechnologien.

Ganz im Sinne der Bedenken Hartmut von Hentigs gehe ich davon aus, *dass* es (und zwar erhebliche) Folgen hat, wenn wir „dieses Gerät" in unsere Schulen (und Hochschulen) holen. Im Gegensatz zu Hartmut von Hentig gehe ich allerdings davon aus, dass sich „dieses Gerät" gar nicht mehr vermeiden lässt, weder in der Schule noch sonst irgendwo.

Die Frage nach dem pädagogischen Medium stellt sich in Anlehnung an Hartmut von Hentig vielleicht überraschend in dieser Form: Was wird aus dem Lehrplan des Abendlandes (verstanden als „pädagogisches Medium"), was wird aus unserer Auffassung von Bildung und Kultur usw. jetzt, wo sich „dieses Gerät" in unseren Schulen und Hochschulen nicht mehr vermeiden lässt?

Ich hege Hoffnungen, dass sich diese Frage mittels mediologischer Methodik bearbeiten – wenn auch, wie angedeutet, nicht so einfach *beantworten* – lässt. Für einen mediologischen Zugriff unerlässlich ist dabei zunächst ein angemessenes Verständnis des Begriffs „Medium".

2 Medium und Milieu[3]

Auch Hartmut von Hentigs augenzwinkernder Gebrauch des Wortes „Gerät" mag ein Hinweis darauf sein, dass der den Debatten um ‚Neue Medien' zugrunde gelegte Medien-Begriff nicht immer ganz klar ist. Sind „Neue Medien" neue Geräte, Werkzeuge, neue Mittel? Oder eher Mittler, gar neue Vermittlungen? – Wesentlich für einen angemessen weitsichtigen Zugriff auf die skizzierte Forschungsfrage ist ein (nach Tholen 2005: 151) „starker" Medien-Begriff. Ein solcher „starker" Begriff von Medium soll zunächst in Form einiger metaphorischer Annäherungen expliziert werden.

Die grundlegendste Definition des Mediums ist wohl die des ‚Dazwischen'. Zwischen Sender und Empfänger zum Beispiel der Kanal: Ein passives technisches Werkzeug, „Gerät" oder Instrument für die – zumeist intentional ausgerichtet gedachte – Übertragung und Verbreitung von Information. Das wäre nach Tholen der „schwache", weil harmlose, Medien-Begriff. Jenseits der Kanal-Metapher kann Medium in Form einer konstitutiven Aktivität eines „informellen Dazwischen" (im Sinne Régis Debrays) gedacht werden. Von der „Prägekraft der Medien" ist in diesem Sinne (etwa bei Sybille Krämer 2003: 79) die Rede, und vom „Medium als Milieu".

---

[3] Zur ausführlichen Vertiefung des Folgenden siehe das Kapitel „Medien" (Behälter, Höhle, Post) in Meyer 2002: 83ff.

Abbildung 2:   TV-Spot AOL (1999):

„Ehrlich, ich versteh' absolut null von Technik. Jetzt hat schon meine Frau gesagt, wir müssen endlich ins Internet. Und jetzt sitz' ich hier mit dem Kram. Dabei bin ich doch gar kein Techi ... Haaaäääh? Bin ich da schon drin oder was?"

Abbildung 3:   TV-Spot AOL (1999)

„Ich bin drin! Das ist ja einfach..."

In dieser Weise – Medium als Milieu zu verstehen – kann man etwa den recht bekannten Fernsehspot des Internetproviders AOL interpretieren, wenn man den Protagonisten, Boris Becker, beim Wort nimmt. Der Spot lief 1999 monatelang im Fernsehen und hat quasi unser Verhältnis zum Internet geprägt. Wir sind „drin", wenn wir eine Verbindung zum Internet haben.

Die merkwürdige Behältermetaphorik (das Internet muss offenbar eine Art Behälter sein, wenn etwas oder jemand da „drin" sein kann) wird noch einmal mehr deutlich beim Versuch der Übersetzung in die englische Sprache. Im angloamerikanischen Sprach- und wohl auch Denkraum ist es nicht üblich, *im* Web zu sein. Man geht nicht „*into* the web", wenn man online geht, man geht „*on* the web", nicht *ins*, sondern *aufs* Netz. Denken wir an ein Spinnennetz: *Im* Netz ist die Mücke oder Fliege gefangen, *auf* dem Netz sitzt die Spinne. Das macht einen – ich würde meinen: ganz erheblichen – Unterschied.

„Drin"-Sein könnte auch interpretiert werden als Drin-Sein in einem sozialen System, *in* einer Gemeinschaft. So argumentiert scheinbar Boris Becker hier: „Jetzt hat schon meine Frau gesagt, wir müssen endlich ins Internet." – Man muss also dazu gehören, zur Gemeinschaft der Internet-Nutzer. So jedenfalls lief die Strategie der Werbeagentur, bei der AOL diesen Spot in Auftrag gegeben hat und die im Übrigen recht erfolgreich war. Durch Werbekampagnen wie diese ist das Internet Ende der 1990er Jahre erst zum Massenmedium geworden.

Das Medium, *in* dem Boris Becker „drin" zu sein glaubt, könnte man denken in einer Weise, wie man sagt, Fische leben im Medium Wasser. Medium wäre dann – wie in physikalischen oder chemischen Kontexten – zu verstehen als eine Art Träger oder Stoff, in dem sich bestimmte Vorgänge abspielen (Luft als Träger von Schallwellen oder als Stoff, in dem bestimmte chemische Prozesse ablaufen). In unserem Kontext könnte man anlog sagen: Medium als Träger und Stoff psychischer und sozialer Vorgänge.

Diese Konzeption des Medien- oder genauer Medium-Begriffs birgt ein paar Probleme. Oder anders und positiv formuliert, sie birgt ein paar Herausforderungen. In ein einfaches Bild gebracht, könnten diese Probleme und gleichzeitigen Herausforderungen so formuliert werden: Fische sind die einzigen Tiere, die nicht wissen, was Wasser ist. Fische haben kein explizites Wissen über das Medium, das ihnen als Lebens-Mittel dient. Erst der Wechsel von einem in ein anderes, ein ‚Neues Medium' würde dessen Eigenarten erfahrbar machen. Erst wenn Fische auf dem Trockenen liegen, würden sie – mit gravierender Wirkung allerdings – erfahren, was Wasser ist.

Ein Medienpädagoge, oder besser gesagt, ein Medium-Pädagoge, der seiner Arbeit einen solchen Begriff von Medium zugrunde legt, hätte also ein paar schwierige Probleme zu lösen: Er müsste Fischen erklären, was Wasser ist (nach Möglichkeit ohne sie ihres Lebensmittels zu berauben).

2.1 Der Plural des Ganzen

Fische können gar nicht wissen, was Wasser ist, weil es im Wesen des Wassers liegt, bei standigem Aufenthalt darin, es für das Ganze zu halten. Das Phänomen ist – auch als pädagogische Herausforderung – seit Platons Höhlengleichnis bekannt.

Hans Blumenberg ist bei seiner Relektüre des Höhlengleichnisses ein – sagen wir *didaktisches* – Problem aufgefallen. Platon ging davon aus, dass der losgebundene und unter Schmerzen ans Licht, an die Wahrheit geführte Höhlenbewohner wieder hinunter in die Höhle geschickt werden sollte, um da unten dann als Lehrer tätig zu sein. Er soll dort unten die verbliebenen Höhlengenossen darüber aufklären, dass sie sich in einer Höhle befinden und sie diese bitte nicht mit der Wahrheit verwechseln sollten. Genau hier sieht Blumenberg das Problem:

„Dass sie sich in ‚einer' Höhle befänden und diese einen ‚Ausgang' haben müsse,
war vor allen Komparativen und Superlativen des Seiendseins, von Urbild- und Ab-
bildverhältnissen, die primitive Wahrheit vor allen Wahrheiten, die den Höhleninsassen zugeführt, mindestens als Behauptung verständlich gemacht werden musste:
Eine Höhle als ein Aufenthaltsort unter anderen möglichen" (Blumenberg 1996:
189f.).

Ein der Tragweite der hier zu erörternden Fragen angemessener Zugriff auf das
Verhältnis von ‚Medium' und ‚Bildung' könnte ‚Medium' etwa in dieser Weise
als ‚Milieu' denken. „Die Medien" werden demnach nicht als etwas Äußerliches
(von dem man sich auch fernhalten könnte, das man einfach nicht anschaltet zum
Beispiel) konzipiert, sondern als etwas, das uns mangels Alternativen notwendig
als das Ganze erscheinen muss wie den Fischen das Wasser. Das zu denken, ist
nicht nur für die Pädagogik eine echte Herausforderung. Blumenberg meint, es
bleibt dem Höhlen-Lehrer nur die eine Möglichkeit, die „Imagination einer Höhle" zu evozieren (Blumenberg 1996: 188). Der Plural des Ganzen kann nur in der
Form der Imagination gedacht werden.

Noch ein Beispiel: Blumenbergs Lesart des Höhlengleichnisses und die Er-
kenntnisfördernde „Imagination einer Höhle" lassen sich wunderbar veranschaulichen anhand des Films „The Truman Show" von Peter Weir und Andrew Nic-
col. Die Parallelen zu Platons Gleichnis sind kaum zu übersehen. Analog zu den
von Geburt an an Pfählen festgebundenen Höhleninsassen, lebt der Protagonist
Truman Burbank in einem riesengroßen Filmstudio, das er – weil es im Wesen
der Höhle liegt, bei ständigem Aufenthalt in ihr als das Ganze zu erscheinen –
für das Ganze hält.

Erste Zweifel, dass etwas daran nicht stimmen könnte, überkommen ihn als
zu Beginn des Films ein Theaterscheinwerfer vom Himmel fällt. Dass es sich bei
dem, was da vom blauen Himmel fiel, eigentlich um einen Stern handeln sollte,
erfuhr Truman Burbank nur durch den Aufkleber auf den Trümmern des Thea-
terscheinwerfers, die da auf der Straße vor seinem Haus lagen: „Sirius (9 canis
major)". Von dieser Differenz wusste Truman Burbank nichts – bis Sirius vom
Himmel fiel und auf der Straße vor seinem Haus zerschellte. Nun ahnte er etwas.

Abbildung 4:   The Truman Show
(Paramount Pictures 1999)

Für Truman Burbank war der Himmel immer blau. In seinem Wohnort Seahaven schien immer eine freundliche Sonne vom Florida-blauen Himmel. Immer. Bis zu dem Tag, an dem Sirius vom Himmel fiel...

Abbildung 5:   The Truman Show

Gleich wird der Klüverbaum der Santa Maria an die Grenzen des Mediums stoßen

Abbildung 6:   The Truman Show

Truman begreift, was ein Medium ist

Am Ende des Films setzt Peter Weir das von Blumenberg beschriebene Problem wunderbar in ein Bild um. Nachdem er das Spiel im Wesentlichen durchschaut hat, flüchtet Truman Burbank in einem Segelboot aus seinem auf einer Insel gelegenen Wohnort Seahaven. Nach einem heftigen, von den Betreibern des Filmstudios inszenierten Unwetter, das ihm als quasi letzte Warnung galt, düm-pelt das Boot nun in ruhigem Wasser unter blauem Himmel. Doch Regisseur Peter Weir lässt den emanzipatorischen Segelturn abrupt zum Stillstand kom-men: So einfach ist es nicht. Die Grenzen des ‚Mediums' sind real. Der Klüver-baum des Bootes knallt unvermittelt gegen den blauen Himmel. Genauer gesagt, bohrt er ein Loch in den Himmel nahe dem Horizont und perforiert so gewisser-maßen das Medium. – Truman Burbank *begreift* im wahrsten Wortsinn, was ein Medium ist.

2.2 (medien-)historisches Apriori

Diese Art ‚Medium' ist zweigleisig zu verstehen. Zum einen ist ‚Medium' hier sehr abstrakt, systemtheoretisch zu interpretieren als Set von Bedingungen kognitiven, kommunikativen und sozialen Prozessierens, als ein System von Bezugspunkten der Reflexivität aufgrund kommunikativer Erfahrung gewonnener, sozialer Handlungen – kurz: als *Kultur*. Zum anderen – dem wird, wer sich mit Fragen der Darstellung und der Darstellbarkeit, also mit dem Ästhetischen auseinandersetzt, leicht zustimmen – sind diese kommunikativen Erfahrungen in Abhängigkeit von den jeweiligen Mitteln und Mittlern der Darstellung – üblicherweise „Medien" genannt – zu denken.

Diese Zweigleisigkeit impliziert nicht nur, dass jeder einzelne Mensch (u.a.) durch die technischen Medien sozialisiert wird, die zu seiner Lebenszeit im Gebrauch sind, sondern auch, dass die aus dem Gebrauch dieser Medien resultierenden kulturellen Praxen und Techniken in ihrer Gesamtheit so etwas wie ein „historisches Apriori" im Sinne Michel Foucaults (1981: 187f.) bilden: ein epochenspezifisches Set von Bedingungen kognitiven, kommunikativen und sozialen Prozessierens. Dieses „historische Apriori" kann man sich auch vorstellen als *medien-historisches* oder noch genauer *medien-kultur-historisches* Apriori, als kulturtechnik-bedingte Episteme, als eine Art blinden Fleck des Denkens, Wissens, Erkennens.

3 Mediologie

Für die Beschäftigung mit der in diesem Sinn gestellten Frage nach dem „pädagogischen Medium" erscheint die französische Mediologie als höchst gewinnbringender Ansatz. Die Mediologie beschäftigt sich, kurz gesagt, mit den Schnittstellen zwischen dem Symbolischen, dem Sozialen und dem Technischen. Régis Debray beschreibt das in einem einfachen, sehr anschaulichen Bild: „Wenn der Mediologe auf jemanden trifft, der mit dem Finger auf den Mond zeigt, dann betrachtet er nicht den Mond, sondern den Finger und die Geste des Zeigens" (Debray 1999: 403).

Ähnlich der Einführung der „Soziologie" am Ende des 19. Jahrhunderts durch August Comte, die einen damals neuen Forschungsgegenstand, nämlich die Gesellschaft, zum Thema machte, versucht nun, am Ende des 20., Beginn des 21. Jahrhunderts, Régis Debray ein neues Forschungsfeld und eine neue Analysemethode zu prägen, die wohl in der Nähe der Medienwissenschaften anzusiedeln ist, aber nicht allein in diesen aufgeht.

Thomas Weber, der sich um die Verbreitung der Mediologie in Deutschland bemüht[4], beschreibt diese als eine „Untersuchungsmethode der komplexen Korrelation zwischen einem symbolischen Körper (z.b. einer ästhetischen Form), einer Form der kollektiven Organisation (z.b. einem Wirtschaftssystem) und einem technischen System der Kommunikation" (Weber 2006).

Es geht also um ein Forschungsgebiet, eine Problematik, eine Weise, die Dinge zu sehen, eine Untersuchung der höheren sozialen Funktionen vor dem Hintergrund der Ideologie, der Kunst, der Religion, der Politik usw. und deren Beziehungen zu den zentralen technischen Trägern der Übermittlung.

Noch einmal anders mit den Worten von Régis Debrays: „Der Ansatz des mediologischen Geistes besteht [...] darin, den Finger auf die Überschneidungen zwischen intellektuellem, materiellem und sozialem Leben zu legen und diese allzu gut geschmierten Scharniere zum Quietschen zu bringen" (Debray 2004: 73).

3.1 Epistemologische Anthropologie?

Mit einer mediologischen Betrachtung geht es um – auch bildungstheoretisch – nicht ganz unerhebliche Fragen. Im Hintergrund nämlich stehen im wahrsten Sinnen des Wortes ‚Grund legende' anthropologische Fragen: Was am Menschen ist veränderlich (also erziehbar oder bildbar) und was unveränderlich (also auch nicht erziehbar und nicht bildbar)?

Ganz offenbar gibt es in der so genannten ‚Natur des Menschen' Dinge, die konstant sind, also unabhängig z.b. vom technischen Equipment, mit dem der Mensch sich umgibt. Und es gibt in der *Natur* – hier vielleicht dann besser: in der *Kultur* – des Menschen Dinge, die nicht konstant sind, die kultur-abhängig sind und möglicherweise eben auch abhängig von den Technologien, mit denen der Mensch *sich* umgibt oder mit denen er – was ein Unterschied ist – umgeben *ist*.

Es ist grundsätzlich (und für Pädagogen vielleicht im Besonderen) nicht so ganz einfach zu denken, nicht ganz einfach zu akzeptieren, dass das Denken (und das Akzeptieren) und das Mensch-Sein kultur-abhängig ist. Wer kann das wirk-

---

[4] In Frankreich ist die Mediologie relativ populär, Intellektuelle aus ganz unterschiedlichen Disziplinen, wie z.b. Jacques Derrida, Derrick de Kerkhoven oder Pierre Levy, haben sich explizit damit auseinandergesetzt. In Deutschland hingegen wird sie bislang nur zögerlich (z.b. bei Hans Belting, Peter Sloterdijk, Joseph Vogl, Frank Hartmann) rezipiert. Thomas Weber hat 2007 gemeinsam mit Birgit Mersmann ein Buchprojekt auf den Weg gebracht, das über eine Bestandsaufnahme der Entwicklung der Mediologie und ihrer Rezeption in Deutschland hinaus vor allem eine Reflexion über die Applikation mediologischer Ansätze und Fragestellungen in verschiedenen Fachdisziplinen versucht (Weber/Mersmann 2008).

lich denken? Dass das (eigene!) Denken, die Art und Weise, wie wir wahrnehmen, erkennen, wissen, denken können, epochenspezifisch, kultur-abhängig ist,
dass also das, was – im engsten Wortsinn – selbst-verständlich ist, eine – wie
Niklas Luhmann sagt – „nicht-natürliche" Selbstverständlichkeit ist? Ernsthaft
betriebene epistemologische Betrachtungen fördern blinde Flecken des Denkens
zutage: Man sieht nicht, dass man dort nicht sieht. Aber immerhin dies – dass
man dort nicht sieht – kann mit mediologischen Methoden sichtbar gemacht
werden.

Die Mediologie geht davon aus, *dass* das Denken, die Art und Weise, wie
wir wahrnehmen, erkennen, wissen können, epochenspezifisch, also kultur-
abhängig ist. Und sie geht weiterhin davon aus, dass Kultur und Technik in einem sehr engen Bedingungsgefüge zueinander stehen. – Nicht notwendig, dass
Kultur abhängig wäre von der Technologie, auch andersherum ist es denkbar.[5]
Ob die Kultur die Technik kausal bedingt oder umgekehrt ist ein alter Streit
(insbesondere zwischen Medienwissenschaftlern und Kulturwissenschaftlern),
den Erziehungswissenschaftler sicher nicht klären können und auch nicht klären
müssen. Wichtig festzuhalten ist aber, dass Kultur und Technik sehr viel enger
zusammen zu denken sind, als es in der Erziehungswissenschaft üblich ist.

Kultur und Technik sind für „pädagogische Metaphysiker" eher unverein-
bar, geradezu widersprüchlich. Und Technik ist dieser Tradition gemäß oft
gleichbedeutend mit dem „Niedergang und der Entfremdung vom wahren Wesen
des Menschen." Nach Debray hingegen „entwickelt sich der Mensch gerade
mittels seiner Werkzeuge zu dem, der er im Rahmen der Hominisation sein soll –
er hat kein beständiges, unumschränktes Wesen, sondern ist ohne Unterlass im
Werden begriffen: Die technischen Errungenschaften treiben ihn immer weiter
voran" (Debray 2001/2002: 6).

Ebenso provokant (für graphosphärisch-humanistisch denkende Lehrkräfte)
dürfte der Satz sein, mit dem Debray seine „Einführung in die Mediologie"
schließt: Michael Dertouzos, Direktor des Labors für Computerwissenschaft am
MIT, definiert sich selbst als „Technologiker und Humanist". Debray: „Könnten
wir es dahin bringen, dass jeder dies als Redundanz versteht – keine müßige,
sondern eine *lebenswichtige* Redundanz, die unbedingt verdiente, nachgeahmt zu
werden" (Debray 2003: 247).

Damit sei zumindest angedeutet, dass Fragen nach den Folgen „Neuer Medien" von erheblichem, weil *Grund legendem* bildungstheoretischen Belang sind.
Vorstellungen und Konzepte der Hominisation, der Menschwerdung oder in
diesem Sinne „Bildung des Menschen" sind als „nicht-natürliche" Selbst-

---

[5] Debray führt hier das sehr einleuchtende Beispiel an, dass nicht die Uhr ein Interesse an der Zeitmessung hervorgebracht, sondern vermutlich eher umgekehrt, das Interesse an der Zeitmessung die
Erfindung der Uhr provoziert hat.

Verständlichkeiten – zumindest im Falle „mediologischer Revolutionen" (wenigstens „Unruhen") immer wieder neu zu bestimmen. Als Erziehungswissenschaftler und Bildungstheoretiker treibt mich deshalb wesentlich die Frage um, was die Folgen der aktuell ‚Neuen Medien' für die „Bildung des Menschen" (und damit auch für das *Selbst*-Verständnis des Menschen) *gewesen sein werden*. Wie gesagt, der Futur 2 macht deutlich, dass es hier momentan nur um Ahnungen und Vermutungen gehen kann, die vielleicht nur in extrem großem historischen Maßstab vermessen werden können.

Ein mediologischer Ansatz kann hier einiges zur Analyse und Vorausschau beitragen. Dabei muss man allerdings, so Debray,

> „wie der Paläontologe angesichts der Evolution des Hominidenskeletts und der Technologe angesichts der Evolution einer Werkzeugreihe – zwischen (voraussehbaren, allgemeinen, langzeitrythmischen) *Tendenzphänomenen* und punktuellen (unvorhersehbaren und singulären, durch tausend Kausalketten determinierten) *Fakten* unterscheiden" (Debray 2003: 218f.).

Mittels eines Rückblicks in Zeiten, die ebenfalls durch eine „mediologische Revolution", einen Übergang von einer Mediosphäre in einen andere, geprägt waren, kann aber zumindest das mögliche Ausmaß der Folgen der aktuell neuen Medien abgeschätzt werden.

3.2 Mediosphären

Wie auch z.b. McLuhan grenzt Debray kulturgeschichtliche Epochen vermittels der jeweiligen technischen Träger der Übermittlung von einander ab. Die durch ihre medientechnologischen Prägungen unterscheidbaren Epochen nennt er Mediosphären:

> „Vom 15. Jahrhundert bis gestern prägte der Buchdruck die Graphosphäre, heute umgibt uns die Videosphäre, in der auf Grund eines veränderten Zeitempfindens der Augenblick über die Dauer triumphiert, das Direkte über das Indirekte, das Reaktive über das Diskursive, und diese Videosphäre wiederum geht bereits über in eine Art Hypersphäre, die sich hauptsächlich aus digitalen Signalen zusammensetzt" (Debray 2001/2002: 6).

Tabelle 1: Ausschnitte aus der tabellarischen Übersicht über die Mediosphären
(Debray 2003: 64f.)

	Logosphäre	**Graphosphäre**	**Videosphäre**
	von mündlicher Tradierung und handschriftlichen Aufzeichnungen geprägt	beginnt mit der Einführung des Buchdrucks	datiert mit der Einführung des Farbfernsehens ungefähr auf das Jahr 1968
Strategisches Milieu (Machtprojektion)	Die Erde	Das Meer	Der Raum
Gruppenideal	Das Eine (Stadt, Reich, Königreich) Absolutismus	Alle (Nation, Volk, Staat) Nationalismus und Tolitarismus	Jedermann (Bevölkerung, Gesellschaft, Welt) Individualismus und Anomie
Gestalt der Zeit	Kreis (ewig, Wiederholung) Archäozentriert	Linie (Geschichte, Fortschritt) Zukunftszentriert	Punkt (Aktualität, Ereignis) Autozentriert: Gegenwartskult
Geistige Klasse (Bewahrerin des gesellschaftlichen Heiligen)	Kirche (Propheten und Geistliche) sakrosankt: das Dogma	Laizistische Intelligenzija (Professoren und Doktoren) sakrosankt: das Wissen	Laizistische Medien (Verteiler und Produzenten) sakrosankt: die Information
Kanonisches Alter	Der Alte	Der Erwachsene	Der Junge
Redensart über persönliche Autorität	Gott hat es mir gesagt	Ich habe es in einem Buch gelesen	Ich habe es im Fernsehen gesehen
Subjektives Gravitationszentrum	Die Seele (anima)	Das Bewusstsein (animus)	Der Körper (sensorium)

Debrays Mediosphären begründen sich nicht allein im Wechsel technischer Medien, sondern hauptsächlich durch das Zusammenspiel von symbolischen Formen, Medien und kollektiver Organisation. Als Beispiel grundlegender Veränderungen führt Debray das Christentum und seine materiellen Verbreitungsbedingungen an. Wie Weber zusammenfasst,

„hat etwa die Einführung des Buchdrucks keineswegs nur eine höhere Auflage von Büchern und insbesondere der Heiligen Schrift ermöglicht, sondern auch eine Veränderung der Denkweise angestoßen. Der Übergang vom handschriftlich kopierten Manuskript zum gedruckten Buch verbreitete nicht nur die Distributionsbasis des

Christentums, sondern zerstörte auch das Interpretationsmonopol von Kirche und Kaiser. Nicht allein der Glaubensinhalt wird verändert, sondern auch die Glaubensweise, was innerhalb der Kirche schließlich zur Reformation führen wird. Doch auch die profane Autorität durchläuft einen Wandel, der durch den Übergang von der feudalen zur absolutistischen Monarchie gekennzeichnet ist" (Weber 1999: 407).

3.3 Alte „Neue Medien"

Einen recht erheiternden Rückblick in eine andere Mediosphäre, hier den Beginn der Debrayschen „Graphosphäre" im 15. Jahrhundert, liefert ein Sketch aus der norwegischen TV Show „Øystein & Meg" aus dem Jahr 2001, der in der You-Tube-Version zurzeit in größerem Umfang die Blogosphäre erfreut. Er beleuchtet auf amüsante – wenn auch nicht historisch korrekte – Weise die Frage, wann das letzte Mal, vor den aktuell ‚Neuen Medien' von (damals) ‚Neuen Medien' die Rede war oder die Rede hätte sein können und welche Folgen diese ‚alten' Neuen Medien für das derzeitige ‚Wissensmanagement', für die Kulturtechniken und das Verhältnis von Selbst und Welt hatten.

Der in schwarz gekleidete ‚Helpdesk-Mitarbeiter' links im Bild kommt mit einiger Verspätung ins ‚Büro' von Ansgar (die gesprochene Sprache ist norwegisch; in o.g. Version mit deutschen Untertiteln):

Abbildungen 7-9:   Øystein & Meg: Helpdesk Mittelalter

„Sind Sie Ansgar? – ja – gut.
Wo liegt das Problem? – Dieses Ding hier. (...) Ich konnte den ganzen Morgen nichts tun. – Ja, ich entschuldige mich, es braucht seine Zeit. Jeder braucht Hilfe bei diesem neuen System.
Also, Sie können es nicht öffnen? – Nein es liegt hier nur rum. – Haben Sie schon versucht es zu öffnen? – Öffnen? – Wenn es

direct losgehen könnte, hätte ich Sie nicht um Hilfe gerufen. (...)

Nun, wenn wir so vorgehen ... Hier! Wir sind drinnen.

Soweit war ich auch schon. Aber dann stoppte ich, weil ich befürchtete, ich würde einige Texte verlieren. Ich hatte nicht die Nerven weiterzumachen.

Okay. Hier sind Hunderte von Seiten mit gespeicherten Texten. Um fortzufahren müssen Sie eine Seite Text nehmen ... und umblättern. Und der Text geht hier weiter.

‚Umblättern'? – Ja, ‚Umblättern'.

Aber wenn ich zurück möchte? – Einfach umblättern in die entgegengesetzte Richtung ... und Sie sind wieder beim vorigen Text.

Okay. Also hier hört es auf ... und da geht es weiter.

Okay. Aber was mache ich, wenn ich fertig bin?

Sie machen einfach das Buch zu. Hier. Es ist verschlossen und alle Texte sind gespeichert. – Und Sie sind sicher, dass keine der Texte verloren gehen?

Ja, hier ist alles sicher abgespeichert. (...)“[6]

3.4 Neue, alte Medien?

Die aktuellen Debatten um das „web2.0“ zeugen vielleicht von kulturtechnischen Lernvorgängen, die denen vergleichbar sind, die Ansgar offenbar noch vor sich hat. Durch die neue, zweite Version wird deutlich, dass die Version 1.0 des web lediglich „Buchdenken online“ war. Der Computer wurde vom Buch her gedacht und das Internet aus den bekannten Vorstellungen zur Bibliothek konstruiert. Im web1.0 ging es noch darum, das gewohnte Schreibmaschinen- und Buchdenken in fixen Web-‚Seiten' abzubilden, ‚Briefe' per elektronischer Post zu verschicken usw. Das Internet wurde also einerseits als Kanal für Daten verstanden, die mithilfe bestimmter Programme auf dem PC lesbar gemacht werden. Andererseits wurde das Internet als ein Behälter begriffen, in dem sich ‚Dinge' wie Web-

---

[6] Teiltranskription der Untertitel. Es lohnt in jedem Fall ein Blick auf das Video unter http://www.youtube.com/watch?v=brAlzKHYFnA

‚Seiten', ‚Briefe' usw. befinden: Die „weltgrößte Bibliothek" war z.b. so ein Missverständnis.

Mit der neuen Version hingegen wird das Internet selbst als eine *Anwendung*, z.B. als eine Lese/Schreibe-Maschine, als read/writeWeb begriffen. Web2.0 ist zwar eine Art „Neustart", aber eigentlich nicht ein Neustart der Technik, sondern ein Neustart des Verständnisses, was das web eigentlich ist, ein *Neustart der Nutzung* des web: web1.0 = get it online, web2.0 = make it work.

Die neuen Technologien – weblogs, wikis, feedReader, social bookmarking, podcasting, image-sharing, photoblogging, usw. –, die ganze „social software" führt vor allem zu einem neuen Verständnis des Internet: Es geht mit dem web2.0 nicht mehr um den *Transport* von Inhalten, verstanden als ‚Dinge' („Seiten", „Briefe") oder um den *Transport* von Wissen als ‚Ding'. Vielmehr *bearbeitet* diese neue Anwendung Internet die kulturellen Umgangsformen mit Wissen selbst, die Art, wie wir es erstellen, erreichen, darstellen und weiterverarbeiten. Mit dem web2.0 deutet sich nun (als) wirklich an, was Ted Nelson 1982 visionierte: ein „Hyperspace of Thought", ein Neues Medium des Denkens, eine neue Episteme.

3.5 Epistemologische Hindernisse

Methodisch problematisch ist, wie mehrfach betont, dass wir das Denken in weit zurückliegenden (oder weit vor uns liegenden) Epochen nicht wirklich nachvollziehen können. Wir können uns, weil wir (noch) aufs Engste mit der Buchkultur vertraut sind, nicht vorstellen, wie sich eine orale Kultur (die Debraysche „Logosphäre") quasi von *Innen* anfühlt, was es heißt, wenn das Wissen nur mündlich, durch Erzählungen, Märchen usw. tradiert werden kann, weil es der Normalfall ist, dass die Rezipienten nicht schriftkundig sind.

Wir können uns zwar abstrakt vorstellen, dass es ohne Gutenbergs Erfindung und die daraus folgende Möglichkeit, Bücher in Masse produzieren zu können, keine Notwendigkeit gegeben hätte, die Bibel in für die Rezipienten verständliche Sprachen zu übersetzen, dass es deshalb vermutlich keine Reformation gegeben hätte, dass es wohl auch keine Aufklärung gegeben hätte usw. An die Grenze unserer Vorstellungskraft kommt möglicherweise (bei Lehrern möglicherweise berufsbedingt), dass es gar keine Notwendigkeit für eine Alphabetisierung der Bevölkerung gegeben hätte, weil das Medium Buch ohne maschinelle Vervielfältigung so knapp verfügbar geblieben wäre, dass es gar keinen Sinn gemacht hätte, dass allzu viele Menschen über die Medienkompetenz (und inzwischen Kulturtechnik) des Lesens verfügen, dass – folglich – auch die Idee einer Schule für alle, die eben diese Medienkompetenz vermittelt, wohl gar nicht

erst aufgekommen wäre. Das können wir uns theoretisch vorstellen und nach den
Regeln der Logik Schlüsse daraus ziehen. Aber wie sich eine orale Kultur von
Innen anfühlt, wie das *eigene* Denken unter den Bedingungen der Oralität funktioniert, das zu verstehen, verhindert unser auf Ding gewordenes Wissen fixierter
Horizont ebenso, wie er verhindert, dass wir uns wirklich vorstellen können, wie
sich eine Digitalkultur[7] von *Innen*, wie sich das *eigene* Denken unter den Bedingungen der noch ‚Neuen Medien' in, sagen wir, 30 Jahren (wenn die angehenden
Lehrer, mit denen ich zurzeit als Studenten zu tun habe, noch immer damit beschäftigt sein werden, die neuen Generationen auf deren Zukünfte vorzubereiten)
angefühlt haben wird.

3.6 Vor-Sicht Baustelle

Es scheint deshalb gegeben, in der Beurteilung der Bedeutung der ‚Neuen Medien' noch etwas Geduld und Vor-Sicht bezüglich ihrer Wirkungen zu haben als
es zurzeit üblich ist in den Bildungsinstitutionen, wo sie oft lediglich als „neue
Geräte" verhandelt werden, mit denen man das, was man dort seit Jahrhunderten
tut, nun etwas schneller tun kann. Was daran wirklich neu gewesen sein wird,
was in einigen Jahrhunderten, vielleicht – die technologischen Innovationen
laufen inzwischen schneller ab – in einigen Jahrzehnten als deren symbolische
Form analysiert werden wird, ob die Charakterisierung der Mediosphäre als
Videosphäre, Hyper-, Numero- oder Datasphäre zutreffend gewesen sein wird,
das können wir zurzeit bestenfalls ahnen.[8]
   Weil wir im Moment nur ahnen können, was das wirklich Neue an den
Neuen Medien gewesen sein wird, schlägt Werner Sesink wie einleitend erwähnt
für die Praxis der Schul- und Hochschulentwicklung vor, den Einsatz Neuer
Medien in der Bildung nicht nur als „Fortsetzung der gewohnten Bildung mit
neuen Mitteln" zu verstehen, sondern als einen Umstrukturierungsprozess zu
begreifen, dessen Folgen noch nicht absehbar sind. „Die Bildungseinrichtungen
werden sich darauf einstellen müssen, dass sie zu permanenten Baustellen werden. ‚Under construction' wird keine vorübergehende Behinderung des Betriebs
mehr anzeigen, sondern die neue Grundverfassung" (Sesink 2006: 72f.).

---

[7] Ob dies eine wirklich treffende Bezeichnung gewesen sein wird, ist unklar. Lev Manovich zählt
unter der Überschrift „What new media is not" auch „The Myth of the Digital" auf (vgl. Manovich
2001: 52ff.).
[8] Lev Manovich hat hier eine m.E. recht einleuchtende Ahnung. Er schlägt vor, „Database as a symbolic form of the computer age" zu verstehen (ausdrücklich im Sinne Erwin Panofskys „Perspektive
als Symbolische Form der Neuzeit" und Ernst Cassirers „Philosophie der Symbolischen Formen")
(vgl. Manovich 2001: 218ff.; siehe dazu auch meine Ausführungen in Meyer 2005).

Sicher ist es nicht ganz einfach, das „Prinzip Baustelle" in dieser Konsequenz zu denken. – Insbesondere werden die Verantwortlichen für die Steuerung der Bildungsinstitutionen ihre liebe Müh damit haben. Nicht zuletzt durch den Wirbel, den das Schlagwort „web2.0" oder etwa die Rede von der neuen Studenten- und Schülergeneration als „Digital Natives" erzeugt hat, gibt es hier aber mancherorts eine fast unerwartete Offenheit. So hat etwa der Rat der Fakultät für Erziehungswissenschaft, Psychologie und Bewegungswissenschaft der Universität Hamburg gerade eine ICT-Strategie verabschiedet, in der es unter der Überschrift „Prinzip Baustelle / Always Beta" heißt:

> „Die Entwicklung neuer Technologien ist rasant und wird es auf absehbare Zeit bleiben. Ebenso schnell ändern sich Nutzungsszenarien und die Bedürfnisse der Endanwender. Es gilt, interessante Entwicklungen zu erkennen, deren Relevanz abzuklären und bei Bedarf kurzfristig in deren Einführung zu investieren. Die Nutzung von ICT sollte laufend kritisch evaluiert und gegebenenfalls unkompliziert korrigiert werden können. Neue Bedürfnisse und Ideen werden nur aus Erfahrungen entstehen. Die Bildungsinstitutionen sollten sich auf einen andauernden kreativen Umbauprozess einstellen" (Meyer et al. 2007: 8).

Auch das im Winter 2007 in derselben Institution startende Hochschulentwicklungsprojekt „ePUSH" begreift die Bildungsinstitution selber als ein *pädagogisches Medium* „under construction". Abbildung 10 zeigt grob das Terrain der Bauarbeiten: ePUSH greift auf fünf verschiedenen Ebenen in die Organisationsentwicklung der Fakultät ein. Auf den Ebenen Community-Building, eLearning, Forschung, Informations-Management und Infrastruktur wurden strategisch entscheidende Themenfelder identifiziert, die gebündelt durch Projekt-Maßnahmen in den Bereichen Community-Building, Support Schlüsselkompetenzen, Modul-Prüfungen, Infrastruktur, Qualifizierung von Lehrkräften mit unterschiedlicher Gewichtung bespielt werden. Das Projekt soll durch diese Maßnahmen in einem Zeitraum von zwei Jahren die ICT-Entwicklungen im Bildungsbereich aktiv mitgestalten und kritisch begleiten.[9]

---

[9] Näheres zum Projekt ePUSH siehe online: http://mms.uni-hamburg.de/blogs/epush/

Abbildung 10: Matrix der Projektmaßnahmen in ePUSH, Universität Hamburg, Fakultät für Erziehungswissenschaft, Psychologie und Bewegungswissenschaft

	VHN	Internationality	CommSy	faculty4life (eWI 2.0)
eAssessment	ABK, Schlüssel-kompetenzen		ePortfolio	eModul-Prüfung
microLearning		MedienBildungsRaum	KnowledgeFormation	Ubiquity
Knowledge-Share	wiki	Bibliothek 2.0	eduBlogoSphere	
NoteBookStudy	Tools 2.0	Archi/Datatektur		WLAN

CommunityBuilding
eLearning
Forschung
InformationsManagement
Infrastruktur

4   Transmissionen

Wenn wir vor dem skizzierten Hintergrund die Metapher von den „Digital Natives" (Prensky 2001) ernst nehmen und der Unterstellung folgen, die Generation der in das Digitalzeitalter Hineingeborenen würde – medienbedingt – wirklich so anders denken, handeln, wissen, dass von kulturellen Grenzen zwischen „Eingeborenen" und „Immigranten" gesprochen werden muss, dann bleibt das „Neue pädagogische Medium" noch eine ganze Weile eine ziemlich große Herausforderung. – Nicht nur, wie eben angedeutet, für die Institutionen, auch die „Theorie der Bildung des Menschen" (Humboldt 1793) bleibt vorerst eine permanente Baustelle.

Kommen wir damit noch einmal zurück auf die anfangs erwähnte „Kernfrage der menschlichen Kommunikation". Vilem Flusser bezeichnete als „Paideia" den Prozess, der die „Übertragung von im Gedächtnis einer Generation enthaltenen Informationen in das Gedächtnis der nächsten erlaubt" (Flusser 2000: 309). Régis Debray setzt hier die für das Verständnis der Mediologie wesentliche Unterscheidung zwischen Kommunikation und Transmission bzw. Mitteilung und Übertragung an: „Mitteilen heißt, die Information im Raum verbreiten, übermitteln heißt, die Information in der Zeit verbreiten. In diesem Sinn ist der Akt der Übermittlung das, was Kultur ausmacht und was demnach den Menschen vom Tier unterscheidet" (Debray 2001/2002: 5).

Flussers „Paideia" fällt bei Debray somit in den Bereich der Transmission. Und die Paideia ist – so Debray – zurzeit massiven Problemen ausgesetzt:

> „Eben diese Übermittlung erworbener Eigenschaften erscheint heute extrem gefährdet: Die Kommunikation trachtet danach, die Transmission zu unterbinden oder zumindest zu erschweren. Man beherrscht den Raum immer besser, die Zeit indes immer weniger.
>
> Es mag konservativ klingen, aber die Traditionen, die von der Präsenz der Vergangenheit in der Gegenwart zeugen, verblassen zusehends. Wir besitzen zwar außergewöhnliche Kommunikationsmittel, doch unsere Institutionen, die der Übermittlung dienen – Familie, Schule, Universität, Akademie, ja sämtliche Organisationsformen menschlichen Zusammenlebens mit dem Auftrag, das geistige Vermächtnis lebendig zu halten –, sind großen Problemen ausgesetzt" (ebd.).

4.1 Das Wissen in der informatisierten Gesellschaft

Die Probleme, denen die Institutionen der Übermittlung ausgesetzt sind, hat Jean-Francois Lyotard verblüffenderweise bereits 1979 in seinem „Bericht" über „Das Postmoderne Wissen" vorausgedacht, in drei hier wesentlich erscheinenden Aspekten (vgl. Lyotard 1979: 19ff.):

Die ‚Natur des Wissens', also das, was wir unter Wissen verstehen, verändert sich durch die – oder wie Lyotard sagt, bleibt „nicht unbehelligt" von der – „informatisierten Gesellschaft". Damit bleibt auch Wissenschaft nicht unbehelligt und auch die Schule und die Hochschule, vermutlich auch das Museum, also die Institutionen, die Wissen produzieren, und die Institutionen, die das Wissen transportieren, bleiben „nicht unbehelligt".

Damit Wissen die „neuen Kanäle" passieren kann – so Lyotard –, muss es quantifizierbar sein. Das ist zwar nicht so neu, das sagte im Prinzip schon Galileo Galilei („Messen, was messbar ist, und was nicht messbar ist, messbar ma-

chen"). Aber es nimmt durch die ubiquitäre Computertechnologie inzwischen
auch außerhalb der Naturwissenschaften ein ungeahntes Ausmaß an.

Als dritter, mir wichtiger Aspekt und hier vielleicht der wichtigste: Das alte
Prinzip, wonach der Wissenserwerb unauflösbar mit der *Bildung* des Geistes und
selbst der Person verbunden ist, verfällt mehr und mehr. Wissen wird zu etwas
Äußerlichem, zum Ding und zur Ware.

4.2 Bildung – Eine große Erzählung?

Dem veränderten Verständnis von Wissen ist z.B. auch der Aufschwung der
quantitativ-empirischen Methoden (u.a.) im Bereich der Erziehungswissenschaft
zu verdanken. Aber es betrifft nicht allein die Methoden. Was bedeuten diese
Veränderungsprozesse für die „Theorie der Bildung des Menschen"? Ist die Idee
der „Bildung des Menschen" eventuell eine nicht-natürliche Selbstverständlichkeit? Ist sie ein Kind der Graphosphäre? Kann oder muss die „Theorie der Bildung des Menschen" anders gedacht werden für die Videosphäre bzw. die Hy-
per- oder Numerosphäre?

Vielleicht war das Buch nicht nur im metaphorischen Sinn das bevorzugte
Behältnis der „großen Erzählungen". Vielleicht nahm mit der massenhaften Reproduktion des druckbaren Wissens auch die große Erzählung von der „Bildung
des Menschen" ihren Lauf. Zuvor – etwa bei Meister Eckhart – hatte Bildung mit
dem Erwerb und der Aneignung von Wissen wenig zu tun. In der Logosphäre
ging es um die Ein-, Ent- und Über*bildung* Gottes. Die imago Dei war (unter
Bezug auf Genesis 1,27) das Ziel der Bildung.

Und nun? Was gibt es auf der bildungstheoretischen Baustelle zu tun? Können, sollen – und wenn wie? – unsere Übermittlungsinstitutionen – Familie,
Schule, Universität, Akademie – den Lehrplan des Abendlands, unsere Auffassung von Bildung und Kultur lebendig halten? Jetzt, wo sich „dieses Gerät" in
unseren Schulen und Hochschulen nicht mehr vermeiden lässt?

Ich halte es – als pädagogisch praktizierender Hochschullehrer wie als pädagogisch praktizierender Vater – in diesen Fragen einstweilen mit Jacques Derrida. In seinem ‚Übertragungsbuch' vergleicht sich der Hochschullehrer mit
einem antiken Nachrichtensklaven, der sich in der Pflicht der Paideia sieht:

> „Ich gleiche einem Boten der Antike, einem Laufburschen, dem Kurier dessen, was
> wir uns gegeben haben, kaum einem Erben, einem gebrechlichen Erben, unfähig zu
> empfangen sogar, sich zu messen an dem, was er in der Verwahrung hat, und ich
> laufe, ich laufe, um ihnen eine Nachricht zu bringen, die geheim bleiben soll, und
> ich falle fortwährend" (Derrida 1989: 13).

Literatur

Blumenberg, Hans (1996): Höhlenausgänge, Frankfurt a.m.: Suhrkamp.

Debray, Régis (1999): Jenseits der Bilder. Eine Geschichte der Bildbetrachtung im Abendland. Rodenbach: Avinus.

Debray, Régis (2001/2002): Der Tod des Bildes erfordert eine neue Mediologie. In: Heidelberger e-Journal für Ritualwissenschaft. Online: http://www.rzuser.uni-heidelberg.de/~es3/e-journal/fundstuecke/debray.pdf [16.7.2007].

Debray, Régis (2003): Einführung in die Mediologie (Facetten der Medienkultur 3). Bern/Stuttgart/Wien: Haupt.

Debray, Régis (2004): Für eine Mediologie. In: Pias/Vogl/Engell (2004): 67-75.

Derrida, Jacques (1989): Die Postkarte von Sokrates bis an Freud und jenseits. 1. Lieferung: Envois/Sendungen. Berlin: Brinkmannn & Bose.

Flusser, Vilém (2000): Kommunikologie. Frankfurt a.m.: Fischer.

Foucault, Michel (1981): Archäologie des Wissens. Frankfurt a.m.: Suhrkamp.

Heider, Fritz (1926): Ding und Medium. In: Symposion. Philosophische Zeitschrift für Forschung und Aussprache, 1. Jg., Heft Nr. 1: 109-157.

Hentig, Hartmut von (1996): Die Flucht aus dem Denken ins Wissen. In: Medien + Erziehung, 6. Jg., Nr. 40: 327-330.

Herbart, Johann Friedrich (1804): Über die ästhetische Darstellung der Welt als Hauptgeschäft der Erziehung. In: Herbart, Johann Friedrich (1986): Systematische Pädagogik. Hrsg. von D. Brenner und W. Schmied-Kowarzik. Stuttgart: Klett-Cotta: 59-70.

Humboldt, Wilhelm von (1793): Theorie der Bildung des Menschen. Bruchstück. I. Klassische Problemformulierungen. In: Tenorth (1986): 32ff.

Keuffer, Josef/Oelkers, Jürgen (Hrsg.) (2001): Reform der Lehrerbildung in Hamburg. Abschlußbericht der von der Senatorin für Schule, Jugend und Berufsbildung und der Senatorin für Wissenschaft und Forschung eingesetzten Hamburger Kommission Lehrerbildung. Weinheim/Basel: Beltz.

Krämer, Sybille (2003): Erfüllen Medien eine Konstitutionsleistung? Thesen über die Rolle medientheoretischer Erwägungen beim Philosophieren. In: Münker/Roessler/Sandbothe (2003): 78-90.

Lyotard, Jean-Francois (1979): Das Postmoderne Wissen. Ein Bericht. Wien: Passagen.

Manovich, Lev (2001): The Language of New Media, Cambridge/London: MIT Press.

Meyer, Torsten (2002): Interfaces, Medien, Bildung. Paradigmen einer pädagogischen Medientheorie. Bielefeld: transcript.

Meyer, Torsten (2005): Wahn(-) und Wissensmanagement. Versuch über das Prinzip Database. In: Pazzini/Schuller/Wimmer (2005): 221-246.

Meyer, Torsten et al. (2007): Strategieplan für die Nutzung von Informations- und Kommunikationstechnologien an der Fakultät für Erziehungswissenschaft, Psychologie und Bewegungswissenschaft der Universität Hamburg.

Meyer, Torsten (2008a): Transmission, Kommunikation, Formation. Mediologische Betrachtungen der Bildung des Menschen. In: Weber/Mersmann (2008), im Druck.

Meyer, Torsten et al. (2008b) (Hrsg.): Bildung im Neuen Medium Wissensformation und digitale Infrastruktur. Education Within a New Medium. Knowledge Formation and Digital Infrastructure. Münster/New York/München/Berlin: Waxmann.

Münker, Stefan/Roessler, Alexander/Sandbothe, Mike (Hrsg.) (2003): Medienphilosophie. Beiträge zur Klärung eines Begriffs. Frankfurt a.m.: Fischer.

Nelson, Theodor (1982): A New Home for the Mind? In: Datamation, Nr. 28.

Pazzini, Karl-Josef/Schuller, Marianne/Wimmer, Michael (Hrsg.) (2005): Wahn – Wissen – Institution. Undisziplinierbare Näherungen. Bielefeld: transcript,

Pias, Claus/Vogl, Joseph/Engell, Lorenz (Hrsg.) (2004): Kursbuch Medienkultur. Die maßgeblichen Theorien von Brecht bis Baudrillard. Stuttgart: DVA.

Prensky, Marc (2001): Digital Natives, Digital Immigrants. In: On the Horizon. NCB University Press, Vol. 9, No. 5. Online: http://www.marcprensky.com/writing/default.asp [4.9.2007].

Roessler, Alexander/Stiegler, Bernd (Hrsg.) (2005): Grundbegriffe der Medientheorie, München: Fink.

Scheibel, Michael (2006): „Under construction". Ein Meinungsspiegel zur Transformation von Bildungsinstitutionen. In: Medien + Erziehung, 16. Jg., Nr. 2/2006: 71-74.

Tenorth, Heinz-Elmar (Hrsg.) (1986): Allgemeine Bildung: Analysen zu ihrer Wirklichkeit. Versuche über ihre Zukunft. Weinheim/München: Juventa.

Tholen, Georg Christoph (2005): Medium/Medien. In: Roessler/Stiegler (2005): 150-172.

Weber, Thomas (1999): Nachwort. Zur mediologischen Konzeption von Jenseits der Bilder. In: Debray (1999): 403-411.

Weber, Thomas (2006): Mediologie als Methode (cfp). Online: http://www.mediologie.avinus.de/mediologie-als-methode/cfp-mediologie [4.9.2007].

Weber, Thomas/Mersmann, Birgit (2008) (Hrsg.): Mediologie als Methode. Rodenbach: Avinus (im Druck).

Digitale Medien als kulturelle Medien: Medien zum Be-Greifen wesentlicher Konzepte der Gegenwart

Heidi Schelhowe

1 Einleitung

Dass das Digitale Medium ein pädagogisches Medium, *Gegenstand* von Bildung sein kann, ist ein nicht selbstverständlicher Gedanke. Medienpädagogik versteht traditionell technische Medien eher als Gegenstände der Vermittlung oder auch als Hindernisse, die erst einmal angeschaut, analysiert, vielleicht auch beiseite geräumt werden müssen, damit die Lernenden sich schließlich ins Verhältnis zur Welt setzen können. Computerbildung andererseits in der Gestalt von Informationstechnischer Grundbildung, Computerführerschein oder Informatik sieht es eher als Aufgabe, über den Computer etwas zu lernen, damit man ihn zweckgerichtet nutzen kann in der Erschließung von Welt. In beiden Vorstellungen ist der Computer eher Passage-Point, Mittler oder Verhinderer, nicht Gegenstand von Bildung.

In meinem Beitrag möchte ich argumentieren, dass wir das Digitale Medium selbst als Gegenstand von Bildung sehen können – Bildung verstanden als das Sich-In-Beziehung-Setzen zur Welt, wie Marotzki (1990) und viele andere in ähnlicher Weise Bildung verstehen.

Meine Argumentation hat zu tun mit den Entwicklungen des Computers selbst zum Digitalen Medium und seiner Rolle in der Ausprägung einer Digitalen Kultur in der postindustriellen Gesellschaft. Daher möchte ich mich in meinem Beitrag – zumal mein disziplinärer Hintergrund die Informatik ist – insbesondere auch mit dem (technischen) Medium selbst beschäftigen, und ich möchte seine Entwicklung, in der sich seine Merkmale und sein Ausdruck als kulturelles Medium herausgebildet haben, nachzeichnen.

In der Anwendung verschwindet das heutige Computermedium weitgehend im alltäglichen Gebrauch und fordert immer weniger eigene Aufmerksamkeit: In vielen Dimensionen menschlicher Praktik ist der Computer „ubiquitous", allgegenwärtig, geworden, und es scheint manchen so, als sei es nun an der Zeit, nicht mehr über ihn selbst zu sprechen, weil er so da und verfügbar ist wie die Luft zum Atmen oder der Hammer zum Hämmern: In der Büroarbeit ist es keine

Frage mehr, dass alles mit der Office-Software erledigt wird; in der Lehre an den
Hochschulen setzen wir selbstverständlich die Lernplattformen für die Verwaltung der Lehrveranstaltungen und das Hochladen der Dokumente ein; dass Computer Spielwelten öffnen, gehört – jedenfalls für die junge Generation – zu den
Selbstverständlichkeiten; in der alltäglichen Kommunikation sind Community-
Plattformen für viele junge Menschen zur Selbstverständlichkeit geworden; und
selbst bei künstlerisch-ästhetischem Gestalten sind sie alltägliche und nützliche
Begleiter. Könnte man also in Sachen Computer nicht zur Tagesordnung überge-
hen (insofern man einige Maßnahmen bedenkt, um auch diejenigen einzubezie-
hen, die auf Grund ihrer Herkunft und anderer Ausschlussfaktoren keinen selbst-
verständlichen Zugang zu den Neuen Medien haben)? Wäre es jetzt nicht an der
Zeit, dass man sich in Bildungskontexten wieder um die „wichtigen" Dinge wie
den Content der Medien statt um ihre technische Seite kümmert?

Wir würden, so möchte ich in diesem Beitrag argumentieren, eine Chance
vergeben, wenn wir das Digitale Medium (auch in seiner technologischen Dimension) trivialisieren. Die Bildungschance im Digitalen Medium liegt darin, es
als ein Medium zu betrachten, in dem sich wesentliche Momente der Gegenwartsgesellschaft eingeschrieben haben und studieren lassen: „The digital medium is as much a pattern of thinking and perceiving as it is a pattern of making
things. We are drawn to this medium because we need it to understand the world
and our place in it" (Murray 2003: 11).

In meinem Beitrag möchte ich mich zunächst der Rolle zuwenden, die man
Computern in der Arbeitswelt in der Debatte in der Bundesrepublik zuschrieb
und zuschreibt. Was können wir daraus über die Entwicklung der Arbeitswelt in
der Gegenwartsgesellschaft lernen? Lassen sich Parallelen ziehen im Hinblick
auf die Rolle des Computers in formalen Bildungsprozessen? Was zeigt uns ein
Blick in die Ideengeschichte von Computeranwendungen für Bildungsprozesse
und wo stehen wir heute? Ich möchte mich dann der Entwicklung des Computers
selbst zum Digitalen Medium zuwenden, um daraus die Möglichkeit, es als Bil-
dungsmedium zu begreifen und zu gestalten, abzuleiten.

2   Maschinisierung von Kopfarbeit und Ende der Arbeitsteilung

Die frühe Geschichte des Computers, bis in die 80er Jahre hinein, ist geprägt von
der Vorstellung, dass hier ein mächtiges Gerät zur Rationalisierung und Ersetzung menschlicher Arbeit, zunächst der des Rechnens, erfunden worden ist, dem
sich nach und nach immer weitere Prozesse unterwerfen lassen, insofern sie
schließlich als berechenbare erkannt und notiert werden können, Prozesse, die
„in der Sprache der Mathematik" geschrieben sind. Eine Wissenschaft zur „Ma-

schinisierung von Kopfarbeit" nannte Frieder Nake die wesentliche Bestimmung der Informatik (Nake 1992). „Die Befreiung des Menschen von der Last gleichförmiger, ermüdender geistiger Tätigkeit ist die stärkste Triebkraft in der Entwicklung der Informatik" (Bauer/Goos 1991: 187), schrieben Bauer und Goos in ihrem führenden deutschen Lehrbuch zur Einführung in die Informatik. Computer, darauf weist schon die Ethymologie des Wortes hin, dienen der Ersetzung menschlicher Rechner/innen durch Maschinen, ganz in der Tradition des Industriezeitalters, in der (körperliche) Arbeit durch Maschinen ersetzt wird. Dem, so die kritischen Analysen der 80er Jahre, würden nach Marx und Engels auch die Dequalifizierung, Taylorisierung der Arbeit und zunehmende Arbeitsteilung folgen, Menschen würden als Arbeitskräfte immer mehr zu Anhängseln der Maschinen, zu Maschinen*bediener/innen* werden (z.B. Briefs 1980). Erscheinungen wie die neu entstehenden Jobs in der Dateneingabe schienen dem auch für die Informatisierung Recht zu geben.

1983 machen Arno Bammé und andere darauf aufmerksam, dass die entstehenden Maschinen keineswegs nur etwas dem Menschen Äußerliches und Fremdes seien:

„Bevor sich also eine reale Maschine beherrschend über ein menschliches Interaktionsgeschehen oder eine menschliche Tätigkeit stülpen kann, muss der mitwirkende Mensch bereits auf maschinisiertes Verhalten vorbereitet, eingestellt sein, das heißt vorher schon in abstrakt immateriellen Maschinengebilden funktioniert haben. Damit soll gleichzeitig ausgesagt werden, dass Maschinen nichts der menschlichen Tätigkeit Entgegengesetztes sein können. Es handelt sich letztlich nur um die materielle Verkörperung von Gesetzen bestimmten menschlichen Handelns und menschlichen Denkens" (Bammé et al. 1983: 34).

Auf eine weitere Seite des Computers weisen, ebenfalls in den 80er Jahren, z.B. Herbert Kubicek und Arno Rolf hin: Sie beschreiben die Potenziale des Computers Prozesse zu organisieren, zu strukturieren, zusammenzuführen, zu vernetzen (Kubicek/Rolf 1986). Carl Adam Petri hat in Deutschland als einer der ersten schon in den 60er Jahren diese Perspektive eingenommen und sie als positive Seite des Medialen und der Kommunikation für die technische und gesellschaftliche Entwicklung vorzuschlagen versucht (Petri 1962) – ohne großen Erfolg. Bei Rolf und Kubicek erscheint dies in den 80er Jahren in seiner negativen und zentralistischen Form, als Kontroll- und Herrschaftstechnologie in Ökonomie, Politik und Verwaltung, einer Wahrnehmung, wie sie dann z.B. Anlass für die erfolgreiche politische Massenmobilisierung gegen die Volkszählung wurde.

1984 lässt eine Untersuchung von Horst Kern und Michael Schumann, die zuvor die Tendenz der Zweidrittelgesellschaft aufgezeigt haben, aufhorchen: „Ende der Arbeitsteilung" heißt der Titel ihres Buches, mit dem sie die Ergebnisse ihrer empirischen Untersuchung in verschiedenen Industriezweigen (Chemie-, Automobilindustrie) interpretieren und dort keineswegs die Merkmale der Taylorisierung vorfinden, sondern einen gegenläufigen Prozess feststellen können: Die Arbeitsteilung geht zurück, die Identifikation der Arbeitenden mit dem Arbeitsprozess und ihre Kontrolle über die Arbeitstätigkeit scheinen zugenommen zu haben (Kern/Schumann 1984). Wie kann das mit den gängigen Theorien und Analysen in Einklang gebracht werden?

Einen ersten Zugang hatten Bammé et al. geliefert: Wenn es stimmte, dass in diesen „geistigen" Maschinen Tätigkeiten, die vormals als bürokratisierte, routinisierte und formalisierte Prozesse von Menschen durchgeführt wurden, nun ausgelagert werden in Maschinen, konnte das nicht auch die Befreiung des Subjekts von dieser Art von Tätigkeit bedeuten? Eggert Holling und Peter Kempin greifen dies in ihrem Buch „Identität, Geist und Maschine" auf (Holling/Kempin 1989) und erklären die neuen Entwicklungen in folgender Weise: Wenn die neuen Maschinen das tun, was zuvor den taylorisierten Arbeitsprozessen zu eigen war, wenn in ihnen Kopfarbeit geronnen ist und damit die Maschinen für die Ersetzung körperlicher Arbeit gesteuert werden können – dann bleibt dem Menschen genau jene Tätigkeit, die nicht routinisiert ist, (noch) nicht formalisiert werden kann, Tätigkeiten der Kontrolle der Maschinen und des Ausnahmefalls, der Übersicht, der Kooperation, des impliziten Wissens. Holling und Kempin erklären damit die Höherbewertung von Intuition, Kreativität, Individualität, die alte Werte wie Fleiß, Ordnung und Anpassung ablösen, von denen die Erziehung der Massen in der Industriegesellschaft diktiert wurde. Den Subjekten werden neue Freiheiten in ihren kulturellen Praktiken möglich, ja, sie werden von ihnen gefordert. Für die gesellschaftliche Integration der individualisierten Subjekte, so Holling und Kempin weiter, sorgen die in den Maschinen enthaltenen Abstraktionen, auf die sich alle beziehen müssen. Richard Sennet beschreibt die negative Seite dieser Freiheit, die den Einsatz der ganzen Person, nicht nur ihrer Arbeitskraft, in diesem Prozess verlangt (Sennet 1998).

Dass die Menschen heute zu „Unternehmern", zu „Managern" statt zu distanziert und vom Gebrauchswert abstrahierenden Verkäufern ihrer Arbeitskraft (Voß 1998) geworden sind, ist inzwischen in vielen Zweigen der Lohnarbeit sichtbar. Zugespitzt formulieren es die Protagonisten des Web 2.0: Holm Friebe und Sascha Lobo beschreiben in ihrem Buch „Wir nennen es Arbeit" die Freiheiten der digitalen Bohème als fortgeschrittenste Form des Arbeitens jenseits der festen Anstellung als Ausdruck von Kreativität, Ungebundenheit und individueller Selbstverwirklichung des Wissensarbeiters (Friebe/Lobo 2006).

Zusammenfassend lässt sich über diese Entwicklung sagen: Arbeit im Zeitalter Digitaler Kultur erscheint kreativer, selbstbestimmter, individueller, nicht jedoch, weil es die formalisierten Prozesse nicht mehr gäbe. Vielmehr sind sie (in der Form ihrer Maschinisierung) Voraussetzung und Basis, auf der sich die neuen Formen des Arbeitens herausbilden können.

3 Technisierung des Lernens und/oder Abwerfen des technischen Charakters des Lernens?

Zu dieser Debatte um die Entwicklung der Arbeit lassen sich deutliche Parallelen ziehen zum Bildungsdiskurs in der Bundesrepublik und der Rolle, die dem Computer zugeschrieben wird. Schon Alan Turing hatte beim Nachdenken über das Intelligent-Werden der Maschine diesen Prozess verglichen mit dem menschlichen Erziehungsprozess:

> „Warum sollte man nicht versuchen, statt ein Programm zur Nachahmung des Verstandes eines Erwachsenen eines zur Nachahmung des Verstandes eines Kindes herzustellen? Unterzöge man dieses dann einem geeigneten Erziehungsprozess, erhielte man den Verstand eines Erwachsenen. Vermutlich ist das kindliche Gehirn mit einem Notizbuch vergleichbar, das man beim Schreibwarenhändler kauft. Wenig Mechanismus und viele leere Blätter (…) Wir haben somit unser Problem zweigeteilt: in das Kind-Programm und den Erziehungsprozess" (Turing 1937/1987: 177).

Gleichzeitig macht er ein Statement, das für die heutige Computerentwicklung zunehmend Bedeutung gewinnt: „Ein wichtiges Kennzeichen einer lernenden Maschine ist, dass ihr Lehrer oft reichlich wenig von dem weiß, was genau in ihr vorgeht (a.a.O.: 181). Der Gedanke, dass eventuell auch menschliches Lernen (in Teilen jedenfalls) überflüssig und ersetzbar würde, wenn es die lernenden Maschinen gäbe, ist bei Klaus Haefner zu finden, der (mit einer politisch eher konservativen Haltung) eine wichtige Rolle in der Frühzeit der Diskussion um Computer und Schule spielte: In seinem Buch „Die neue Bildungskrise. Herausforderungen der Informationstechnik an Bildung und Ausbildung" schreibt er:

> „Das Bildungswesen muss zur Kenntnis nehmen, dass es zunehmend im Bereich der Sättigung der Bildungsfähigkeit des Menschen arbeitet – so wie andere gesellschaftliche Subsysteme den Grenzen des Möglichen näher kommen. Erwartungen an *hohe* Bildungszuwachse erscheinen unrealistisch (…). Demgegenüber steht die Informationstechnik am Anfang einer noch lange fruchtbar laufenden Entwicklung" (Haefner 1982: 17).

In der Debatte um die Einführung des Taschenrechners, der das Erlernen des Kopfrechnens überflüssig macht bzw. gefährdet, wird dies zugespitzt deutlich. Sind die routinisierten und formalisierten Fähigkeiten (oder besser: Fertigkeiten?) des Kopfrechnens noch erforderlich, wenn die Taschenrechner allgegenwärtig verfügbar sind und die „schwachen menschlichen Kräfte" (Minsky 1983) bei Weitem übertreffen?

Stärker vertreten jedoch ist die (je nach Couleur negativ oder positiv bewertete) Vorstellung, dass es das *Lehren*, das „Bearbeiten von Kinderköpfen" (Marx/Engels) sei, das mit dem Computer rationalisiert werden kann und dass der Computer zumindest die *Organisation* des Lernprozesses für das Individuum übernehmen könne. Die Formalisierung des Lehrprozesses, wie sie z.B. in der Diskussion um die Operationalisierung von Lernzielen (Mager 1969) und um stärkere Arbeitsteilung zum Ausdruck kommt, gab Anlass zur Hoffnung, dass auch beim Lehren Rationalisierung stattfinden könne, Unterricht „zu einem allgemein zugänglichen, weil immer billiger werdenden Konsumgut werden könnte, was die Hoffnung zur Überwindung des Lehrermangels anregte" (Flechsig 1975: 131).

So hatten auch diese Ideen zum Einsatz von Computern in Lehr- und Lernprozessen eine Vorgeschichte in der Vorstellung und Praxis der Lernorganisation in der Industriegesellschaft, nicht erst in dem Skinner'schen Versuch das Lernen zu zerstückeln, zu regulieren, zu mechanisieren (Skinner 1958), sondern auch in der Organisation der Volksschulen mit strengen, äußerlich feststellbaren Regeln bis hin zur Sitzordnung.

Der Computer als eine Technologie, in der sich Regeln materialisieren und veräußerlichen lassen, sollte hier seinen Platz finden. Diese Seite des Lehrens und Lernens mit Computern ist heute noch präsent in einer Vielzahl marktgängiger Lernsoftware mit kleinen, zerlegten (taylorisierten) Informationsportionen und Multiple-Choice-Fragen, die für Vokabeltests oder die theoretische Führerscheinprüfung vorbereiten sowie in der Verwendung von Lernplattformen insbesondere für die Lehre an Hochschulen, die die formale Seite des Lehrens abspalten, organisieren, davon befreien sollen. In der pädagogischen Diskussion wird kaum jemand heute noch behaupten, dass durch diese Tools das Lernen oder Lehren selbst stattfindet, wie wir heute auch das Kopfrechnen nicht mehr für besonders intelligent halten. Es scheint hier eher um sehr begrenzte, formalisierbare Teile von Auswendiglernen und von Lernorganisation zu gehen, die substituiert werden.

Im Unterschied, ja im Gegensatz dazu wird der Computer in den pädagogischen Diskursen der letzten zwei Jahrzehnte zunehmend als Motor und Medium eines konstruktivistischen Lernens gesehen. Wie im Arbeitsprozess mit dem Digitalen Medium heute Kreativität, Intuition, (partielle) Selbstbestimmung des Arbeitenden über seinen Arbeitsprozess verbunden werden, so auch beim Lernen: Dem Einsatz der Digitalen Medien, deren Grundlage und Kern nach wie vor die Digitalisierung, die streng logisch-binäre Beschreibung, und die Programmierung sind, wird in Lernkontexten geradezu per se eine Veränderung der Lernkultur von einem instruktionistisch determinierten hin zu einem selbstbestimmten, kreativen, handlungsorientierten, situativen Lernen zugeschrieben. Nicht zuletzt ist dies auch ausgelöst dadurch, dass man zur Kenntnis nehmen konnte, dass ein wesentlicher Teil des Lernens sich bei Kindern wie auch bei Erwachsenen „informell", in der Freizeit und beim Spielen, ereignet und dass dem Computer dabei eine zunehmende Bedeutung zukommt.

Seymour Papert schreibt, dass mit der Einführung dieser Technologie „das technische Wesen des schulischen Lernens" abgeworfen werde (Papert 1994: 78). Während also zunächst von den Kritikern die Gefahr des Computers im Überstülpen von formalen Vorschriften und maschinisiertem Vorgehen über den Lernprozess gesehen wurde (diese Seite ist z.B. auch bei Hartmut von Hentig dominant), wird heute häufig umgekehrt argumentiert: Die traditionellen Institutionen des Lernens behinderten das Subjekt in seinem kreativen Umgang, wie er in der Computernutzung in der Freizeit anzutreffen sei, indem in den Schulen Bürokratie und Einschränkungen praktiziert werden:

> „While formal education is often conservative, the informal learning within popular culture is often experiment (...) formal educational communities are bureaucratic and increasingly national in scope" (Jenkins 2006: 9).

Und Bridget Somekh, die in einer soziologischen Studie untersucht, warum Digitale Medien Schulen so wenig verändert haben, schreibt:

> „There is an extraordinary difference between young people's experiences of ICTs at home and at school (...) The nature of ICTs, which are fundamentally antipathetic to the culture of the school (...) suggest that ICTs fundamentally change human ontology, and suggests that it is time to stop trying to introduce them into schools as superficial additions to the current system" (Somekh 2004: 163).

Verbunden mit Entwicklungen des Web 2.0 wird auch für Bildungsprozesse die „Participatory Culture" (Jenkins 2006) gefordert und erwartet. Beim Lehren soll es immer weniger darum gehen, das Wissen vergangener Generationen einfach an die nächste weiter zu geben, sondern das aktive Problemlösen, das Einbringen in und das Mitgestalten von Communities werden als entscheidende Merkmale von Lernen gesehen. Mit dem Computer wird das Lernen nicht, wie von Gegnern häufig behauptet, einer technischen Rationalität unterworfen, sondern kann auch, so zeigen viele interessante Anwendungen, von seinen formalisierten Zwangsroutinen befreit werden – allerdings, indem es, veräußerlicht und als die eine Seite in der Interaktion, in der Maschine fortexistiert.

4   Computer als Digitales Medium

Was nun ist auf der Seite des Computers geschehen, dass ein solcher Wandel in
seiner Wahrnehmung vonstatten gehen konnte, von der Vorstellung einer Reduzierung von Kultur auf die Logik des binären Codes hin zur zentralen Bedeutung
des Subjekts und seiner Möglichkeiten der Entfaltung? Wie kommt es, dass die
Digitale Kultur heute für Kreativität und Selbstbestimmung des Subjekts statt für
seine Unterwerfung unter den Formalismus stehen kann?

Um einem möglichen Missverständnis vorzubeugen: Es geht hier nicht darum, eine direkte Abhängigkeit, einen Determinismus zu behaupten zwischen
Computertechnologie einerseits und Gesellschaft andererseits. Vielmehr möchte
ich dies so verstanden wissen, dass Informationstechnologie, die eine wesentliche Grundlage moderner Gesellschaften bildet, sich im Wechselspiel mit gesellschaftlichen Veränderungen entwickelt, diese widerspiegelt und gleichzeitig
durch ihre Existenz und Verwendung beeinflusst. Durch das Begreifen der Informationstechnologie und ihres spezifischen Charakters, so behauptet Manuel
Castells in seinem Werk, werden Kernelemente der gegenwärtigen Veränderungen in den ökonomischen Verhältnissen, in den kulturellen Bewegungen wie
aber auch in der Suche nach Identität sichtbar (Castells 2001). Die Behauptung
also ist, dass man – indem man das Medium selbst betrachtet und begreift –
etwas darüber erfahren kann, mit welchen Veränderungen sich die Subjekte
heute konfrontiert sehen in ihrer Auseinandersetzung mit Welt.

Pioniere der Computergeschichte wie Alan Turing oder Konrad Zuse haben
den Computer als eine Maschine gesehen, die – in sich geschlossen – „Intelligenz", wie sie zuvor beim Menschen anzutreffen war, (weiter) entwickelt. Es
war die Vorstellung von der autonomen Maschine, die die Fantasien ihrer Fortentwicklung prägten und im frühen Paradigma der Künstlichen Intelligenz zum
Ausdruck kamen. Aus dieser Vorstellung wird der Mensch mit zunehmender
Intelligenz der Technologie an die Ränder gedrängt, zum „Anhängsel der Maschine" oder kann sich – so die positiven Utopien – nun aus der Notwendigkeit
ökonomischer Reproduktion zurück ziehen, um sich mehr und mehr den freien,
kreativen und schöpferischen Tätigkeiten, die ohne die Maschinen stattfinden, zu
widmen, so z.B. in der in den 70er Jahren einflussreichen Vision von André
Gorz zum „Ende der Arbeitsgesellschaft": Menschen verbringen einen (zunehmend kleineren) Teil ihrer Lebensarbeitszeit in der weitgehend automatisierten
und entfremdeten Produktion notwendiger Güter und können sich ansonsten im
Gartenbau, in der unmittelbaren Reproduktion und in kreativer Gestaltung selbst
verwirklichen (Gorz 1989). Auch in Klaus Haefners Vorstellung vom Ausweg
aus der neuen Bildungskrise gibt es einerseits das Reich der Notwendigkeit, wo
man lernen muss, die Computermaschinen zu bedienen und sich ihnen anzupas-

sen, andererseits die eigentlich menschliche und humanistische Bildung als Gegenpart, der sich Bildungsinstitutionen angesichts dessen, dass die notwendige Reproduktion immer weniger menschliche Zuarbeit (und der Computer immer weniger „Bedienung") erfordert, zunehmend widmen können. Einige Wenige nur müssen darin ausgebildet werden, die Maschinen zu programmieren (Haefner 1982).

Die Realisierung der autonomen Maschine, der man „nicht erlauben darf, das Land zu durchstreifen" (Turing 1937/1987), scheiterte an der zunehmend deutlicher werdenden Einsicht, dass weder Natur noch soziale Prozesse sich so einfach und vollständig in der Sprache der Mathematik notieren lassen. Jede Formalisierung brachte ihrerseits wieder ein Vielfaches an Ungereimtheiten und Unverstandenem zum Vorschein, so dass das Vage und Intuitive, das Implizite und das Chaos schließlich paradigmatisch in den Vordergrund traten gegenüber einer Vorstellung von Welt als Berechenbarkeit.

Auch in den frühen Diskussionen um die Interface-Entwicklung setzte sich ein anderes Paradigma als das von der autonomen Maschine durch: die Vorstellung von der „man-computer-symbiosis" (Licklider 1960). Der Mensch solle sich auf die kreativen Tätigkeiten konzentrieren, der Computer sei für den berechenbaren Part zuständig. Beide jedoch sollen dafür eng aneinander gekoppelt und gerade nicht voneinander abgekoppelt werden (wie es die Vorstellung von der autonomen Maschine einerseits und dem Humanen andererseits nahe legt). Für Kommunikation und Interaktion mit der Maschine statt für deren Bedienung sollte die Mensch-Maschine-Schnittstelle eingerichtet werden.

Einen vorläufigen Höhepunkt erhält dies in der Interaktionstechnik der „Direkten Manipulation", bei der die algorithmischen Prozesse selbst vor der Nutzer/in verborgen sind und sie durch das Interface hindurch, „Trough the Interface" (Bødker 1987), auf eine im Computer entstandene virtuelle Wirklichkeit zugreift und dort handelt, unter Umgehung von Beschränkungen, die die physikalische Welt auferlegt.

Mit der Entwicklung des Computers zum Digitalen Medium ist diese virtuelle Wirklichkeit nicht mehr nur die passiv erscheinende Abbildung und Repräsentation der umgebenden Wirklichkeit mit neuen Handlungsmöglichkeiten für die Subjekte. Vielmehr ist über die Nähe zum Medialen auch eine Akzeptanz eigener virtueller Agency von der Seite des Computers entstanden. Wie die Charaktere, die im Kinofilm ihrer eigenen Gesetzmäßigkeit (bzw. der des Regisseurs) folgen, wird die Eigentätigkeit algorithmischer Prozesse akzeptiert. In der Anwendung von Social Software z.B. wird algorithmischen Prozessen erlaubt, Nähe oder Ferne zu anderen Individuen fest- und herzustellen, auch wenn in der Regel dabei auf Mitspracherecht und Aushandlungsprozessen bestanden wird.

Die Software verbindet mit Menschen, die ähnliche Interessen zu haben scheinen, und mit denen man, wenn man will, in Kontakt treten kann.

Anwendungen des Digitalen Mediums, wie sie heute genutzt werden, erscheinen in der Regel als Aufforderungen zur Interaktion, nicht mehr als geschlossene algorithmische Prozesse. Sie nehmen den Charakter des „Unvollendeten" (Lunenfeld 1999) an, mit dem das fortwährende Handeln des Subjekts bis hin zum Einbringen der Ausdrucksmöglichkeiten des gesamten Körpers herausgefordert wird. Immer weitere Handlungs- und Ausdrucksformen des Subjekts werden in den Gesamtprozess von Maschine und Mensch integriert: „The trend (...) here is the gradual incorporation of a wider range of human skills and abilities" (Dourish 2004: 14).

Die Maschine selbst, Software und Hardware, wird zunehmend unsichtbar, verschwindet in den Gegenständen des Alltags (ubiquitous computing) als invisible computing oder – umgekehrt – in einer virtuellen, Computer generierten Realität, in die man mit Fantasie und Körper eintauchen kann. Sichtbar auf der Oberfläche sind nur noch das Kooperationsangebot, die Interaktionsaufforderung an das Subjekt und der virtuelle, sich kontinuierlich in der Interaktion verändernde Content.

So ist das konkrete Handeln bis hin zum Einbringen eigener Leiblichkeit der gewöhnliche Beitrag des Subjekts in der Mensch-Computer-Interaktion. Nicht logische Durchdringung, sondern experimenteller Umgang kennzeichnet erfolgreiches und lustvolles Handeln mit dem Digitalen Medium.

Die Abstraktion, die hinter dem Interface in den Algorithmen liegt, wird in der Interaktion nicht sichtbar und sie bestimmt nicht die subjektive Wahrnehmung des Handelns. Vielmehr scheint der Umgang konkret, wenn es um die neuen Interfaces geht, die Dourish „embodied interaction" nennt: „Embodied phenomena are ones we encounter directly rather than abstractly" (Dourish 2004: 100). Dennoch bleibt festzuhalten, dass hinter jeder Interaktionsmöglichkeit mit dem Digitalen Medium eine Abstraktionsleistung steckt, die die Möglichkeiten und Aufforderungen der Interaktion strukturiert. Sie (bzw. die Softwareentwickler/in) steckt den Rahmen, in dem die Interaktion stattfinden kann. Die Handlungsmöglichkeiten sind also „künstlich" oder technisch, sie werden über ein abstraktes Modell, den Algorithmus, geschaffen.

Der Rahmen ist zwar mit zunehmender Abstraktion immer weiter geöffnet für nicht vorhersehbare Ausdrucksmöglichkeiten und Handlungen des Subjekts. Dennoch aber lassen, wie Lyotard im Hinblick auf das Postmoderne Wissen formulierte, die neuen Kanäle nur das passieren und einsatzfähig werden, was „in Informationsquantitäten übersetzt werden kann" (Lyotard 1986: 23).

5 Konkretes Lernen mit Digitalen Medien

In diesen Entwicklungen des Computers zum Digitalen Medium werden wesentliche Prinzipien der Entwicklung der Gegenwartsgesellschaft und der postmodernen Subjektkonstitution sichtbar und greifbar. Wir haben es mit einer medialen Wirklichkeit zu tun, die nicht (mehr) getrennt von der stofflichen Wirklichkeit existiert:

> „Die neue Welt liegt hinter, über, unter der alten. Ihre Karten werden nicht durch Reisen, sondern durch Konstruktionen gezeichnet, die aus dem Wissen erwachsen, das in Technik umgesetzt wird. Und in diese Konstruktionen wird die alte Welt mehr und mehr eingeschlossen" (Rötzer 2000: 22).

Die virtuelle Welt beeinflusst nicht nur Fantasien, Denken und Fühlen. Über das Handeln in der virtuellen Welt kann auch in die stoffliche Welt unmittelbar eingegriffen werden. Wenn Zeichen über die Kanäle geschickt werden, könnte dies nicht nur mittelbar, über die Interpretation dieser Zeichen, sondern direkt und unmittelbar physisch wahrgenommen werden (siehe Abb. 1: CuteCircuit und das Hug Shirt). Computer sind Artefakte, die sowohl die materielle wie auch die symbolische Welt verändern und beide verbinden. Die Zeichenwelt ist ebenso real wie die stofflich-sinnlich-erfahrbare und wird Teil dieser.

Abbildung 1: CuteCircuit und das Hug Shirt 2007

„The Hug Shirt is a shirt that makes people send hugs over distance! Embedded in the shirt there are sensors that feel the strength of the touch, the skin warmth and the heartbeat rate of the sender and actuators that recreate the sensation of touch, warmth and emotion of the hug to the shirt of the distant loved one" (CuteCircuit and the Hug Shirt 2007).

Quelle:
http://www.cutecircuit.com/project s/ wearables/thehugshirt/

Computer können ideale Medien für das Lernen sein, das – wie uns Reformpä-
dagogen/innen lehren – über konkrete Anschauung und Handlungsmöglichkeiten
häufig besser unterstützt wird als durch bloß abstraktes, abgelöstes Vermitteln
von Informationen. Die zunehmend komplexer werdenden Erkenntnisse aus
Naturwissenschaft und Technik, aber auch aus Sozial- und Geisteswissenschaf-
ten, die bisher oft nur in ihrer abstrakten Form zugänglich waren und gelernt
werden mussten, können mit den Digitalen Medien in eine Vielzahl konkreter
Bilder, Situationen, Prozesse und Aufforderungen zum Handeln verwandelt
werden. Das bildliche Lernen und das handlungsorientierte Lernen werden unterstützt, die offensichtlich ausgesprochen hilfreich sind, um etwas verstehen und
begreifen zu können.

Und mehr noch: Die Digitalisierung, das Zerlegen von vorgefundenen Zusammenhängen in Bits und der Zugriff auf die Bits über Datenbanken ermöglicht
es, Zeichen frei von jeder Bindung, ohne jeglichen Verweis auf die äußere Wirklichkeit, auch wieder ganz neu zusammenzusetzen – ohne die Schwere und Last,
die die Bindung an die äußere Wirklichkeit mit sich bringt. Der Imagination wird
eine nahezu grenzenlose Vielfalt an Material geboten. Sherry Turkle beschreibt
dies im Hinblick auf Identität: Das vernetzte Medium bietet die Chance, sich
selbst ganz neu zu erfinden. Es liefert für die Einbildungskraft jeden nur erdenk-
lichen Spielraum. Fast jede Art von Neuschöpfung, auch der eigenen Identität,
wird möglich. (Turkle 1998)

In Computeranwendungen kann man lernen durch wiederholte, aber jedes
Mal andere und dadurch abwechslungsreiche Ausprägung des gleichen Prinzips
in unterschiedlichen Bildern. Durch einen konkreten Umgang mit einer Vielfalt
von Situationen bildet sich schließlich Erfahrung, wie mit solchen Dingen umzugehen und wie Zusammenhang herzustellen ist. Man kann dies Learning-by-
doing nennen. Es ist ein Lernen, wie der Lehrling lernt und gelernt hat.

Das so Gelernte ist in der Regel nicht explizit beschreibbar. In der Vergangenheit hatte diese Art des Lernens den Nachteil, dass es nur von Mensch zu
Mensch weiterzugeben war, dass daraus Geheimbünde entstanden, viele ausgeschlossen waren und Manches verloren ging. Mit dem Computer besteht diese
Gefahr im Prinzip nicht. Irgendwann ist dieses Wissen ja explizit als Modell
beschrieben worden, also auch als explizite Beschreibung vorhanden und so in
den Computer gekommen. Es existiert als Veräußerlichtes und ist im Prinzip
unabhängig von konkreten menschlichen Trägern und ihrer Bereitschaft, es weiterzugeben.

Der Nutzer, der Lerner allerdings braucht sich nicht mehr der Mühe zu un-
terziehen, das abstrakte Konzept, das die Verallgemeinerbarkeit ausmacht, nach-
zuvollziehen. So scheint Bildung ganz ohne die Anstrengung des Begriffs, mit
der Kinder und Erwachsene im Industriezeitalter gequält wurden, wenn es ans

„wirkliche" Lernen ging, nun (wieder) über schlichten Mit- und Nachvollzug
möglich, spielerisch oder im zweckgerichteten Tun, ganz nebenbei gewissermaßen; durch Anschauen und Handeln mit Digitalen Medien. In der neueren Literatur zum Computer-Spiel wird dies z.b. behauptet: Kinder lernen im Spiel, was
sie für das Leben brauchen. Bridget Sørensen z.b. kommt als Ergebnis eines 5-
jährigen dänischen Projekts über Medienaktivitäten Jugendlicher zwischen 11
und 15 Jahren zu der Aussage, dass viele der Skills, die für die Informationsgesellschaft in Schule und Arbeitswelt erforderlich seien, von Kindern außerhalb
der Schule erworben werden:

> „...that many of the skills which are essential in the information society, where
> virtual spaces play an important part in education and work, are acquired in
> children's off-school participation in virtual spaces" (Sørensen 2003: 29).

Sherry Turkle hatte schon früh behauptet, dass das Ausprobieren, das Zusam-
menstellen, das Experimentieren dem Umgang mit dem Computer angemessener
oder jedenfalls genauso angemessen seien wie das logisch-abstrakte Denken und
planvolle Vorgehen (Turkle 1984). Man muss nicht verstehen, was passiert und
die Systematik erkennen, um erfolgreich nutzen, ja sogar programmieren zu
können. Ja, man darf sogar behaupten, dass Verstehen-Wollen angesichts der
Komplexität der modernen Artefakte keine erfolgreiche Handlungsstrategie mehr
ist. Erfolgreiches Handeln in einer so komplexen Umgebung erlernt sich vermutlich besser durch Versuch und Irrtum und macht die nicht selten anzutreffende
Überlegenheit der jungen Generation im Umgang mit dem Computer aus.
     Gleichzeitig gerät aber auch das Verhalten der Klick-Generation in die Kri-
tik: Neben den Pauschalurteilen, wie Manfred Spitzer oder Christian Pfeiffer sie
verbreiten, dass diese Generation durch den Medienkonsum dumm, dick und faul
werde (Spitzer 2005; Mößle et al. 2006), wird differenzierter kritisiert, dass sie
nicht mehr in Zusammenhängen denken könne, sondern sich ihre Wirklichkeit
aus Bruchstücken zusammenbastele. Das Verhalten im Virtuellen Raum sei ein
schlichter Prozess der Auswahl, des Ausprobierens, bei dem kein zusammenhän-
gendes Verständnis für die Prozesse entwickelt werden könne.

6   Das Bildungsmedium

Bildung erfordert, dass Erfahrung und Abstraktion in ein Wechselverhältnis
gestellt werden, bedeutet Erfahrung zu gewinnen durch experimentelles Vorgehen und Ausprobieren, mentale Modelle auszubilden, die die Erfahrungen in

einen Zusammenhang stellen, diese Modelle wiederum in Kontexten erproben und anwenden zu können und so fort.

Entwicklungsprozesse haben immer mit dem Verhältnis von konkretem, situiertem Wissen und Abstraktion zu tun. In der Entwicklungspsychologie Kohlbergs (1997) wie auch Piagets (1974) war abstraktes, analytisches Denken die „höhere" Form kognitiver Funktionen. Entwicklung bedeutete, vom Konkreten zum Abstrakten, vom Eins-Sein mit der Welt zur Ablösung von ihr „auf"zusteigen. In den vergangenen zwei Jahrzehnten wurde dem gegenüber zu Recht das konkrete, das kontextgebundene, das situative Lernen aufgewertet, jedoch bisweilen auch vereinseitigt.

Lernen braucht beides. Erfolgreiches Lernen ist mit Zurücktreten und Heraustreten in reflexive Distanz verbunden, dem „Diving-In" muss das „Stepping-Out" folgen, wie Edith Ackermann, Entwicklungspsychologin am MIT Media Lab, dies nennt (Ackermann 1996). In Piagets Terminologie geht es einerseits um Assimilation, mit der Menschen sich die Umwelt einverleiben und sie den in ihrem Kopf existierenden inneren Ordnungsmustern unterwerfen; andererseits um Akkomodation, wo Menschen eins werden mit dem Objekt der Aufmerksamkeit, dabei die Kontrolle verlieren können, aber auch herausgefordert werden, ihre inneren Denkmodelle zu verändern (Piaget 1974).

In der Diskussion um Digitale Medien in den Schulen wird heute wieder geäußert, dass der Computer aus dem Blickfeld rücken solle: Er soll – wo nicht seine Verbannung gefordert wird – doch selbstverständlich sein und keine eigene Aufmerksamkeit erfordern, nachdem Kinder und Jugendliche in ihrer Freizeit gelernt haben, ihn virtuos zu bedienen und anzuwenden.

Ich möchte dem gegenüber die Position vertreten, dass Computer nicht einfach als Werkzeug oder Medium im Bildungsprozess zu verwenden sind. Ich möchte ihn vielmehr als Gegenstand und als Inhalt von Bildung sehen, was über den bloßen Gebrauch hinausgeht.

Maria Montessori ist bekannt geworden durch ihre Materialien: Diese sollen anregen zur handelnden Auseinandersetzung und so beschaffen sein, dass sie wesentliche Aspekte bedeutsamer Konzepte der Gegenwart deutlich machen und die Konzentration auf diese Aspekte fördern. Zu den wesentlichen Konzepten der Wissensgesellschaft gehört die Prozessierbarkeit abstrakter Modelle durch ihre Programmierung, gehören neuartige Verhältnisse zwischen realer und virtueller Welt, ja die Infragestellung dieses Unterschieds.

Im Digitalen Medium ist das Verhältnis von Abstraktion und Konkretion, von Stofflichkeit und Virtualität, von Maschine und Mensch, wie es die postmodernen Gesellschaften kennzeichnet, exemplarisch und verallgemeinerbar ausgedrückt. Die Abstraktion ist im und mit dem gleichen Medium vermittelbar. Der

Computer ist Höhepunkt der Abstraktion und ermöglicht gleichzeitig einen sehr konkreten Zugang zu den abstrakten Modellen.

Bildungsinterventionen mit Computern haben, sowohl in der Theorie wie auch in der Bildungspraxis, ihre Bedeutung darin, hinter die Oberfläche zu schauen und das beim alltäglichen Gebrauch Versteckte im Medium sichtbar zu machen.

Das Digitale Medium ist in seinem spezifischen Verhältnis von Berechenbarkeit und Formalismus einerseits und Öffnung für Interaktion andererseits zu sehen. In der Interaktion schließen sich die Subjekte einerseits an den Formalismus an, sind andererseits in ihrem Handeln aufgefordert, ihn zu überwinden. Digitale Medien können gesehen werden als Medien, in denen man der Struktur, der Routine und dem Formalen sowohl im eigenen wie auch im gesellschaftlichen Handeln begegnen kann (vgl. Bammé et al. 1983). Digitale Medien können gleichzeitig deutlich machen, wie in der Aneignung die Grenzen der Berechenbarkeit erreicht und überwunden werden, wie Sinngebung und Kreativität als Tätigkeiten des Subjekts in diesem Gesamtprozess zur Geltung kommen können.

Angesichts der grundlegenden Veränderungen, die die Gegenwartsgesellschaft für Arbeiten und Leben bedeutet, ist eine bloße Rückkehr zum Alten, zum Ursprünglichen keine geeignete Antwort. Es kann jedoch für Bildungsanliegen auch nicht ausreichend sein, die neuen Wirklichkeiten nur in ihren Erscheinungen, in den fantastischen Möglichkeiten konkreten Handelns, direkter Interaktion und globaler Vernetzung zu akzeptieren, ohne ihre Bedingungen und Voraussetzungen zu thematisieren und kritisch zu hinterfragen.

Was Computerprogramme als Gegenstand von Bildung betrifft, so sind sie dadurch, dass sie das Modell als Abstraktion und die konkrete Instanz zugleich enthalten, ein ausgesprochen geeigneter Gegenstand, um zwischen Stepping Out und Diving In, zwischen reflexiver Distanz und Immersion hin und herzuwechseln. Mit dem Gelten-Lassen von Immersion als Prinzip der Aneignung könnte Schule gleichzeitig etwas leisten, womit sie sich heute schwer tut: an die Freizeiterfahrungen der Schüler/innen im Umgang mit den Digitalen Medien anzuknüpfen und das Spielerische am Lernen in die Schule zu holen.

Das Problem mit dem Computer für die Bildung besteht allerdings darin, dass dieses Verhältnis zwischen den konkreten, erfahrbaren Bildern und Prozessen und den dahinter stehenden Abstraktionen mit den modernen Interfaces nicht (mehr) sichtbar ist, sondern dass das Interface die Abstraktion versteckt. So kann letztlich nur durch den Nachvollzug des Modellbildungs- und Konstruktionsprozesses dieses Verhältnis wieder sichtbar gemacht werden. Seymour Papert hat mit seinem konstruktionistischen Ansatz genau dies zum pädagogischen Prinzip gemacht (Papert 1994). Mit Lego Mindstorms hat er dieses Prinzip in Materialien ausgedrückt. Dieses Material besteht aus Legobausteinen, Aktuatoren und

Sensoren einerseits und der Programmierumgebung andererseits. Auch die hinter den Interfaces stehenden abstrakten Modelle wiederum sind handlungsorientiert erfahrbar, zumindest in ihrem Prinzip.

7 Zum Schluss

Im heutigen Diskurs um die Rolle des Computers in Bildungsprozessen wird die Seite der Rationalisierung, der formalen Organisation von Arbeits- und Lernprozessen und der Berechenbarkeit, die im Digitalen Medium fortexistiert, thematisiert, wenn es um konstruktivistisches Lernen, um kreativen Umgang und um neue Lernszenarien geht. Der Stand der Maschinisierung eröffnet neue Spielräume für das Subjekt, der Computer nimmt dem Subjekt die Routine ab und befreit es in gewissem Umfang von den Notwendigkeiten, formalisiert zu handeln. Die Maschine öffnet sich für die Interaktion, ja fordert sie gar heraus, sie evoziert eine „participatory culture" (Jenkins 2006).

Bildung jedoch heißt, dass das Subjekt nicht nur auf die Impulse des interaktiven Mediums re-agiert und daran teilnimmt, sondern dass es das Verhältnis selbst begreifen lernt und sich ins Verhältnis setzt sowohl zu Berechenbarkeit wie auch zu Intuition, sich weder auf das Eine noch auf das Andere reduziert. Partizipation und Übernahme von Verantwortung heißt: Sich-Ins-Verhältnis-Setzen zu den Bedingungen, die die Interaktion ermöglichen. Durch das „Be-Greifen", durch (konstruierendes) Handeln mit dem Digitalen Medium, können die Veränderungen in der postmodernen Subjektformation und in der Gegenwartsgesellschaft erfahrbar werden.

Die Möglichkeiten konkreten Handelns, die mit der Entwicklung zum Digitalen Medium geschaffen sind, können dabei nicht nur als Zugang zu den in der Maschine implementierten Abstraktionen genutzt werden. Sie sind paradigmatisch für die neuen Verhältnisse, die sich im Hinblick auf wesentliche menschliche Praktiken wie lernen, arbeiten, spielen, gestalten, kommunizieren gegenwärtig herstellen.

Das Be-greifen dieser Veränderungen ist wesentlich, um diese nicht nur verstehen, sondern auch mit gestalten zu können. Dies wird in der Regel nicht durch den bloß intuitiven und informellen Umgang möglich, sondern erst in der bewussten Gestaltung sowohl der Lernumgebung wie auch des Materials als pädagogisches Anliegen. Digitale Medien müssen als pädagogische Medien eingerichtet und in geeignete Lernarrangements integriert werden, um eine solche Funktion erfüllen zu können. Heutige Software und heutige Lernumgebungen sind oft (noch) wenig dafür geeignet.

Literatur

Ackermann, Edith (1996): Perspective-Taking and Object Construction. Two Keys to Learning. In: Kafai/Resnick (1996): 25-35.

Bammé, Arno/Feuerstein, Günter/Genth, Renate/Holling, Eggert/Kahle, Renate/Kempin, Peter (1983): Maschinen-Menschen, Menschen-Maschinen. Grundrisse einer sozialen Beziehung. Reinbek: Rowohlt.

Bauer Friedrich L./Goos, Gerhard (1991): Informatik. Eine einführende Übersicht. Berlin: Springer, 4. Aufl. (1. Aufl. 1971).

Bødker, Susanne (1987): Through the Interface – A Human Activity Approach to User Interface Design. Daimi Pb 224. Aarhus University Computer Science Department.

Briefs, Ulrich (1980): Arbeiten ohne Sinn und Perspektive? Köln: Pahl-Rugenstein.

Castells, Manuel (2001): Das Informationszeitalter: Wirtschaft, Gesellschaft, Kultur. Opladen: Leske + Budrich.

Coy, Wolfgang et al. (Hrsg.) (1992): Sichtweisen der Informatik. Braunschweig: Vieweg.

Cute Circuit and the Hug Shirt 2007: http://www.cutecircuit.com/now/projects/wearables /fr-hugs/ [last visit 24.09.2007].

Deutscher Bildungsrat (1975): Bildungsforschung. Probleme – Perspektiven – Prioritäten. Hrsg. H. Roth und D. Friedrichs, Band 2. Stuttgart: Klett.

Dourish, Paul (2004): Where the Action Is. The Foundations of Embodied Interaction. Cambridge, Mass: MIT Press.

Flechsig, Karl-Heinz (1975): Forschungsschwerpunkte im Bereich der Unterrichtstechnologie. In: Deutscher Bildungsrat (1975): 125-180.

Friebe, Holm/Lobo, Sascha (2006): Wir nennen es Arbeit. Die digitale Bohème oder: intelligentes Leben jenseits der Festanstellung. München: Heyne.

Gorz, André (1989): Kritik der ökonomischen Vernunft. Sinnfragen am Ende der Arbeitsgesellschaft. Berlin: Rotbuch, 2. Aufl.

Haefner, Klaus (1982): Die neue Bildungskrise. Herausforderungen der Informationstechnik an Bildung und Ausbildung. Basel/Boston/Stuttgart: Birkhäuser.

Holling, Eggert/Kempin, Peter (1989). Identität, Geist und Maschine. Auf dem Weg zur technologischen Zivilisation. Reinbek: Rowohlt.

Jenkins, Henry (2006): Confronting the Challenges of Participatory Culture: Media Education for the 21st Century. Online available at: http://digitallearning.macfound. org/site/c.enJLKQNlFiG/b.2029291/k.97E5/Occasional_Papers.htm [24.09.2007].

Kafai, Yasmin B./Resnick, Mitchel (Eds.) (1996): Constructionism in Practice: Designing, Thinking, and Learning in a Digital World. Mahwah, N.J.: Lawrence Erlbaum.

Kern, Horst/Schumann, Michael (1984): Das Ende der Arbeitsteilung? Rationalisierung in der industriellen Produktion: Bestandsaufnahme, Trendbestimmung. München: Beck.

Kohlberg, Lawrence (1997): Die Psychologie der Moralentwicklung. Frankfurt a.M.: Suhrkamp.

Kubicek, Herbert/Rolf, Arno (1986): Mikropolis. Mit Computernetzen in die „Informationsgesellschaft". Hamburg: VSA, 2. Aufl. (1. Aufl. 1985).

Licklider, Joseph C.R. (1960): Man-Computer Symbiosis. In: IRE, Transactions on Human Factors in Electronics, Bd. 1: 4-11.

Lunenfeld, Peter (1999): The Digital Dialectic. New Essays on New Media. Cambridge, Mass.: MIT Press.

Lyotard, Jean-Francois (1986): Das postmoderne Wissen. Ein Bericht. Graz/Wien: Passagen.

Mager, Robert Frank (1969): Lernziele und Programmierter Unterricht. Weinheim: Beltz.

Marotzki, Winfried (1990): Entwurf einer strukturalen Bildungstheorie. Weinheim: Deutscher Studienverlag.

Minsky, Marvin (1983): First World. In: Omni Vol. 5: 7.

Mößle, Thomas/Kleimann, Matthias/Rehbein, Florian/Pfeiffer, Christian (2006): Mediennutzung, Schulerfolg, Jugendgewalt und die Krise der Jungen. In: Zeitschrift für Jugendkriminalrecht und Jugendhilfe (ZJJ), Heft 3: 295-309.

Murray, Janet H. (2003): Inventing the Medium. In: Wardrip-Fruin/Montfort (2003): 3-12.

Nake, Frieder (1992): Informatik und die Maschinisierung von Kopfarbeit. In: Coy et al. (1992): 181-201.

Papert, Seymour (1994): Revolution des Lernens. Kinder, Computer, Schule in einer digitalen Welt. Hannover: Heise.

Petri, Carl Adam (1962): Kommunikation mit Automaten. Darmstadt: Dissertation an der Technischen Universität.

Piaget, Jean (1974): Theorien und Methoden der modernen Erziehung. Frankfurt a.M.: Fischer.

Rötzer, Florian (2000): Lebenswelt Cyberspace. In: Rötzer, Florian: Megamaschine Wissen. Vision: Überleben im Netz. Frankfurt/New York, Campus: 7-175.

Sennett, Richard (1998): Der flexible Mensch. Die Kultur des neuen Kapitalismus. Berlin: Berlin Verlag.

Skinner, Burrhus Frederic (1958): Teaching Machines. In: Science 128: 969-977.

Somekh, Bridget (2004): Taking the Sociological Imagination to School: An analysis of the (lack of) impact of information and communication technologies on education systems. In: Technology, Pedagogy and Education, Vol. 13 (2): 163-179.

Sørensen, Bridget H. (2003): If Spare Time Didn't Exist – A Future Perspective on Children's Off-school Virtual Learning Processes. In: merz. Zeitschrift für Medienpädagogik, 42. Jg., Nr. 5: 28-38.

Spitzer, Manfred (2005): Vorsicht Bildschirm! Elektronische Medien, Gehirnentwicklung, Gesundheit und Gesellschaft. Stuttgart: Klett.

Turing, Alan M. (1987): On Computable Numbers. With an Application to the Entscheidungsproblem. (Original in: Proceedings of the London Mathematical Society, Heft 2, No. 42, 1937). In: Turing, Alan: Intelligence service. Hrsg. von B. Dotzler und F. Kittler. Berlin: Brinkmann und Bose: 19-60.

Turkle, Sherry (1984): Die Wunschmaschine. Vom Entstehen der Computerkultur. Reinbek: Rowohlt.

Turkle, Sherry (1998): Leben im Netz. Identität in Zeiten des Internet. Reinbek: Rowohlt.

Voß, Günter G./Pongratz, Hans J. (1998): Der Arbeitskraftunternehmer. Eine neue Grundform der „Ware Arbeitskraft"? In: Kölner Zeitschrift für Soziologie und Sozialpsychologie, 50 Jg., H. 1: 131-158.

Wardrip-Fruin, Noah/Montfort, Nick (Eds.) (2003): The New Media Reader. Cambridge, Mass./London: The MIT Press.

Die Politik der Aufführung. Interpretative Ethnographie und kritische Pädagogik im 21. Jahrhundert

Rainer Winter

1 Die Aktualität der kritischen Pädagogik

In der ersten Dekade des 21. Jahrhunderts wird deutlich, welch wichtige Bedeutung und Relevanz einer (Medien-)Pädagogik zukommt, die kritisch orientiert ist (vgl. Winter 2006). Eine ihrer wesentlichen Aufgaben ist es, das Ideal einer demokratischen und freien Gesellschaft zu bewahren und zu verteidigen. Eine kritische Pädagogik analysiert Herrschafts- und Machtverhältnisse, Formen des beschädigten Lebens, der Ausgrenzung, der Diskriminierung, des Rassismus und der Benachteiligung. Sie möchte den diesen Strukturen unterworfenen Menschen helfen, ihre Lebensverhältnisse (besser) zu verstehen sowie Möglichkeiten der Gestaltung und Veränderung zu erkennen und zu ergreifen. Da die kritische Pädagogik die Handlungsmächtigkeit („agency") der von kritischen Lebensereignissen und einschränkenden Lebensbedingungen Betroffenen entfalten und steigern möchte, folgt sie einem emanzipatorischen Erkenntnisinteresse. Zudem orientiert sie sich am kosmopolitischen Ideal einer transnationalen Zivilgesellschaft, die eine weltweite Demokratisierung der Lebensverhältnisse anstrebt.

Kritische Pädagogik ist eine Version kritischer Theorie, die selbst nicht ein einheitliches Konzept ist, sondern in der Gegenwart viele unterschiedliche Formen angenommen hat (vgl. Kincheloe/McLaren 2005; Winter 2007; Winter/Zima 2007). Kritische Theorien sind in konkreten Lebenserfahrungen und in Kämpfen um soziale Gerechtigkeit verankert, sie verändern sich je nach Fragestellung, individueller und gesellschaftlicher Problemlage sowie den jeweiligen sozialen und kulturellen Konstellationen. Wichtige Traditionslinien kritischer Theorie sind die Frankfurter Schule, die genealogischen Arbeiten von Michel Foucault, die Dekonstruktion objektiver Wahrheit in den Analysen von Jacques Derrida, die Schizoanalyse von Gilles Deleuze und Félix Guattari oder die Tradition der Cultural Studies, die im Umkreis von Stuart Hall in Birmingham entstanden ist. Gemeinsam ist diesen Ansätzen, dass sie sowohl positivistische und postpositivistische Konzeptionen von Wissenschaft ablehnen als auch die negativen Folgen instrumenteller Rationalität kritisieren und nach Alternativen suchen. Adornos negative Dialektik (Adorno 1966), die Einblick in die negativen Zustände im Spätkapitalismus gewährt, und seine Konzeption des Nichtidentischen, die das Denken für das Andere öffnen soll, sind hierfür ein gutes Beispiel (vgl. Zima 2007). Kritische Forschung analysiert und kritisiert gesellschaftliche Machtverhältnisse und Formen sozialer Ungerechtigkeit mit dem Ziel zum „empowerment" von Personen und Gruppen beizutragen, so dass diese ihre eigenen Lebensbedingungen besser verstehen, kontrollieren und gestalten können (vgl. Fiske 1993; Winter/Mikos 2001).

So ist auch die kritische Pädagogik eine demokratische Praxis, die die subordinierten Personen und Gruppen in die gemeinsame Gestaltung von Lebensverhältnissen einbinden möchte. Deshalb sind die Analysen, Forschungen und Praktiken der kritischen Pädagogik auf Transformation und Intervention hin angelegt. Die Forschung ist oft nur ein erster Schritt im Kampf für eine bessere Welt, wie die Arbeiten von Paulo Freire (1998) zeigen. Während der logische Empirismus und der Kritische Rationalismus das Interesse verfolgen, Politik aus der Wissenschaft auszuschließen, geht es kritischen Theorien gerade darum, den politischen Charakter jeder Form von Repräsentation, Wissensproduktion und von Praxis aufzuzeigen (vgl. Conquergood 2006: 351). So sind pädagogische Praktiken immer auch moralisch und politisch orientiert.

Die kritische Pädagogik enthüllt hegemoniale Macht-Wissen-Strukturen, legt offen, wie sie demokratische Erfahrungen verhindern bzw. wie sie auf solche hin geöffnet werden können (Giroux/Giroux 2006: 21). Ein hegemonialer Konsens ist nie vollständig erreicht, nie unumstritten und stets vorläufig, da es immer verschiedene Gruppen mit anderen Interessen gibt, die ihn in Frage stellen, negieren und bekämpfen (vgl. McLaren 1995). Eine wichtige Bedeutung in diesem Zusammenhang kommt dem Bereich der populären Kultur zu. Mittels Medien werden dominante Weisen des Sehens und der Interpretation, eine Repräsentationsordnung, etabliert, die im Alltagsleben unterlaufen, subvertiert und transformiert werden kann. In der Rezeption und Aneignung medialer Texte kann sich der Eigensinn von Einzelnen und Gruppen entfalten, die diese gegen den Strich lesen, kreativ uminterpretieren und zur Ermächtigung in ihren jeweiligen sozialen und kulturellen Kontexten nutzen (Winter 2001). Die kritische Pädagogik fördert Formen kritischer Literalität, regt zu dekonstruktiven Analysen kultureller Texte an und schafft Bereiche radikaldemokratischer erzieherischer Praxis (Kellner 1995; Winter 2005). Nach Giroux und Giroux unterstützt kritische Pädagogik so den Widerstand gegen die „Diskurse der Privatisierung, des Konsumismus, gegen die Methodologien der Standardisierung und der Nachweispflicht, und die neuen disziplinären Techniken der Überwachung" (2006: 23). Darüber hinaus kann sie enthüllen, wie kulturelle und pädagogische Praktiken zur Konstruktion und „Naturalisierung" neoliberaler Konzeptionen von Gesellschaft, Identität, „agency" und Universität beitragen.

Zentral für die kritische Forschung und Pädagogik ist, dass Sprache nicht als Spiegel der Wirklichkeit betrachtet wird (vgl. Kincheloe/McLaren 2005: 309ff.). Sie ist kein objektives und neutrales Instrument, um die „reale Welt" beschreiben zu können. Stattdessen ist sie eine soziale Praxis, deren Bedeutungen kontextabhängig variieren. Sprachliche Praktiken helfen, die Welt zu konstruieren. So geht es in der qualitativen Forschung nicht darum, Tatsachen für sich selbst sprechen zu lassen, sondern sie ist durch und durch von Interpretationen geprägt (Denzin 1997; Winter 2000). Bereits die Wahrnehmung ist eine Interpretation. Eine kritische Hermeneutik (Kögler 2007) deckt dann die Machtstrukturen in sozialen und kulturellen Texten, Ritualen und Praktiken auf. Sie möchte die Handlungsspielräume von Individuen und Gruppen erweitern.

In den letzten Jahren hat die kritische Pädagogik in enger Verknüpfung mit der qualitativen Forschung in den USA eine performative Wende vollzogen (Denzin/Lincoln 2005; Winter/Niederer 2008). Für die qualitative Forschung ist eine interpretativ orientierte, ethnographische Forschungsstrategie charakteristisch.

„Qualitative research is a situated activity that locates the observer in the world. It consists of a set of interpretive, material practices that make the world visible. These practices transform the world. They turn the world into a series of representations, including field notes, interviews, conversations, photographs, recordings, and memos of the self (...) It is understood, however, that each practice makes the world visible in a different way" (Denzin/Lincoln 2005a: 3f.).

Ins Zentrum der neueren Untersuchungen rücken nun aber die von Forschenden und Untersuchten gemeinsame Produktion von Wissen, das Schreiben aufführungsorientierter Texte, vom Dialog bestimmte Darstellungen, die Aufführung von Forschungsergebnissen und die praktische kulturelle Arbeit, die an einer Politik der Möglichkeit orientiert ist. Dabei ist zu beachten, worauf Giroux und Giroux (2006) hinweisen, dass das Politische immer performativ, das Performative immer auch pädagogisch ist. Eine Pädagogik, die an der Aufführung orientiert ist, begreift diese als eine Form des Wissens, des Verstehens und des Handelns.

Im Folgenden werde ich den „call to performance" (Denzin 2003), der in den USA durch die Institutionalisierung von „performance studies" (Madison/Hamera 2006) untermauert wird, genauer betrachten und seine Bedeutung für die kritische Pädagogik herausarbeiten. Dabei interessiert mich vor allen Dingen die „performance ethnography", die im Zentrum der neueren kritischen Pädagogik steht und eng verknüpft mit einer progressiven demokratischen kulturellen Politik ist (Denzin 2006). Sie lässt sich als eine verkörperte ethnographische Forschung begreifen, die in gewisser Weise die „Aufführung" der kritischen Theorie und Pädagogik ist. Der Ethnograph und bisweilen die von ihm Untersuchten führen die Forschungsergebnisse vor Publikum auf. So kommt es zu einem gegenseitigen Austausch und Abgleichen von gelebten Erfahrungen, Emotionen, Perspektiven und Formen des Verstehens. Die Körper setzen Kultur in Bewegung, sprechen zu anderen Körpern und führen zu einer intimen, bisweilen leidenschaftlichen Konversation, die Machtstrukturen problematisiert und verändern möchte, um zum „empowerment" beizutragen.

2   Dwight Conquergoods Manifest „Rethinking Ethnography"

Eine zentrale Bedeutung kommt in der „performance"-Bewegung den Schriften und Forschungen des im Jahre 2004 früh verstorbenen Dwight Conquergood zu, der eine Fülle von Einflüssen aus der Ethnologie, der poststrukturalistischen Sprach- und Textwissenschaft und der Soziologie elegant aufeinander bezieht, synthetisiert und zu neuen Einsichten kommt. Auf kraftvolle und inspirierende Weise hat er „performance" und Ethnographie zusammengedacht und -geführt.

Vor allem Victor Turners Konzeption des Menschen als „Homo performans" hat ihn inspiriert und bewegt. So schreibt Turner:

„If man is a sapient animal, a tool making animal, a self-making animal, a symbolizing animal, he is no less, a performing animal, Homo performans, not in the sense, perhaps that a circus animal may be a performing animal, but in the sense that man is a self-making animal – his performances are, in a way, reflexive; in performances he reveals himself to himself"(Turner 1985: 187).

Conquergood folgt ihm und begreift Kultur und auch das Selbst als aus „Prozessen des Werdens" bestehend, die in Aufführungen zum Ausdruck kommen und entfaltet werden. In seinen Studien stehen so nicht Strukturen und Muster im Zentrum, sondern die Wünsche, Geschichten und Aufführungen, die durch Strukturen und Muster bestimmt werden und die diese selbst wiederum hervorbringen (Madison 2005: 166).

In seinem 1991 erschienenen Essay „Rethinking Ethnography" (2006) beschreibt er in einer analytisch subtilen Auseinandersetzung mit der ethnographischen Forschung die Merkmale und Bereiche einer kritischen „performance ethnography" und die performative Politik einer „verkörperten Untersuchung". Ausgangspunkt seiner Überlegungen ist die „Krise der Repräsentation" in der Ethnologie (vgl. Clifford/Marcus 1986) nach der postkolonialen Kritik am Imperialismus und an szientistischen Ansprüchen im Kontext der Kolonialisierung.

Die Konzeption eines unabhängigen, distanzierten Beobachters, der in einer neutralen Sprache soziale Tatsachen und Prozesse objektiv beschreibt, wird entschieden abgelehnt, weil sie sich als eine koloniale Fiktion erwiesen hat und Ausdruck von Herrschaftsverhältnissen ist. Vor diesem Hintergrund fordert Conquergood eine radikale Neukonzeption des Untersuchungsprozesses, die er an vier Punkten festmacht.

2.1 Rückkehr des Körpers

So plädiert er im Anschluss an die postmoderne Ethnographie für eine „Rückkehr des Körpers". Fast jeder Ethnograph erfährt in der Feldforschung, wie es körperlich mühsam und anstrengend sein kann, an einer Kultur für eine bestimmte Zeit teilzuhaben. Ein Verständnis einer fremden Kultur wird nicht nur kognitiv, sondern auch mit dem Leib erworben. So ist die Ethnographie „an intensely sensuous way of knowing" (Conquergood 2006: 352), was in den publizierten ethnographischen Texten in der Regel nicht thematisiert wird. Sie abstrahieren von den interpersonalen Kontingenzen des Feldes und seinen vielfältigen, oft beschwerlichen Erfahrungen. Stattdessen geht es in den klassischen Texten um abstrakte Theorien, formale Analysen und Idealtypen. Der ethnographische Prozess umfasst aber unterschiedliche Praktiken, nicht nur das Beobachten, sondern auch das „Sprechen, Hören und zusammen Handeln" (ebd.: 353). So schreibt Trinh: „Speaking and listening refer to realities that do not involve just the imagination. The speech is seen, heard, smelled, tasted, and touched" (1989: 121). Der Ethnograph erwirbt Wissen in den erfahrungsgesättigten und leiblich geprägten Interaktionen mit den Untersuchten, in denen die künstlichen Grenzen zwischen Beobachter und Beobachtetem verschwinden. Beide sind reziproke Rollenspieler und voneinander abhängig. „In this process we put ourselves on the line; we run the risk of having our sense of ourselves as different and distanced from the people we study dissolve" (Jackson 1989: 4).

Der Ethnograph nimmt keinen unabhängigen Beobachterplatz ein, sondern er mischt sich ein, ist Teil der Forschung. Die Untersuchten, mit denen er gemeinsam Zeit verbringt, sind seine Zeitgenossen, auch wenn er sie in seinen Berichten als „wild", „unterentwickelt" oder „primitiv" beschreibt. Conquergood referiert „Tima and the Other" (1983) von Johannes Fabian, der zeigt, dass diese zeitlichen Verdinglichungen nur dann vermieden werden können, wenn sich der Ethnograph als ein Kommunikator begreift. Feldforschung ist dann die „kommunikative Interaktion mit dem Anderen" (Fabian 1983: 148).

Conquergood fordert eine neue Ethnographie, die ihre Schwerpunkte in den Praktiken des Sprechens, Zuhörens und miteinander Zeit Verbringens hat. So

könne die textualistische Verengung der Ethnograhie, ihr Textualismus, überwunden werden. „The return of the body as a recognized method for attaining
‚vividly felt insight into the life of other people' (Trinh 1989: 123) shifts the
emphasis from space to time, from sight and vision to sound and voice, from text
to performance, from authority to vulnerability" (Conquergood 2006: 355).

2.2 Grenzen und Grenzräume

Conquergood (ebd.: 355ff.) entfaltet ein postkoloniales Verständnis von Grenzen
und Grenzziehungen, die sich als Differenzen in den postmodernen Subjekten
selbst finden lassen würden, aber nicht stabil wären, sondern durchlässig und
überschreitbar. Dies gelte auch für die Disziplin der Ethnographie selbst, die sich
in Gebieten mit offenen Grenzen wiederfände und sich, wie Rosaldo (1989)
zeige, den „borderlands", „contact zones" or „zones of difference" zuwenden
solle.

Dies führe auch zu einer Neukonzeptualisierung von Identität und Kultur,
deren Bedeutung nicht mehr ontologisch feststehe und stabil sei. Stattdessen
seien sie kontingent, umkämpft, konstruiert und relational (ebd.: 356). Im
Anschluss an Minh und Clifford (1988) hält Conquergood (2006: 356) fest: „The
idea of the person shifts from that of a fixed, autonomous self to a polysemic site
of articulation for multiple identities and voices". Es sind vor allem die postmodernen Erfahrungen von Reise, Migration, Flucht, Vertreibung und Exil, die
Identität in etwas Provisorisches verwandeln, zu einer immer wieder neuen Aufführung, die einen fluiden, prozesshaften Charakter hat. Gestrandet zwischen
unterschiedlichen Welten erschaffen die entwurzelten und marginalisierten Menschen eine „erfinderische Poetik der Wirklichkeit" (Clifford 1988: 6).

In diesem Zusammenhang bezieht sich Conquergood (ebd.: 357) auch auf
„Kunst des Handelns" (1988) von Michel de Certeau und dessen Analyse kreati-
ven Vorgehens im Alltag sowie auf seine eigene Feldarbeit mit Flüchtlingen und
Migranten/innen im Gaza-Streifen, in Thailand und im Süden von Chicago.
Auch hier macht er – eine Überlegung von Bachtin aufnehmend – deutlich, dass
Grenzen, Schwellen und Zwischenräume von Intensität geprägte Orte produkti-
ver und kreativer kultureller Auseinandersetzung sein können.

2.3 Der Aufstieg der Performance

Es war vor allem Victor Turner, der die Ethnologie zum Theater, zum Drama
und zur Aufführung hin geöffnet hat. Nicht Abstraktionen, Formalismen und

reduktionistische Betrachtungen, sondern die unerschöpfliche und schwer aus-
lotbare Dynamik der „face-to-face"-Interaktion steht im Zentrum seines Interes-
ses. Wie für de Certeau sind auch für Turner die kulturell Handelnden kreative
Spieler, die improvisieren, die sich bietenden Gelegenheiten nutzen und ihre
Vorgaben und Scripte (neu) interpretieren und umschreiben. Er war fasziniert
von den imaginativen, erfinderischen und schöpferischen Kräften, die sich in den
Praktiken gewöhnlicher Menschen finden, die ihrem Leben einen Sinn geben
möchten.

Im Zentrum von Turners Forschungen steht der in Zeit, Ort und Geschichte
situierte, erfahrende Leib. „The performance paradigm privileges particular,
participatory, dynamic, intimate, precarious, embodied experience grounded in
historical process, contingency, and ideology" (Conquergood 2006: 358f.). Turner fordert vom Forscher, dass er die Rolle des distanzierten Beobachters ver-
lässt und „mitspielt", zum Co-Akteur von historisch einzigartigen Individuen
wird. Er zeigt auch, dass kulturelle Aufführungen zu Wandel und Veränderungen
beitragen können.

Für Conquergood entfaltet sich in den Arbeiten von Turner eine Abwen-
dung von der Welt als Text hin zur Welt als Aufführung, die wichtige neue Fragen und Problemfelder eröffnet und bis heute die Forschung beschäftigen:

1. „Perfomance" und kultureller Prozess: Was bedeutet es, Kultur nicht als
    Produkt, sondern als Prozess, als ein Verb, zu verstehen? „Culture as
    unfolding performative invention instead of reified system, structure, or
    variable" (ebd.: 361).
2. „Performance" und ethnographische Praxis: Welche Implikationen hat es
    für die Feldarbeit, wenn diese nicht mehr als Datensammlung sondern „as
    the collaborative performance of an enabling fiction between observer and
    observed, knower and known" (ebd.: 361) betrachtet wird?
3. „Performance" und Hermeneutik: Welche (neuen) Formen des Wissens
    entstehen, wenn die Aufführung zu einer Form des Wissens und der kriti-
    schen Untersuchung wird?
4. „Performance" und wissenschaftliche Repräsentation: „What are the
    rhetorical problematics of performance as a complementary or alternative
    form of ‚publishing' research? What are the differences between reading an
    analysis of fieldwork data, and hearing the voices from the field
    interpretively filtered through the voice of the researcher?" (ebd.: 361).
5. Die Politik der „Performance": In welchem Verhältnis stehen Aufführungen
    zu Machtstrukturen? „How does performance reproduce, enable, sustain,
    challenge, subvert, critique and naturalize ideology? How do performances

simultaneously reproduce and resist hegemony? How does performance accommodate and contest domination?" (ebd.).

Diese programmatischen Überlegungen und Fragestellungen machen deutlich, dass Conquergood über Turner hinausgeht. Für diesen war die Performance vor allem ein Modell, um kulturelle Prozesse verstehen bzw. eine Methode, um im Feld gesammelte Daten aufbereiten und interpretieren zu können. Conquergood glaubt dagegen, dass die Verengungen und Verkürzungen des durch den Poststrukturalismus bestimmten textuellen Paradigmas überwunden werden können, wenn z.b. darüber nachgedacht wird, Forschungsergebnisse nicht nur durch wissenschaftliche Texte darzustellen, sondern auch in Aufführungen zu inszenieren. Er hofft nicht auf eine Verabschiedung, sondern auf eine Dezentrierung von Texten. „Following Turner and others, I want to keep opening up space for nondiscursive forms, and ecouraging research and writing practices that are performance-sensitive" (ebd.: 362).

2.4 Rhetorische Reflexivität

Die neuere Ethnographie ist sich anders als große Teile der empirischen Sozialforschung dessen bewusst, dass es keinen direkten Zugang zur Wirklichkeit gibt. Wie Clifford Geertz (1988) schreibt, blickt der Wissenschaftler nicht durch einen Einwegspiegel. Er kann die Welt nicht betrachten und beschreiben, wie sie „wirklich" ist. Ethnographische Texte sind nie unschuldig, sondern sie verwenden unterschiedliche rhetorische Darstellungsformen und schaffen so verschiedene Formen von Wirklichkeit. Nach Conquergood hat diese rhetorische Selbstreflexivität zu einer notwendigen Politisierung der Ethnographie geführt.

In seinen späteren Arbeiten bestimmt Conquergood (1998) die „performance" auch als eine Form der Überschreitung, die übernommene und sedimentierte Bedeutungen sowie normative Traditionen aufbricht, in Bewegung bringt und in politischen Auseinandersetzungen hegemoniale Strukturen in Frage stellt. „Performance" wird für ihn zu einem umfassenden und integrierenden Konzept, um kulturelle und soziale Prozesse verstehen und verändern zu können.

„We can think of performance (1) as a work of imagination, as an object of study; (2) as a pragmatics of inquiry (both as model and method), as an optic and operation of research; (3) as a tactics of intervention, an alternative space of struggle. Speaking from my home department at Northwestern, we often refer to the three A's of performance study: artistry, analysis, activism. Or to change the alliteration, a commitment to the three C's of performance studies: creativity, critique, citizenship (civic struggles for social justice)" (Conquergood 2002: 152).

Unsere Ausführungen machen deutlich, warum die Arbeiten von Conquergood so wichtig für eine kritische Pädagogik und Ethnographie sind, die die Aufführung ins Zentrum ihrer Betrachtungen rückt. Im Anschluss an Conquergood hat vor allem Norman Denzin das Konzept einer „performance ethnography" als einen kritischen emanzipatorischen Diskurs weiterentwickelt.

3   Plädoyer für eine aufführungsorientierte Pädagogik – die Intervention von Norman K. Denzin

Norman K. Denzin kommt aus der Tradition des Symbolischen Interaktionismus und hat sich dann vor allen Dingen den Cultural Studies und einer kritischen Pädagogik zugewandt. Bereits in seiner Monographie „Symbolic Interactionism and Cultural Studies. The Politics of Interpretation" (1992) bemüht er sich um eine Dekonstruktion des Ethnographen als Voyeur, einer Konzeption, die die realistisch orientierte Ethnographie der Chicago School ebenso wie den Mythos des „totalen Kinos" bei André Bazin geprägt hat. Denzin arbeitet die Partialität dieser Sichtweise heraus, die die von ihr selbst geschaffene realistische Fiktion nicht als spezifische textuelle Konstruktion durchschaut. So erzähle die realistisch orientierte Ethnographie nur eine mögliche Version der Geschichte (Denzin 1992: 168), auch wenn sie mit dem Anspruch auftritt, die „eigentliche Wahrheit" zu enthüllen. Sie perpetuiere den Mythos des Spätkapitalismus, dass es eine reale Welt und endgültige, finale Wahrheiten in der postmodernen dramaturgischen Gesellschaft noch geben könne (ebd.: 169).

Denzin dekonstruiert nicht nur die Figur des Voyeurs, die das Kino, die Soziologie und unsere Imagination bestimmt, er fordert auch progressive, politische soziologische Texte, die die ideologischen Voraussetzungen des traditionellen realistischen Textes aufdecken und uns zwingen, Dinge anders zu sehen.

„We may see (and hear) how we have perpetuated the illusion that the scientific gaze is politically neutral and really beneficial to all. We turn to the production of progressive, reflective texts and begin the difficult task of unmasking the taken-for-granted ideologies which have for far too long justified our self-serving voyeuristic project" (ebd.: 169).

In seiner Monographie zum Kino „The Cinematic Society. The Voyeur's Gaze" (Denzin 1995) vertieft er diese Argumentation und analysiert den kinematischen Apparat im 20. Jahrhundert und seine kulturellen Implikationen, die sich in der Epistemologie des Voyeurs verdichten. Die Repräsentationen der Illusionsmaschinerie von Hollywood prägen unsere alltäglichen Erfahrungen sowie die Diskurse von Ethnographie und Soziologie. Deshalb muss die Macht der kinemati-

schen Texte aufgedeckt und gebrochen werden (Denzin 1995: 201). Insbesondere der Poststrukturalismus würde den sozialen Realismus unterminieren, weil er
zeige, dass Dinge nicht unabhängig von ihrer Repräsentation in Texten existieren
würden.

„Accordingly, if we want to change how things are, we must change how they are
seen and heard. How they are seen (and heard) is itself determined by the older
realist and modernist agendas which presumed worlds out there that can be mapped
by a realist, scientific method. It is this hegemonic vision that must be challenged.
We must let go of the concept of a world out there that proves our theories right or
wrong" (ebd.: 202).

Deshalb entwirft Denzin (1997) eine interpretativ orientierte Ethnographie, die
den Beobachter als Interpreten versteht und sich Aufführungstexten zuwendet,
um die Logik des Voyeurs zu überwinden und eine Vielfalt von Perspektiven zur
Darstellung zu bringen. So können im Feld geführte Interviews in zur Aufführ-
rung bestimmte Texte, in poetische Monologe transformiert werden. Sie zeigen,
wie Menschen in sozialen Kontexten Geschichte schaffen, und können die inspirierende Grundlage für die Transformation konkreter Situationen durch Akte des
Widerstands sein (vgl. Denzin 2006: 331). In der Folge plädiert Denzin in Fortsetzung der demokratisch engagierten Tradition des Symbolischen Interaktionismus für performativ orientierte Cultural Studies (Denzin 2003), die an die
kritische Pädagogik anknüpfen und progressiv politisch im Sinne der Herstellung
einer radikal freien, demokratischen Gesellschaft wirken sollen (vgl. Win-
ter/Niederer 2008).

   In seiner Diskussion der Arbeiten von Conquergood weist er daraufhin, dass
auch für die Interaktionisten Kultur ein „Verb" ist und als ein Prozess konzipiert
wird. Darüber hinaus stehen Aufführungen und ihre Darstellungen im Zentrum
gelebter Erfahrungen. Denzin begrüßt, dass Aufführungen die Autorität wissenschaftlicher Artikel untergraben. Ihre Legitimation erwerben sie nicht durch das
Zitieren wissenschaftlicher Texte, sondern dadurch dass sie einen gemeinsamen
Erfahrungsraum schaffen, in dem zwischen Aufführenden und Publikum Erlebnisse, Emotionen und Verständnisse geweckt und entfaltet werden können. Dabei soll die Aufführung in der pädagogischen Praxis zu einem Akt des Widerstandes werden (vgl. Giroux 2000), in dem sie Orte der Unterdrückung und ihre
Strukturen enthüllt, so z.B. in der Schule oder im Krankenhaus.

   Denzin bestimmt „performance" als einen „act of intervention, a method of
resistance, a form of criticism, a way of revealing agency" (Denzin 2003: 9).
Hierbei betont er, dass autoethnographische Zeugnisse eine wichtige Dimension
der „performance ethnography" seien, weil sie soziale Missstände kritisieren,
Kultur in Bewegung bringen und dem Publikum Erfahrung und Teilhabe ermög-

lichen. „Extending Freire (1998), performance auto-ethnography contributes to a conception of education and democracy as pedagogies of freedom. As praxis, performance ethnography is a way of acting on the world in order to change it" (Denzin 2006: 331).

An die Arbeiten von Peter McLaren (2001; 2005) anknüpfend, sieht er hier eine Politik des Widerstandes möglich, die auf einem fortdauernden moralischen Dialog aufbaut, in dem persönliche Erlebnisse mit gemeinsamen Projekten verbunden werden und Gemeinschaften geschaffen bzw. gestärkt werden. Performance, Kunst und Pädagogik sollen verschmelzen, um in Aufführungen kulturelle Praktiken zu kritisieren, die Machtverhältnisse reproduzieren und Unterdrückung perpetuieren. Eine aufführungsorientierte Pädagogik kann eine performative kulturelle Politik der Hoffnung zum Ausdruck bringen. Sie ist der Immanenz verpflichtet, den Prozessen des Noch-Nicht (Ernst Bloch), die in unserer Wahrnehmung, unserem Denken und unserem Verstehen bereits angelegt sind und über das Bestehende hinausweisen.

> „With this notion in mind, critical theorists critique researchers whose scholarly work operates to adapt individuals to the world as it is. In the context of immanence, critical researchers are profoundly concerned with who we are, how we get this way, and where we might go from here" (Kincheloe/McLaren 2005: 308).

Am Beispiel des Rassismus in den USA zeigt Denzin durch seine Texte und die Aufführungen, die er beschreibt, wie die Formen der Unterdrückung, aber vor allem der Widerstand gegen Rassismus und der Kampf für eine andere Welt Themen einer kritisch performativen Sozialwissenschaft sein können. Aufführungen können Empathie erzeugen, Verständnis bewirken und dazu beitragen, alternative soziale Wirklichkeiten hervorzubringen. Das Ziel von Aufführungstexten ist es, einen kritisch-moralischen Diskurs zu initiieren und soziale Bindungen zu schaffen. Sie möchten nicht die Welt darstellen, wie sie „wirklich" ist, sondern in sie intervenieren und ermächtigend wirken.

4 Schluss

Es ist deutlich geworden, dass eine aufführungsorientierte Pädagogik ein moralisches und politisches Projekt darstellt, das persönliche und soziale Verhältnisse verändern möchte. Es wird durch eine kritische soziologische Imagination geprägt, die eine radikale Demokratisierung der Lebensverhältnisse anstrebt (vgl. Denzin 2006: 335). Während die postmoderne Sensibilität oft als zynisch, indifferent, pessimistisch, oberflächlich und instrumentell orientiert beschrieben wird, soll die Berücksichtigung der performativen Dimension zu Kritik, Widerstand,

Hoffnung, Engagement, Solidarität und Freiheit führen. Sie reanimiert die kritische Theorie und zeigt, dass die Eindimensionalität des Neoliberalismus eine
hegemoniale Konstruktion ist. Dabei ist es Aufgabe einer kritisch orientierten
Pädagogik, Politik, Performativität und Ermächtigung miteinander zu verknüpfen. Sie soll versuchen, Klassenzimmer und Universität als Orte einer kritischen
Öffentlichkeit zu bewahren, indem sie die neoliberale Kolonialisierung dieser
Räume kritisiert und bekämpft.

Literatur

Adorno, Theodor W. (1966): Negative Dialektik. Frankfurt a.M.: Suhrkamp.
Clifford, James (1988): The Predicament of Culture. Cambridge, MA: Harvard University
    Press.
Clifford, James/Marcus, George (Hrsg.) (1986): Writing Culture: The Poetics and Politics
    of Ethnography. Berkeley: University of California Press.
Conquergood, Dwight (1998): Beyond the text. Towards a performative cultural politics.
    In: Dailey (1998): 25-36.
Conquergood, Dwight (2002): Performance studies. Interventions and radical research. In:
    The Drama Review, 46: 145-156.
Conquergood, Dwight (2006): Rethinking Ethnography: Towards a Critical Cultural
    Politics (orig. 1991). In: Madison/Hamera (2006): 351-366.
Certeau, Michel de (1988): Kunst des Handelns. Berlin: Merve.
Dailey, Sam J. (Hrsg.) (1998): The Future of Performance Studies: Visions and Revisions.
    Washington: National Communication Association.
Denzin, Norman K. (1992): Symbolic Interactionism and Cultural Studies. The Politics of
    Interpretation. Oxford/Cambridge, MA: Blackwell.
Denzin, Norman K. (1995): The Cinematic Society. The Voyeur's Gaze. London u.a.:
    Sage.
Denzin, Norman K. (1997): Interpretive Ethnography. Ethnographic Practices for the 21st
    Century. London u.a.: Sage.
Denzin, Norman K. (2003): Performance Ethnography. Critical Pedagogy and the Politics
    of Culture. London u.a.: Sage.
Denzin, Norman K. (2006): The Politics and Ethics of Performance Ethnography. Toward
    a Pedagogy of Hope. In: Madison/Hamera (2006): 325-337.
Denzin, Norman K./Lincoln, Yvonna S. (2005a): Introduction: The Discipline and
    Practice of Qualitative Research. In: Denzin/Lincoln (2005): 1-32.
Denzin, Norman K./Lincoln, Yvonna S. (Hrsg.) (2005): The Sage Handbook of
    Qualitative Research. Third Edition. London u.a.: Sage.
Fabian, Johannes (1983): Time and the Other: How Anthropology Makes its Object. New
    York. Columbia University Press.
Fiske, John (1993): Power Plays – Power Works. London/New York: Verso.
Flick, Uwe/Kardorff, Ernst von/Steinke, Ines (Hrsg.) (2000): Qualitative Forschung. Ein
    Handbuch. Reinbek: Rowohlt.

Freire, Paolo (1998): Pedagogy of Freedom: Ethics, Democracy, and Civic Courage. Boulder, CO: Rowman & Littlefield.

Geertz, Clifford (1988): Works and Lives: The Anthropologist as Author. Palo Alto, CA: Stanford University Press.

Giroux, Henry A. (2000): Impure Acts: The Practical Politics of Cultural Studies. New York: Routledge.

Giroux, Henry A./Giroux, Susan S. (2006): Challenging neoliberalism's new world order: The promise of critical pedagogy. In: Cultural Studies-Critical Methodologies, Jg. 6, Heft 1: 21-32.

Jackson, Michael (1989): Paths Toward a Clearing. Radical Empiricism and Ethnographic Inquiry. Bloomington: Indiana University Press.

Kellner, Douglas (1995): Media Culture. London/New York: Routledge.

Kincheloe, Joe L./McLaren, Peter (2005): Rethinking Critical Theory and Qualitative Research. In: Denzin/Lincoln (2005): 303-342.

Kögler, Hans-Herbert (2007): Autonomie und Anerkennung. Kritische Theorie als Hermeneutik des Subjekts. In: Winter/Zima (2007): 79-98.

Madison, D. Soyini (2005): Critical Ethnography. Methods, Ethics, and Performance. London u.a.: Sage.

Madison, D. Soyini/Hamera, Judith (Hrsg.) (2006): The Sage Handbook of Performance Studies. London u.a.: Sage.

McLaren, Peter (1995): Critical Pedagogy and Predatory Culture. Oppositional Politics in a Postmodern Era. London/New York: Routledge.

McLaren, Peter (2001): Che Guevara, Paolo Freire, and the Pedagogy of Revolution. Boulder, CO: Rowman & Littlefield.

McLaren, Peter (2005): Rage & Hope. Interviews with Peter McLaren on War, Imperialism, and Critical Pedagogy. New York u.a.: Peter Lang.

Mecheril, Paul/Witsch, Monika (Hrsg.) (2006): Cultural Studies und Pädagogik. Kritische Artikulationen. Bielefeld: transcript.

Rosaldo, Renato (1989): Culture and Truth: The Remaking of Social Analysis. Boston: Beacon.

Trinh, T. Minh-ha (1989): Woman, Native, Other: Writing, Postcoloniality and Feminism. Bloomington: Indiana University Press.

Turner, Victor (1985): On the Edge of the Bush: Anthropology as Experience. Tucson: University of Arizona Press.

Winter, Rainer (2000): Cultural Studies. In: Flick/Kardorff/Steinke (2000): 204-212.

Winter, Rainer (2001): Die Kunst des Eigensinns. Cultural Studies als Kritik der Macht. Weilerswist: Velbrück Wissenschaft.

Winter, Rainer (Hrsg.) (2005): Medienkultur, Kritik und Demokratie. Der Douglas Kellner Reader. Köln. Herbert von Halem Verlag.

Winter, Rainer (2006): Kultur, Reflexivität und das Projekt einer kritischen Pädagogik. In: Mecheril/Witsch (2006): 21-50.

Winter, Rainer (2007): Kritische Theorie jenseits der Frankfurter Schule? Zur aktuellen Diskussion und Bedeutung einer einflussreichen Denktradition. In: Winter/Zima (2007): 23-46.

Winter, Rainer/Mikos, Lothar (Hrsg.) (2001): Die Fabrikation des Populären. Der John Fiske Reader. Bielefeld. Transcript.

Winter, Rainer/Niederer, Elisabeth (Hrsg.) (2008): Ethnographie, Kino und Interpretation. Die performative Wende der Sozialwissenschaften. Der Norman K. Denzin Reader. Bielefeld: transcript (im Druck).

Winter, Rainer/Zima, Peter V. (Hrsg.) (2007): Kritische Theorie heute. Bielefeld: transcript.

Zima, Peter V. (2007): Kritische Theorie als Dialogische Theorie. In: Winter/Zima (2007): 97-114.

Spielräume des Geschlechtlichen – Sex und Gender im Internet

Birgit Althans, Nino Ferrin

Das Internet gilt seit seiner Wende zum so genannten Web 2.0 (vgl. Jörissen/Marotzki 2007) als ein Ort der Artikulation von Erfahrungen (Marotzki/Jörissen in diesem Band) sowie der Präsentation von visuellen Bildelementen (Ferrin 2007). Beide Praktiken beziehen sich in starkem Maße auch auf die (Heraus-) Bildung einer Identität, welche über die Vermittlung der ,Neuen Medien' einen neuen Status in seiner Konstrukthaftigkeit gewinnt (Turkle 1995). Sherry Turkle beschrieb schon 1995 in ihrem inzwischen zum Klassiker avancierten „Life on the screen" die grundlegenden Veränderungen auf die Praxen der Identitätsbildung, die durch die neuen Erfahrungen im Internet – in einer Kultur der Simulation – provoziert werden könnten. Als da wären: die Auflösung der Grenzen zwischen dem realen und virtuellen, dem einheitlichen und multiplen Selbst auch in Alltagskontexten.[1] Wir wollen im Folgenden der Frage nachgehen, inwiefern geschlechtliche Kategorien und vor allem der (geschlechtliche) Körper als Inskriptionsbasis, der ja zuallererst einmal einem senso-motorischen „real-life" und nicht technisch vermittelten Erfahrungen entspringt, in der Subjektivierungs- und Visualisierungspraxis in den ,Neuen Medien' grundlegend (un-) beteiligt ist. Weiterhin gilt danach zu forschen, ob der virtuelle Raum gleichermaßen Erfahrungen produziert, die in den nicht medialen Alltag hineinreichen. Dann lässt sich mediales Lernen in größerem Maße als bisher auch als eine Bildungschance begreifen und in weiterer Folge als Instanz der Geschlechtssozialisation konzipieren.

Anhand der Darstellung zweier stark differierender Onlinefelder wollen wir erstens nachzeichnen, welche Funktion einerseits die Internet-Kommunikation in den *pro-ana*-Foren für die Artikulation abweichender Konzeptionen weiblicher Geschlechtsidentität und welche Auswirkungen andererseits medienpädagogische Debatten auf diese Praktiken der Artikulation haben.

---

[1] Hier lässt sich dann eine Fortentwicklung eines der von Turkle bearbeiteten Themen ausmachen. Während Turkle noch in so genannten MUDS (Multi-User-Dungeons) rein textbasierte Rollenspiele erforscht, führt die Dimension des Visuellen eine Identifikationsfigur ein, den Avatar (siehe dazu unten mehr).

Zweitens stellt die Simulationsplattform *Second Life* mit Mitgliederzahlen von ca. 12 Millionen Spielern weltweit[2] ein Forum dar, in dem primär Geschlechtsidentitäten konzipiert, konstruiert, konstituiert, verhandelt und verändert wird. Die Frage nach dem Diskurscharakter von Geschlechtlichkeit ist hier gekoppelt mit den visuellen Elementen der Präsentation und dem damit einhergehenden selbstkontrollierten und selbstwirksamen Identitätsverständnis (Mersch 2003).

1 Geschlecht zwischen Diskurs, Körper und Medien

Die seit der Antike beginnende Diskursivierung der Sexualität dient Michel Foucault in seiner Triologie[3] über „Sexualität und Wahrheit" (Foucault 1983; 1989a; 1989b) als Untersuchungsgegenstand zur Darstellung der Entwicklung des menschlichen Selbstverhältnisses, die den Menschen als ein geschlechtliches und sexualisiertes Wesen erkennbar macht. Dadurch, dass überhaupt ein (oft repressiver) Diskurs über die Sexualität entsteht, begründet Foucault seine Lesart der Analyse einer Geschichte der Sexualität (Foucault 1983). Die massive Thematisierung der Sexualität, des anthropomorphen Begehrens, alles (über den Sex) zu sagen, legt das Potential der ihr innewohnenden Subjekterkenntnis offen.

Judith Butler vermerkt kritisch dazu, dass das soziale Geschlecht („gender") in Foucaults Sexualitätsdispositiv keine Rolle spielt und dass „der Körper als eine stumme[r], der Kultur vorgängige[r], auf die Bezeichnung wartende[r] Figur" (Butler 1990: 217) verhandelt wird. Mit ihrer Kritik der Konzeption der primären Körperlichkeit (vgl. Butler 1989) und der gesellschaftlichen Herausbildung der Zweigeschlechtlichkeit sowie einer heterosexuellen Matrix verbindet sie ein komplexes Muster der perfomativen Ausbildung von anatomischem Geschlecht (engl. „sex") einerseits und sozialer Geschlechtsidentität (engl. „gender)" andererseits (Butler 1990). Butler kommt es bei ihrer Verwendung des der Sprechakttheorie[4] entlehnten Begriffs des Performativen darauf an, die „Nicht-

---

[2] Nach eigener Aussage der Betreiber: http://secondlife.com/whatis/economy_stats.php [28.01.2008].
[3] die eigentlich aus sechs Schriften hätte bestehen sollen.
[4] Die von John Austin begründete Sprechakttheorie untersucht, wie in spezifischen Kontexten aus sprachlichen Aussagen Handlungen werden – „how to do things with words" (Austin 1975). Judith Butler fasst in ihrer Untersuchung zur „Politik des Performativen" zusammen: „Um zu erkennen, was der Kraft einer Äußerung ihre Wirksamkeit und ihren performativen Charakter verleiht, muß nach J.L. Austin diese Äußerung zunächst innerhalb der ‚gesamten Sprechsituation' verortet werden. (...) Austin unterscheidet (...) zwischen ‚illokutionären' und ‚perlokutionären' Sprechakten. Die ersteren tun das, was sie sagen, indem sie es sagen, und zwar im gleichen Augenblick. Die zweite Kategorie umfasst Sprechakte, die bestimmte Effekte bzw. Wirkungen als Folgeerscheinungen hervorrufen: Daraus, daß sie etwas sagen, folgt ein bestimmter Effekt. Der illokutionäre Sprechakt ist also selbst

Referentialität" von Geschlechtsidentität zu betonen: Es gibt keine vorgegebene Identität, kein Wesen, oder keine andere Substanz, die ausgedrückt werden könnte, sondern lediglich eine körperliche Aufführung von Möglichkeiten. Diese können wiederum in individuellen Praktiken – wie z.b. der medialen Repräsentation und Interaktion – sichtbar werden. Butler betont dabei besonders – und hier weit über Austin hinausgehend – die Bedeutung der individuellen körperlichen Aufführung der diskursiv erzeugten kollektiven Konvention von Geschlechtsidentität, wie die Theaterwissenschaftlerin Erika Fischer-Lichte hervorhebt:

> „Denn wie bei einer Theateraufführung stellen die Akte, mit denen Geschlechtsidentität hervorgebracht und aufgeführt wird, ‚clearly not one's act alone' dar. Vielmehr handelt es sich bei ihnen um ‚shared experience' und ‚collective action'; die Handlung nämlich, die man ausführt, ist eine Handlung, die immer schon begonnen hat, bevor der individuelle Akteur auf dem Schauplatz erschienen ist. Entsprechend ist die Wiederholung der Handlung ein ‚re-enactment' und ein ‚re-experiencing' eines Repertoires von Bedeutungen, die bereits gesellschaftlich eingeführt sind. (...) Butler vergleicht die Konstitution von Identität durch Verkörperung mit der Inszenierung eines vorgegebenen Textes. So wie ein und derselbe Text auf verschiedene Weise inszeniert werden kann und die Schauspieler im Rahmen der textlichen Vorgaben frei sind, ihre Rolle jeweils neu zu entwerfen und zu realisieren, agiert der geschlechtliche Körper innerhalb eines körperlichen Raumes, der durch bestimmte Vorgaben eingeschränkt ist, und setzt seine Interpretationen innerhalb der Grenzen vorgegebener Regieanweisungen in Szene" (Fischer-Lichte 2004: 39).

Denn ebenso wie das heterosexuelle Ideal der Beziehungsstruktur eine in ständiger Wiederholung produzierte Übereinkunft darstellt, ist ebenso und nachgerade der Körper als in der diskursiven Praxis entstehend konzipiert. „Sex/gender als identitätsformierende ‚Regulationsfiguren'" (Babka 2000: 98) sind stets an der eigenen Konstruktion mitbeteiligt und bringen sich in der Praxis erst selbst hervor. In der subversiven Wiederholung von Geschlechtsstereotypen läge die Chance des Aufbrechens dieser Formationen. Anders formuliert liegt dem Handlungsvermögen die Resignifikation und/oder dekonstruierte Reartikulation von kulturellen Verhältnissen zugrunde und verweist somit auf ein nicht determiniertes, zugleich auch nicht außerhalb vom Macht-Diskurs-Feld zu verortendes Subjekt, welches sich in der Unterwerfung (subjection) als Subjekt (subjectivation) konstituiert (Butler 1993: 39f.). Dieses so konstituierte Subjekt ist je nach kulturhistorischer Situierung an diskursive Modalitäten geknüpft und muss deshalb auch unter dem Maßstab einer technosozialen Vermittlung konzipiert werden.

---

die Tat, die er hervorbringt, während der perlokutionäre Sprechakt lediglich zu bestimmten Effekten bzw. Wirkungen führt, die nicht mit dem Sprechakt selbst zusammenfallen" (Butler 1998: 11).

Die Medientheorie Friedrich A. Kittlers, die an die Diskursanalyse Foucaults anschließt, weist hier darauf hin, dass die Entstehung des Medienbegriffs selbst historisch erst ermittelbar ist, wenn mit der materiellen Theorieposition Kittlers die medialen Techniken eine Ausdifferenzierung erfahren. Foucaults Beschreibung der Diskurse als Dispositive fügt Kittler ein je medienspezifisches Aufschreibesystem der Speicherung, Übertragung und Bearbeitung von Daten hinzu (Kittler 1985). Diese mediale Grundlegung der Archäologie gesellschaftlicher Teilphänomene, die klassischerweise die Komplexe der Psychiatrie, der Schule etc. thematisierte, ergibt gleichsam Konsequenzen für geschlechtsspezifische Sozialisation, denn das weibliche Geschlecht konnte – so Kittler – erst dann an dem männlich geprägten Diskursstil teilhaben, als das „Aufschreibesystem um 1900" in Gestalt der Schreibmaschine die Lage veränderte und den Arbeitsmarkt für beide Geschlechter zugänglich machte. Der Typewriter als das „Medium der Frau" (engl. typewriter: Schreibmaschine sowie Schreibmaschinistin) verhalf ihr aus der Isolation der gesellschaftlichen Rolle als Mutter und Haushälterin, indem es ihr erlaubte mit der patriarchalen Struktur zu brechen und in den öffentlichen männlichen Diskurs zuerst einmal einzugreifen und eine Tätigkeit im beruflichen Sinne auszuüben (Spahr 2000: 184ff.).

Wir gehen deshalb im Folgenden – hier wiederum Butler und ihr dictum „bodies that matter" (Butler 1997) paraphrasierend – von der These aus, dass es die Medien sind, die Bedeutung setzen, dass der Medienmaterialität zumindest in den Alltagspraktiken mit (Neuen) Medien eine supplementäre Rolle für soziale Geschlechtsidentitätsbildung zukommt, demgemäß Diskurse auch in Abhängigkeit von dem vorherrschenden Medienformat zumindest geprägt werden und insofern die Formen der Artikulation in und mit den Neuen Medien von Interesse für eine pädagogische Theorie der Medien sind. Dabei verstehen wir

„Selbst und Welt in Artikulationen vor dem Hintergrund von Erlebnissen, die dann zu bedeutungsvollen bildungsrelevanten Erfahrungen werden, wenn durch das Auftreten von (explizierbarer) Unbestimmtheit ein umfassender Wechsel in subjektiven Welt- und Selbstzugängen ermöglicht wird" (Küllertz 2007: 8),

eben als medienartikulatorische Praxis und Konstituierung der Erfahrung von Gruppen- und Gemeinschaftsgefühl. Die Wertigkeit solcher Praxen in den Neuen Medien wird vor dem Hintergrund der spezifischen Orientierung (zum Begriff vgl. z.B. Bohnsack 2003) konstitutiv, da sich hier bestimmte (medial geprägte) Muster herausbilden, die nicht substituierbar sind und dem entsprechend folgenreich für Identitätsbildungsprozesse sein dürften. Der Computer als Medienintegrator, Wunschmaschine etc. vereint in seinen multimodalen Anwendungen andere mediale Formate, denen wir nur insofern Rechnung tragen können, als dass wir in den jeweiligen Beispielen einerseits die visualisierte Simulation fokussieren, andererseits die diskursive Artikulationen.

2   *Pro-Ana:* Mediale Debatten um die Normalität weiblicher Körperbilder

Als erste Praxis der diskursiven Artikulation von Geschlechtsidentität möchten wir zunächst das Internetforum *pro-ana* untersuchen – im Jahr 2007 Gegenstand der öffentlichen Auseinandersetzung mit medienpädagogischen Implikationen. Formal ist dieses Forum ein Teil jener medialen identitätsgenerierenden Praktiken, die Sherry Turkle schon 1995 als „Leben im Netz" beschrieben hatte, allerdings beschäftigen sich die *pro-ana*-Partizipientinnen weniger mit der Produktion ,virtueller Identitäten', die wir im anschließenden Teil untersuchen möchten, sondern mehr individuellen Praktiken der Selbstpräsentation im Netz (wie etwa in *blogs*), aber auch mit kollektiven Praktiken der Diskussion in *online-communities.* Naturgemäß stellen sie als solche eine Praxis der Konstitutierung, Aufführung und Reflexion geschlechtlicher Identität dar, mit deren Stellenwert wir uns im Folgenden – mit Blick auf die Theorien Butlers – beschäftigen möchten.

Wie schon der Name ,pro-ana' (für ,Pro-Anorexie') suggeriert, dienen die *pro-ana*-Seiten – die inzwischen nicht mehr zugänglich sind (ein Effekt ihrer Diskursivierung, auf den noch zurückzukommen sein wird) – vorrangig der „öffentlichen" Diskussion einer positiven Faszination an visuellen Repräsentationen und Praktiken von Anorexie.[5] Analog zum Krankheitsbild[6] sind die Besucherinnen der Seiten meist weiblichen Geschlechts im Alter zwischen 14 und 30 Jahren, überwiegend Gymnasiastinnen und Studentinnen, die hier ihre individuelle Position zum BMI (Body Mass Index, von der WHO vorgegebener Gewichtsstandard) austauschen und sich praktische Informationen zur effizientesten Gewichtsabnahme besorgen. Wie ihren Aussagen zu entnehmen ist, sind alle „an

---

[5] Unter Anorexie (wörtlich: Appetitlosigkeit) versteht man gewöhnlich eine „Essstörung", die sich in der „Verringerung der Essmenge, Vermeidung kalorienreicher Nahrung, Durchführung strenger Diäten, Einnahme von Appetitzüglern und Abführmitteln" äußert und letztlich in „ein Sinken des Körpergewichts bis auf 85% und weniger der Altersgruppennorm" mündet. „Kennzeichnend sind trotz des bestehenden Untergewichts vorherrschende Gefühle, zu dick zu sein oder die Angst, dick zu werden, begleitet von Störungen von Körper- und Selbstwahrnehmung bezüglich Gewicht und Figur, Verleugnung der ernsthaften Konsequenzen des momentanen Körpergewichts, häufig auch in Verbindung z.B. mit Ängsten, öffentlich zu essen, Gefühlen der Ineffektivität, Initiativlosigkeit, gelegentlich auch Einschränkungen des emotionalen Ausdrucks, Libidoverlust und Leistungseinschränkungen. (...) Regeln und Perfektionsidealen (Fröhlich 1997: 159).

[6] „Anorexia nervosa tritt überwiegend bei Frauen (90% der Fälle), gehäuft in der frühen (um 14 Jahre) oder späteren Adoleszenz auf (...) die u.a. eine ausgesprochen perfektionistische Lebensweise haben" (ebd.: 159).

der unteren Grenze des Normalgewichts bis leicht untergewichtig" und streben meist ein Gewicht unterhalb der im ICD 10 angegeben Grenze eines BMI unter 17,5 an. In den Medien (Cottenceau 2006; Hans 2007; Spiegel-Online 2007a; 2007b) wurden die die *pro-ana*-Seiten nicht nur aufgrund ihrer Tendenz, Magersucht nicht als Krankheit, sondern deren Symptome und die damit verbundenen Praktiken (permanente Gewichtskontrolle, Diäten, exzessiv betriebener Ausdauersport) vielmehr positiv als *Lifestyle*, als „aktive Wahl eines Lebenstils" darzustellen, debattiert. Es wurde dabei ein spezifisches Gefährdungspotential des Internets unterstellt, das durch die vermehrte mediale Verbreitung eines „proanorektischen Diskurses" durch die unkontrollierten Zugangsmöglichkeit zum Netz potentiell mehr Mädchen einen Weg in die Magersucht gebahnt werde. Diese These stützte sich auf die – inzwischen verschwundene – Praxis der Foren, den Tod von an Anorexie verstorbenen Mädchen positiv zu kommentieren und mit kleinen Kerzen zu markieren. Das Internet hat, so die These in den Medien, die Tendenz zur Magersucht unterstützt und leichteren Zugang zu destruktiven Praktiken ermöglicht.

Die Bedeutung des Internets für die Präsentation und Diskussion der Anorexie wird auch durch die Definition der Betroffenen selbst bestätigt, die zudem interessanterweise neben der Bedeutung des Internets gerade die performativen Aspekte des Krankheitsbildes betonen: „‚Pro-ana' ist das Ausleben, die Darstellung und die Verbreitung der (Krankheit) Magersucht mit Hilfe der Kommunikationsmittel des Internets" (Feather 2006). Obwohl in der Definition der Terminus „Krankheit" eingeklammert ist, betonen die Nutzerinnen der Seiten, dass *pro-ana* – gerade im Gegensatz zu anderen Informations- und Selbsthilfeforen zum Thema Magersucht – keinen Aspekt des Themas auslässt. *Pro-ana* liefert Informationen (BMA-Rankings, „BMI-Queens", Abnehm-„Contests", Ana-Steckbriefe; Tagebücher mit Angaben von Essmengen und sportlichen Aktivitäten; Kalorientabellen mit Angaben besonders kalorienarmer Lebensmittel; Kalorienverbrauchs- und BMI-Rechner; Medikamenten-Empfehlungen; Hormone und Transmitter inbegriffen), die die Besucherinnen der Seiten mit detailliertem medizinischen und ernährungsphysiologischen Wissen diskutieren. Animiert wird diese Auseinandersetzung um die Praktiken der Gewichtskontrolle durch die Website „thinspiration", die der Animation und Motivation durch Fotos von extrem dünnen „Models" und Privatfotos von sehr abgemagerten Magersüchtigen dient. Diese (extremen) Fotos sind dabei oft gerahmt von rosa „Elfen, Engeln, Feen, Libellen – märchenhaften Flügelwesen aller Art", die die Leichtigkeit symbolisieren sollen, zu denen *pro-ana* verlocken möchte (Hans 2007: 2).

Bei diesen visuellen Repräsentationen wird deutlich, dass es sich um eine affirmative Auseinandersetzung und Zuordnung zur weiblichen Geschlechtsidentität geht, was zum einen schon in der Rahmung und Kolorierung der Seiten durch die Farbe Rosa repräsentiert wird – zurzeit für Mädchen fast unausweichliches Farbdiktat, Markierungszeichen der weiblichen Geschlechtszugehörigkeit in Kleidung und Accessoires, wie etwa Mobiltelefonen, Nintendos, Schlüsselanhängern usw. Zum anderen findet in der „thinspiration", der offensichtlich positiven Identifikation mit Fotos von Models und Personen, deren abgemagerte Körper nicht mehr dem gängigen Schönheitsideal entsprechen, so etwas wie eine „Travestie der Anorexie" statt, eine „karikaturale Übersteigerung" des herrschenden Mode- und somit Weiblichkeitsideals. Die Kulturwissenschaftlerin Christina von Braun verglich schon 1985 die Krankheit der Anorexie mit der der hundert Jahre zuvor massiv in Erscheinung getretenen Hysterie – die ja diskursbegründend wirkte und die diskursive Praxis der Psychoanalyse initiierte, jedoch inzwischen aus dem ICD 10, dem Krankheits-Klassifikationskatalog der WHO, getilgt ist. Sie begreift die Anorexie, ebenso wie die Hysterie, als subversiv motivierte Repräsentationsform gesellschaftlich normierter Weiblichkeitsvorstellungen und beschreibt dabei Anorexie – lange vor dem Erscheinen von *Gender trouble* – ähnlich wie Judith Butler 1991[7] als Travestie, als Praxis der Parodie, in der die Attribute der ‚normalen' weiblichen Geschlechtsidentität aufgeführt werden:

> „Der Kampf, den die Anorexie führt, hängt eng mit allgemeinen gesellschaftlichen Bedingungen zusammen, wird jedoch strikt auf individueller Ebene geführt. Auch hierin ähnelt dieses Krankheitsbild dem der Hysterie. Wie bei jener reagiert hier ein Individuum, ein *ich*, auf eine soziokulturelle Dynamik, durch die es verleugnet wird und die es seinerseits verweigert. Das *ich* kann diese Dynamik nicht verhindern, aber es kann sich ihr ein Stück entziehen, seine Ablehnung verdeutlichen. (...) Da es sich bei der Magersucht um eine Form der Verweigerung handelt, vergleichbar mit den neuen Formen des politischen Widerstands, kann ich aber auch kaum der häufig vorgetragenen Interpretation folgen, laut der die Magersucht ein Produkt des modernen Schlankheitsideals sei. Tatsächlich stellt die Magersucht vielmehr die karikaturhafte Übersteigerung dieser ‚Mode' dar (die ihrerseits ganz gewiß als Produkt der Überflußgesellschaften zu verstehen ist). Auch hierin läßt sich die Magersucht mit der Anorexie vergleichen, die zugleich das Bild weiblicher ‚Normalität' offeriert wie auch dessen Parodie. Die Anorektikerin erscheint als das Ideal der ‚schlanken' Frau – und führt dieses Ideal ad absurdum. Sie erfüllt die Bedingungen, die an die ‚phallische Frau' gestellt werden – und demonstriert zugleich den Untergang der Frau, das Verschwinden des Sexualwesens. Ihre Symptome, die doch scheinbar dem neuen Sexualideal entsprechen, drücken die Verweigerung der Sexualität selbst aus.

---

[7] „Indem die Travestie die Geschlechtlichkeit imitiert, offenbart sie implizit die Imitationsstruktur als solche – wie auch ihre Kontingenz. (...) Statt des Gesetzes der heterosexuellen Kohärenz sehen wir, wie das Geschlecht und die Geschlechtsidentität ent-naturalisiert werden, und zwar mittels einer Performanz, die die Unterschiedenheit dieser Kategorien eingesteht und die kulturellen Mechanismen ihrer fabrizierten/erfundenen Einheit auf die Bühne bringt" (Butler 1991: 202f.).

Die Anorektikerin lehnt es ab, den Phallus zu verkörpern; ihn, der in ihr sinnlich wahrnehmbare Gestalt annehmen will, hungert sie aus und belässt ihn somit in seiner unsichtbaren, unfassbaren Gestalt" (v. Braun 1985: 464; 465f.).

Dieser Analyse Christina von Brauns kommt, betrachtet man sie aus der Perspektive der Debatten um Magersucht und die *pro-ana*-Seiten im Internet im Jahre 2007, fast prophetische Bedeutung zu, denn sie beschreibt in ihrer folgenden Abgrenzung der Magersucht zur Hysterie die Tendenz der Anorektikerinnen zu Entmaterialisierung, zum Verschwindenlassen des Körpers, als „Vergeistigung der Travestie":

„Meine Vermutung besteht darin, daß die Anorexie eine Art von ‚geistiger Travestie' praktiziert oder praktizieren wird, so wie die Hysterie eine Art ‚körperliche Travestie' betrieb. (...) Das anorektische Subjekt macht nicht ein Spiegelbild seiner selbst zum Anderen, sondern es spaltet sich entzwei in Geist und Körper. Es schafft ‚echte' Unvollständigkeit: einen Geist, der auf den Körper, und einen Körper, der auf den Geist angewiesen ist (...) der Anorektiker idealisiert das Ich, damit er es vom Körper abzuspalten vermag, gleichsam als immateriellen Geist. Auf diese Weise entsteht eine Art von *ich,* dessen Du der Körper ist. Die Anorexie schafft so etwas wie ein geistiges Sexualwesen, das die Nachfolge des untergegangenen physischen Sexualwesens antritt. Dem künstlichen Sexualwesen, das zur Beleibung drängt, wird hier ein Sexualwesen gegenübergestellt, das durch Entkörperung seine ‚Unvollständigkeit' zu wahren versucht – und eben deshalb, wenn auch immaterielles, Sexualwesen bleibt" (ebd.: 467; 468).

Dieser so durch die Praktiken der Anorexie gestaltete, entmaterialisierte, die physische Realität verweigernde, „utopische" Körper, hat jedoch – und das bestätigen die *pro-ana*-Seiten – ein Medium: die Schrift. Die abendländische Praktik der Verschriftlichung, so noch einmal von Braun, ist von jeher „das Medium der Realitätsverweigerung par excellence", die Schrift erlaubt, „den euphorischen Zustand des Anorektikers, der sein Ich durch Entkörperung rettet, zu finden und zu vermitteln. Schreiben und Geschriebenes gleichsam als Therapeutikum. Eben das ist es, was der Schrift ihre Subversivität verleiht" (ebd. 1985: 72). Diese Subversivität, wie auch das Ideal der Vergeistigung, findet sich auch auf den *pro-ana*-Seiten mit ihren „Triggerlines". Dort heißt es: „Der Kopf formt den Körper"; „Es geht nicht länger darum, gesund zu bleiben – es geht darum, eine Krankheit zu finden, die du magst"; „Wenn Du Deine Knochen zeigen willst, musst Du erst mal lernen, nein zu sagen"; „Es ist besser, dünn zu sein und tot, als lebendig und dick"; „Ich hungere mich nicht aus, ich perfektioniere meine Leere"; „Nothing tastes as good as thin feels" (Anas Slogans, zit. n. Spiegel-Online 2007b).

Betrachtet man diese Aussagen nicht nur aus einer therapeutisch-pädagogischen Perspektive als verbalen Ausdruck pathologischer Verhaltensformen, sondern auf der Ebene der Aussage als Setzungen, handelt sich hier offensichtlich um eine Praxis der Artikulation (vgl. Hall 2000), mit der sich eine Minorität gegenüber den dominanten Diskursen einer Mehrheit inszeniert und positioniert. Es geht bei *pro-ana* nicht nur um eine partizipative Öffentlichkeit für Praktiken der Anorexie, sondern auch um eine Positionierung in der Diskursproduktion zum Thema Anorexie. Die *pro-ana*-Bekennerinnen wählen hier eine ‚maskierte', sehr weibliche Form der Teilhabe an der Öffentlichkeit: Umrandet von rosa getönten Flügelwesen, kommunizieren sie scheinbar im Stil einer Selbsthilfegruppe oder daytime-talkshow. Doch auch dieses Format stellt eine frühe Plattform der Artikulation für Minderheiten dar, wie Jane M. Shattuc in ihrer kritischen Analyse amerikanischer tv-talkshows darstellt. Neben aller Banalisierung und Skandalisierung erprobt *daytime talk* auch *on the long run* die Offenheit der amerikanischen Gesellschaft für Transformationsprozesse, „is a test of the American tolerance of difference or democratic freedom" (Shattuc 1997: 20). Besonders der *daytime talk* von Frauen gilt dabei als besonders interpretationsbedürftig, was von Shattuc einerseits mit Rückgriff auf Feministinnen wie Nancy Fraser mit einer langen Tradition des Ausschlusses von Frauen aus den politischen Debatten (vgl. auch Althans 2006), andererseits aber mit einem Verkennen des weiblichen Genießens des Sprechens begründet wird (vgl. Althans 2000). Shattuc fasst hier einige Positionen zum Verkennen des weiblichen Sprechens – besonders zu schmerzhaften Themen – in den talkshows zusammen:

> „She (Nancy Fraser, B.A./N.F.) concludes by quoting Carole Pateman: ‚(I)f women's words about consent are consistently reinterpreted, how can they participate in the debate among citizens?' Gloria-Jean Mascotte captures this public condemnation of women who speak out on the daytime talkshows: ‚Well, the critical comments are usually off-the-coff condemnatory remarks aimed at the sight of women talking, woman taking pleasure in talking, even when it is about painful subjects.' She argues that the attitude towards women's speaking out misses the pleasure and aims of the women: ‚Sad women? Silly women? Manipulated women? Victimized by the evil of empire of television and mass culture? Hmmm …perhaps it is more than just a clichéd observation to prattling women. Perhaps it is the fact the women are talking, taking pleasure in talking, and talking about painful experiences, on-going and ill-defined struggles.' Here, the shows are taken to offer a subversive yet gratifying venue for the rare public portrayal of women's struggles" (Shattuc 1997: 92).

Auch wenn bei *pro-ana* nicht gesprochen, sondern getextet wird, handelt es sich um eine Praxis des Verbalisierens, des ‚Aussprechen'. Dass keiner einer über das Problem aufklärenden Therapie bedarf, das zeigen die detailreichen, informierten, z.T. auch ihre Therapieerfahrung thematisierenden schriftlichen Dialoge der *pro-ana*-Anhängerinnen. Es geht also lediglich um den Austausch untereinander, um die Partizipation an einer Öffentlichkeit. Ihre Äußerungen sind mit denen eines jugendlichen, gewaltbereiten Skinheads vergleichbar, von denen Slavoj Žižek berichtete:

> „Versucht man tatsächlich, die Gründe für seine Gewalt aus ihm herauszubekommen, und ist der Skinhead zu einem Minimum an theoretischer Reflexion fähig, so wird er plötzlich anfangen, wie die Sozialarbeiter, Soziologen und Sozialpsychologen zu sprechen, indem er den Rückgang der sozialen Mobilität, die wachsende Unsicherheit, den Zerfall der väterlichen Autorität oder den Mangel an mütterlicher Liebe in seiner frühen Kindheit anführt. Kurz, er wird einen mehr oder minder genauen psychosozialen Bericht über seine Taten geben, wie er den aufgeklärten Liberalen, die gewalttätige Jugend als tragische Opfer ihrer sozialen und familiären Umstände ‚verstehen' wollen, so am Herzen liegt. Die Standardformel der Aufklärung, die auf der Wirksamkeit von Ideologiekritik beharrt (‚sie tun es, weil sie nicht wissen, was sie tun') – d.h. das Wissen als solches ist befreiend, wird hier ins Gegenteil verkehrt: der gewalttätige Skinhead weiß genau, was er tut, aber er tut es trotzdem" (Žižek 1999: 43).

Die Kenntnis therapeutischer Diskurse und kausaler Erklärungsmuster findet sich auch in den Statements der *pro-ana*-Vertreterinnen, wenn sie aufgefordert werden, das eigene Verhalten zu erklären: „Weil ich mich überfordert fühle und oft nicht das leisten kann, was ich sollte – mit dem Abnehmen kann ich meinen Erfolg jeden Tag an den Zahlen auf der Waage ablesen"; „Weil ich versagt habe und verschwinden will". „Ich will Bewunderung von den anderen ... auch Neid ... und Mitleid"; „Ich will nicht sexuell attraktiv sein, will keine Frau sein, das macht mir Angst"; „Weil ich Kind bleiben will". Diese Äußerungen klingen jedoch seltsam künstlich – zu deutlich aus der Perspektive der pädagogischen Aufklärung gesprochen. In den Aussagen der *pro-anas* artikuliert sich neben dem „Ich weiß, was und warum ich es tue" zusätzlich noch etwas anderes: „Ich tue es trotzdem" – das Genießen. Aus Žižeks – von der Psychoanalyse Jacques Lacans geprägter – Perspektive „genießt" der Skinhead sein sozial-pathologisches Verhalten, dass sich aus dem Verbot seines Verhaltens speist: „Das Verbot selbst schafft den Wunsch der Überschreitung, das Genießen ist also grundsätzlich transgressiv" (Evans 2002: 114)[8]. Dieses „Paradox des Genießens" zeigt sich in

---

[8] Evans verweist bei diesem Zitat auf das 7. Seminar Jacques Lacans, in dem dieser sich mit dem „Paradox des Genießens" mit Blick auf de Sade und Bataille auseinandersetzt: „Wir kennen also den Genuß der Überschreitung. Aber worin besteht er? (...) Ganz sicher sehen wir bei den Subjekten andauernd jenes seltsame Verhalten auftreten, das eine Probe auf ein gesichtsloses Schicksal ist, wie man sagen könnte, ein Wagnis, das, nachdem es bestanden ist, das Subjekt im Nachhinein seiner Macht versichert. Spielt die Herausforderung durch das Gesetz hier nicht die Rolle eines Mittels,

einem weiteren konstitutiven Bestandteil der *pro-ana*-Seiten: „Anas Brief". Hier wird das Gesetz, dem man sich mit seinem Bekenntnis zur Anorexie unterwirft, in Gestalt einer (unsichtbaren, aber ständig als Beobachterin anwesenden) übermächtigen Freundin personifiziert, die gleichzeitig drohend und verheißend a-giert und die Kontrolle über das Essverhalten, die Interpretation des Spiegelbilds und der Aussagen von Freunden, Eltern und Ärzten der Betroffenen übernimmt. Ana verspricht:

> „Zuerst werden deine Aufgaben recht simpel sein. Aber es wird nicht lange dauern, da werd ich Dir sagen, dass das nicht genug ist. Ich werde von dir erwarten, die Kalorienzufuhr zu verringern und gleichzeitig Übungen zu machen. Ich werde dich an deine Grenzen treiben. Du musst es ertragen, weil du dich mir nicht widersetzen kannst. Ich fange an, mich bei dir einzunisten. Schon bald werde ich immer bei dir sein. Ich bin da wenn du morgens aufstehst und zur Waage rennst. Die Zahlen werden beides – Freund und Feind. Und mit rasenden Gedanken betest du, dass sie niedriger sind als gestern Morgen. Du siehst mit Entsetzen in den Spiegel, du kneifst dir ins Fett, das da ist und lächelst, wenn du über deine Knochen streichst. (…) Ich zwinge dich, Models aus Modemagazinen anzustarren. Ich lasse dich erkennen, dass du nie wie sie sein kannst. (…) Wenn du in den Spiegel blickst werde ich dein Bild verzerren. Ich werde dir Fett und Scheußlichkeit zeigen " (Anas Brief, zit. n. Spiegel Online 2007a).

Es ist offensichtlich, dass diese Unterwerfung unter ein so präsentes, allmächtiges und noch dazu selbst geschaffenes Gesetz hier eine Konfrontationstherapie einigermaßen überflüssig macht. Dennoch scheint – trotz dieser fatalen Konstruktion virtueller Transzendenz – die Verbannung der *pro-ana*-Seiten aus dem Internet problematisch. Denn dies erfüllt nicht nur auf der Ebene der Medialität das offensichtliche Begehren der Anorektikerinnen, körperlich zu verschwinden, sich zu entmaterialisieren. Zusätzlich produziert das Verdikt einen noch versteckteren, heimlicheren Austausch der anorektischen Erfahrungen und ihres Genießens. Auch noch mehr Aufklärung scheint hier der Sache kaum dienlich zu sein. Zum Krankheitsbild der Anorexie gehört, ähnlich wie Jean Baudrillard es schon 1991 in seinen Hypothesen zum Phänomen des „Dicken" formulierte, die Unfähigkeit, sich zu spiegeln.[9]

---

eines vorgezeichneten Wegs, um an diese Gefahr heranzukommen? Wenn aber dieser Weg notwendig ist, was ist dann die Gefahr? Auf was für ein Ziel geht der Genuß, wenn er auf die Überschreitung angewiesen ist, um dorthin zukommen?" (Lacan 1996: 236).
[9] Dies bestätigt auch, nach Aussage von Antke Tammen, Psychiaterin am Niedersächsischen Landeskrankenhaus Wunstorf, die klinische Erfahrung mit Magersüchtigen: Sie sehen ihr eigenes Bild im Spiegel nicht, können aber anhand der Bilder anderer detailliert erklären, dass und warum diese magersüchtig seien.

„Ich will von einer Anomalie sprechen: von jener faszinierenden Fettleibigkeit, auf
die man überall in den USA stößt. Dabei handelt es sich um eine Art von monströser
Konformität mit dem leeren Raum, um eine Unförmigkeit durch einen Exzess der
Konformität, die die Hyperdimension einer Sozialität ausdrückt, die gleichzeitig ge-
sättigt und leer ist und in der die Szene des Sozialen und der Körper verschwunden
ist. (...) Die geheime Regel, die die körperliche Ausdehnung begrenzte, ist verschwunden. Die geheime Form des Spiegels, in dem der Körper sich selbst und sein
Bild überwachte, ist abgeschafft und der unbeschränkten Überfülle eines lebenden
Organismus gewichen. Es gibt keine Grenze mehr und auch keine Transzendenz: es
ist so, als ob der Körper sich nicht mehr mit einer äußeren Welt konfrontierte, sondern versuchte, den äußeren Raum in seine eigene Erscheinung hineinzustopfen"
(Baudrillard 1991: 31f.).

Um einen ähnlichen Exzess der Konformität, um ein ähnliches Verschwinden des
Körpers handelt es sich bei der Anorexie. Dies sollte nicht durch das Tilgen ihrer
Artikulation im Internet aufgrund medienpädagogischer Debatten unterstützt
werden. Vielmehr sollte den Artikulationen der Anorexis, der Öffentlichkeit auf
den *pro-ana*-Seiten größte Aufmerksamkeit gewidmet werden, um in ihren Texten auf Spuren des verschwindenden Körpers zu kommen. Schon die Psychoana-
lytikerin Francoise Dolto erklärte, dass das (unbewusste) Körperbild, das nur im
Sprechen auftaucht, für das Subjekt ein Vermittler sei, ein Medium, um seine
Phantasien mitzuteilen, und: „für den Analytiker ist es das Mittel, sie zu erkennen. Es ist also ein Sagen, ein enthüllendes Sagen, zu dem nicht allein der Analytiker den Schlüssel besitzt" (Dolto 1987: 14f.). Im Sagen, im Schreiben, in der
Kommunikation untereinander im Internet liegt der Schlüssel, mit Hilfe dessen
sich den verschwindenden Körpern folgen lässt – dieser Raum sollte nicht von
außen verschlossen werden.

3   Das 2. Leben

Der zweite Komplex unserer Untersuchung beschäftigt sich mit der geschlechtlichen Identifikation in den Neuen Medien, indem untersucht wird, in welcher Art
und Weise in der Simulation des 2nd Life (www.secondlife.com) Geschlechtliches konstruiert wird, ob es sich differenziert in ein naturalistisch-biologisches
und soziales Geschlecht und inwiefern die Praktiken des Spiels auf Sex in allen
seine englischen wie deutschen Bedeutungsvarianten Bezug nehmen.

Im Zweitem Leben des Internet residiert der Avatar, also die visualisierte
Spielfigur in der Simulation *Second Life*, eine selbst zu gestaltende komplexe
Pixelgraphik, die in der Virtualität der verschiedenen szenisch gerahmten Schau-
plätze primär den (evaluierenden) Blicken der anderen Spieler unterworfen ist.

Dass neben der Anrufung des Mediums selbst, also der Einbindung in diesen spezifisch technischen Machtkomplex, vorherrschende Primat des visuellen Bildhaften geschuldete ‚Selbst' ist der permanten Kontrolle normierende fremder wie eigener Blicke unterworfen (Mersch 2003) und erinnert in gewisser Weise an ein totalisierendes Panoptikum (Foucault 1989). Dem geschuldet ist der erste Entwurf der ‚2nd Identity' und die stetige Bearbeitung derselben zuallerst bildhafter Natur. In diesem Sinne gibt es im 2nd Life neben und nach dem Download der spezifischen Software auf den Computer eine Einführung in die Grundelemente der Körperbearbeitungsoptionen. Jene beginnen mit der Bewegungs- und Steuerungsfunktion des Avatars und führen über einen räumlichen Parcour zu dem für uns relevanten Teil des „Eigenen Aussehen Veränderns".

Abbildung 1:   Veränderung des eigenen Aussehens in *Second Life*

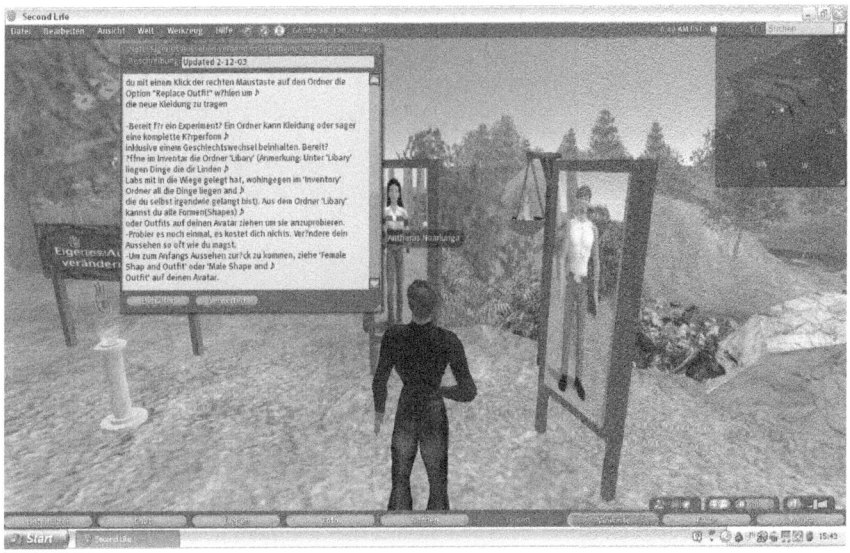

Der Spieler tritt in Form eines ‚Proto-Avatars', in schwarzer Kleidung und Standardmaßen, vor zwei in Holz gerahmte Bilder, das eine zeigt eine Frau, das andere den männlichen ‚Gegenpart'. In einem ersten Schritt eignet man(n – in unserem Fall, B.A./N.F.) sich die darauf abgebildete Kleidung durch ihr Kopieren in die eigene Inventarliste an, um in einem nächsten Schritt des Tutorials diese anzulegen, neu zu gestalten oder sein Aussehen zu verändern. Der dem Bild beigefügte Text zeigt die Durchführung an, beispielsweise steht dort zu lesen, ob der Spieler „bereit für ein Experiment [sei]? Ein Ordner kann Kleidung oder sogar eine komplette Körperform inklusive einem Geschlechtswechsel beinhalten. Bereit?" Der folgende Punkt „Probiere es einmal, es kostet dich nichts. Verändere dein Aussehen so oft du magst" beschließt die Anweisungen und lässt dem Spieler nun die Möglichkeit der Durchführung:

Abbildung 2: Geschlechtswechsel des Avatars in *Second Life*

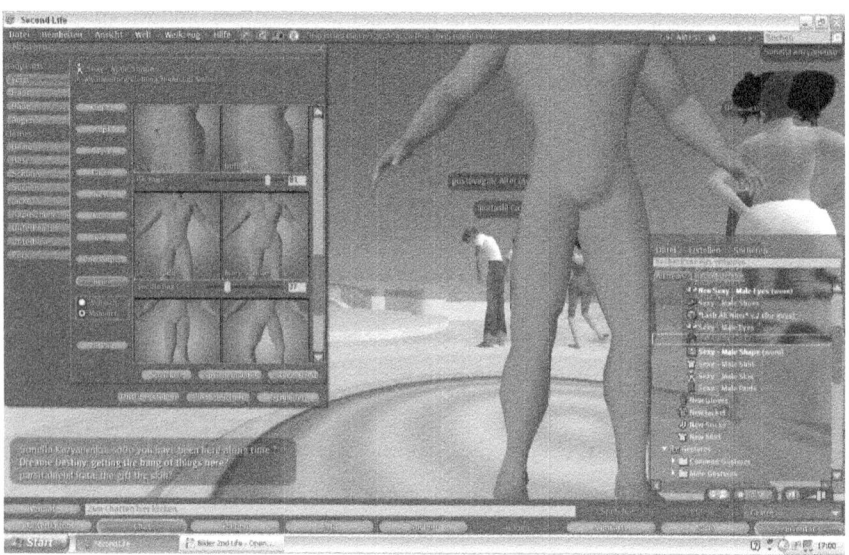

Auf der Abbildung 2 ist es nunmehr möglich neben der Kleidung (Abb. 1) und der einzelnen Körperteile (Form, Haut, Haar, Augen und weitere) auch einen grundsätzlichen Geschlechtswechsel durchzuführen, dafür bedarf es lediglich eines Klicks auf den in einer Einrahmung stehenden Button und die „Figur" verändert sich beispielsweise in Hinsicht auf die sekundären Geschlechtsorgane und die generelle Konstitution, auch Gesichtszüge sowie Augen, Haut und Haar seien dann weiblich(er) (sic!). Trotzdem behält der Avatar im Wesentlichen dieselben Grundzüge, was beispielsweise Augenfarbe und Größe anbelangt. Es erhält sich gewissermaßen ein visueller Identitätskern im paradoxen Sinne einer ‚identischen Veränderung'. Augenscheinlich ist auf der Abbildung jedoch ein weiterer Fakt: das Fehlen des primären Geschlechtsorgans. An dieser Stelle findet sich lediglich ein an die Barbiepuppe erinnernder Torso. Um jedoch im zweiten Leben gleichsam ein biologisches Geschlecht darstellen zu können, muss der

Avatar sich auf die Suche machen, um ein solches einzukaufen. Das heißt zusammengefasst und in einer anderen Terminologie, dass der Wechsel der sozialen Identität (Kleidung und rudimentäre körperliche Bedingungen) von einem auf den anderen Moment technisch ermöglicht ist und so relative Verwirrung im sozialen Spiel der Simulation hervorrufen könnte. In jedem Falle kündigt sich hier an, dass eine imaginäre Konstrukthaftigkeit des Körpers in gewissem Maße technisch umsetzbar gemacht ist und permanent zur Disposition steht. Anders noch und sogar in ökonomischer Manier in Geld umsetzbar, ist der ‚Einkauf' des biologischen Geschlechts. Während es zwar möglich ist über die Körperbildveränderungen eine sehr maskuline Frau oder vice versa zu kreieren, muss der Spieler für einen Penis oder eine Vagina Lindendollar (Währung des 2nd Life, transferierbar zu einem Kurs von 1 US-Dollar zu 185 Linden-Dollar) investieren. In der Praxis zeigt sich dies auch relevant, da die sexuellen Praktiken wesentlich darauf hinzielen, beim Vollzug des ‚virtuellen Aktes' die Differenz der Geschlechter bildlich zu (re-)präsentieren.

Bei einer teilnehmenden Beobachtung noch vor einigen Monaten war es uns beispielsweise aufgrund der fehlenden Rechnerleistung (Grafikkarte) nicht möglich, aus einem so genannten ‚Orgienraum' zu entkommen, in den wir durch ein Tutorial gerieten, was jedoch zu einer für uns bemerkenswerten Beobachtungssituation führte. In diesem eigens pixelartig erbauten Raum trafen sich eine Vielzahl von Usern (n= ca. 50), um ihren virtuellen Trieben freien Lauf zu lassen und in immer wechselnder Partnerschaft mit den Geschlechtsteilen zu agieren. Dies ist auf den übrigen Spielflächen ausgeschlossen, da hier die Programmierung der Figur nicht auf die Imitation sexueller Praktiken hin ausgelegt ist. Dafür benötigt der lustgeleitete Avatar eigens programmierte Gegenstände beziehungsweise Orte (Bett, Whirlpool, Teppich und vieles mehr), um auf diesen solche ‚Animation zu vollziehen', indem er die über den Gegenständen schwebende Buttons aktiviert. Diese sind binärgeschlechtlich aufgeteilt, allerdings kann auch der männlich codierte Avatar die in (femininem, sic!) pink gefärbten Buttons benutzen und anders herum, um so eine weibliche oder männliche Sexualstellung einzunehmen.[10] In einer ersten Reaktion empfanden wir eine Art Beklämmnis ob der Vielzahl an frivolen Praktiken, auf den zweiten Blick erschien uns die Lage doch relativ harmlos und belustigend. Aus welchem Grund jedoch treffen sich Personen an solchen Orten?[11]

---

[10] Das Technische (er)kennt eben keine Unterschiede, ermöglicht aber diese potentiell subversiven Praktiken.

[11] Es gibt eine Menge solcher Orte. In einer zweiten Erhebungsphase zeitnah dieses Schreibens, finden sich auf der Weltkarte, mit deren Navigation man sich von Ort zu Ort „teleportiert", zahlreiche Orte mit Bezeichnungen erotischer Art. In den Medien bekannt geworden ist beispielsweise die „Nude Island", auf welcher man zum Sonnen baden, Einkaufen oder zur Ausübung sexueller Praktiken reist. An fast jeder Ecke bieten sich einem der Anblick und die Kaufoption von Geschlechtstei-

Die Antwort auf diese Frage liegt wohl im Technischen als Bedingung für jene Immersionseffekte (vom lateinischen immersio: eintauchen, einbetten, hier in den soziotechnischen Raum), denn alsbald am Beispiel des 2nd Life der Bildschirm „ruckelt" oder die Graphiken undeutlich erscheinen, tritt diese Ebene offen zutage. Dazu Florian Rötzer: „Der Trick solche Immersionen hervorzurufen, besteht darin, die dabei auftretenden Inkohärenzen zu zensieren, also das Wissen und das Gefühl, gleichzeitig an zwei oder drei Orten zu sein, auszuschalten und die Situation durch Projektion bzw. Identifikation eindeutig zu machen" (Rötzer 1998: 156). Dies geschieht auf der Ebene der Synchronizität der virtuellen wie realen Körperbewegungen. Die Grundlegung des Eintaucheffekts liegt nach Rötzer in der Freiheit der virtuellen Praxis bedingt, da in diesem Raum der Aspekt der Losgelöstheit von der kohärenten und stabilen Alltagsidentität aufgebrochen werden kann. Das Paradox dabei liegt jedoch in der gleichzeitigen Rückbindung an den „endlichen, fleischlichen, nassen, schmutzigen, fragilen, bedürftigen und schmerzenden Leib" (ebd.: 162). Der Fluchtpunkt oder Treffpunkt jener beiden liegt in der virtuellen Körperhülle, der virtuellen Körperbilder, die die eigene Körperidentität allerdings verdeckt.

Als Erweiterung zur Grundfrage nach der medialen Geschlechtsidentität ist ihre symbolische Ordnung ein wichtiger Aspekt. Denn neben den verhandelten visuellen Elementen der Simulation und der Darlegung des Konstruktcharakters der Spielfigur bildet die Sprache im zweiten Leben eine weitere signifikante Ebene. Man könnte vermuten, dass die textuellen Elemente weit hinter der Macht des Visuellen zurückfallen, was die Onlinepraxen von Avataren anbelangt, jedoch ist ein Konstitivum der immersiven Effekte von (Internet-) Spielen und Simulationen, dass diese stets eine Eingewöhnung zur Handhabe und Verbreitung abverlangen und in der Folge das Potential zum ‚Eintauchen' erst voll entfalten. Dies geschieht hier nicht nur am und im sozialen Vollzugsmoment des Bildes (Sandbothe 1996), sondern gleichwohl durch die verbalen Artikulationen, die die (noch) relativ unausgereifte Graphik um die Ebene des Vollzugs eines Diskurses bereichert und somit den Modus der Reflexion in den Interaktionsraum des Bildes einbindet. Wie an dem oben beschriebenen eigenen „virtuellen Leib" erfahren, konstituiert sich gewissermaßen die (sexuelle) Beziehungsform zwischen zwei oder mehreren Avataren auch durch sprachlich-textuelle Momente, wenn auch manchmal nur wenige, während sich die bildliche Präsentation – bis auf einige grundlegende Gesten – auf den räumlichen Ausdruck der Anwesenheit beschränkt (oder auf die Animation sexueller Praktiken). Auf dieser dis-

---

len. In einem interessanten Interview in der Chatfunktion fragt mich eine Spielerin (?), ob ich ihr Juwelen oder Geld für Sex anbieten wolle. In einer anderen Situation in einem Whirlpool antwortet eine weitere auf meine Frage, wo denn ihre Hose ist, mit der Gegenfrage, wo denn mein Penis sei und dies obwohl ich eine Khakishorts trage.

kursiven Ebene, die sich auf dem Bildschirm natürlich mit der des Avatar-
bildraumes vermischt, verbirgt sich dann auch eine andere Art des Zeigens:
Nunmehr ist es die inhaltliche Konstruktion der Geschlechtsidentität, denn hier
wird auf verbale Art plausibel gemacht werden müssen, dass der Avatar männlich, weiblich oder zwitterartig ist.[12] Außerdem verdeutlicht sich, dass es auf
dieser symbolischen Ebene gerade nicht zur Loslösung des Spielers von seiner
eigenen Biographie kommen kann, da doch der kommunikative Code – beispielsweise in *Second Life* eine Englischkompetenz – von größtmöglicher nicht-
medialer Art im Sinne der Neuen Medien ist. Randi Gunzenhäuser beschreibt
diese Rezeptionskompetenz der Spieler wie folgt: „Die Rezeptionsverhältnisse
unterscheiden sich je nach Alter, Bildungsstand, Finanzkraft und kultureller (e-
thischer, nationaler, gruppen- und medienspezifischer) Sozialisation" (Gunzenhäuser 2003: 52). Gleichsam bestimmt die kalte Technizität des Mediums die
Verfügbarkeit des virtuellen Körperbildes, da diese eventuell Grenzen über-
schreiten lässt, aber auch machtvoll setzt. Ohnehin kann der Akteur und jede
Elaboration über das Verhältnis zum Medium nicht umhin, die eingangs erwähnte historisch genealogische Diskursformation anzuerkennen. So bleibt der inter-
aktive Raum gleichsam Bestandteil spezifischer kulturell gerahmter Praktiken.

Zusammenfassend findet sich in der visuellen Konstruktion des Avatars im
2nd Life die von Butler implizierte ständige und iterative Performanz von Geschlecht, hier sex wie gender, wieder. Weiter mischt sich in die Interaktionsfor-
men konstitutiv die Sprache als Ebene der Artikulation von Geschlechtsidentität
der bildlichen Ebene bei, so dass das phantasmatische Körperbild ein reflexives
(sprachliches) Äußeres als Irritation der reinen körperlichen Mimesis an das Bild
gegenüberstellt wird. All diese Elemente sind technischen wie sozialen Macht-
komplexen unterworfen und verhelfen in gegenseitiger Beeinflussung mit dem
jeweiligen Medium zu neuen Konzepten der Körperlichkeit und des Umgangs
mit Körperbildern, die gleichermaßen die Frage nach der Geschlechtlichkeit
evozieren. Der virtuelle Raum bewirkt insofern einen reflexiveren Umgang
durch die Distanzierung und die beschriebene paradoxe Einfühlung in das virtuelle Körperbild und das sozialisationsbedingte Rückgebundensein an den realen
Körper. Die Erweiterung des Diskursfelds der Geschlechtlichkeit liegt auf der
Hand, da die Medienentwicklungen mit dem gesamtgesellschaftlichen Diskurs
einhergehen. Allerdings fungiert das Internet in anderen Fällen als bei Spielen
und Simulationen in anderer Art und Weise. Beispielsweise verstärken sie Körperbilder in performativer Diskursivität, die pathologischer Weise (siehe oben)

---

[12] Letzteres ist übrigens Bestandteil von *Second Life*, ebenso wie die Option sich als Transvestit
darzustellen, was jedoch in der Zeit der Beobachtung nicht vorgekommen ist. Viel mehr Irritation
‚erregt' die Geschlechtslosigkeit.

den Akteuren nicht immer zugänglich sind, und lassen spiegelartig eine Wiedererkennung in wie der Verkennung der Community entstehen.

4 Fazit

Schlussfolgernd lassen sich für die jeweiligen Diskussionsfelder folgende Aspekte nachzeichnen:

1. Die Artikulationen der ‚pro-ana'-Foren diskutierten in kritischer Weise die gesellschaftliche Normierung weiblicher Körperbilder und Geschlechtsidentitäten und präsentierten Formen ihrer „geistigen Travestie". Die so hergestellte Öffentlichkeit gestaltet sich inzwischen als exklusiv, als mediale Pathologisierung, da die Diskussion der Internetforen in anderen Medien dazu führte, Maßnahmen zur Schließung der bekannten Seiten zu ergreifen. Die breite Öffentlichkeit schloss sich somit selbst aus – *pro-ana* wiederum verschwand und folgte damit auf der Ebene der medialen Materialisation dem anorektischen Begehren – das Forum verschwand so wie die Körper, die doch gerade davor geschützt werden sollten. Das ist bedauerlich, da die Betrachtung der *pro-ana*-Seiten zeigte, wie die Offenheit des virtuellen Raumes die übliche Bearbeitungsstrategie aus der therapeutischen Situation löste und sich als Selbstheilung diskursiv inszenierte und ereignete. Die Therapie wurde hier gewissermaßen einer neuen teilöffentlichen Form der Debatte um Normierungen weiblicher Körperbilder und Lebensstile überführt.

2. Der imaginäre Raum in *Second Life* offeriert eine hybride Identitätskonstruktion aus medial vermittelten Bild- und Textelementen. Dabei generiert die symbolisch-verbale Ebene die sinngeladenen sprechaktlichen Rahmungen des visuellen Imaginationsraumes. Die symbolische Anrufung der Person nicht nur als virtuellen Bildkörper, sondern analog durch textliche Ansprache, eröffnet neben dem technischen Interaktionsraum zur Grundlegung der Identifikation als männlichen oder weiblichen Avatar gleichzeitig die Konstituierung des medialen Subjekts als sexualisiertes Objekt. Denn die mediale Erotik inszeniert sich als eine verbale Erotik, die Bildkörper dienen der Konstitution des sozialen und habituell geprägten Raumes. Die Option der anatomischen Geschlechtlichkeit als Kaufware enthüllt die paradoxe Situierung des Spielers zwischen freiheitlicher Handhabung der Sex/Gender-Zuordnung und der machtvollen Unterwerfung durch die restringierende Wirkung des Technischen. Der virtuelle Raum, so könnte man folgern, inszeniert Butlers performative Theorie als technosoziales Geschehen.

3. Zusammengenommen dient die Diskussion onlinespezifischer Praktiken dem Vorhaben die geschlechtsrelevanten Sozialisationsbedingungen auf den Bereich der medialen *Praktiken* auszuweiten. Dabei gerät die sprachliche Interaktion als symbolische Bedingung von Anrufungen, um sich im Internet überhaupt als geschlechtliches Mediensubjekt wahrzunehmen. In dieser Weise entsteht im Digitalbild ein Raum zur multioptionalen Visualisierung und (meta-) reflexiver Kommentierung. In Bezug auf die eingangs aufgeworfene Frage der Auswirkungen auf Bildungschancen konstituiert der ‚Cyberspace' Teilöffentlichkeiten, in denen die Akteure sich als Subjekte erkennen und abseits von den geltenden Dispositiven in teils (un)kritischer Abgrenzung verkennen.

Literatur

Althans, Birgit (2000). Der Klatsch, die Frauen und das Sprechen bei der Arbeit. Frankfurt/New York: Campus.

Althans, Birgit (2006): Klatsch as Klatsch can. Zur Genese des Klatsches als weibliche Rede und seine aktuelle Transformation in den Medien. In: Bischoff/Wagner-Egelhaaf (2006): 281-300.

Althans, Birgit/Audehm, Kathrin/Binder, Beate/Ege, Moritz/Färber, Alexa (Hrsg.) (2008): Kreativität. Eine Rückrufaktion. ZfK – Zeitschrift für Kulturwissenschaften. Heft 1. Bielefeld: transcript (im Erscheinen).

Austin, John. (1975): Zur Theorie der Sprechakte. Stuttgart: Reclam.

Babka, Anna (2000): „Gender/Genre-(in)-trouble". Literaturtheorie nach dem „Gesetz der Gattung", In: Burtscher-Bechter/Sexl (2000): 91-110.

Baudrillard, Jean (1991): Die fatalen Strategien. München: Matthes & Seitz.

Baumgartner, Peter/Schaffert, Sandra (Hrsg.) (2007): Bildungsforschung. Schwerpunkt: Technologie verändert die Bildungsforschung. Online: http://www.bildungsforschung.org/Archiv/2007-02/diskursanalyse [28.01.2008].

Benhabib, Seyla/Butler, Judith/Cornell, Drucilla/Fraser, Nancy (1993): Der Streit um die Differenz. Feminismus und Postmoderne in der Gegenwart. Frankfurt a.M.: Fischer.

Bischoff, Doerte/Wagner-Egelhaaf, Martina (2006): Mitsprache, Rederecht, Stimmgewalt. Genderkritische Strategien und Transformationen der Rhetorik. Heidelberg: Universitätsverlag Winter.

Bohnsack, Ralf (2003): Orientierungsmuster. In: Bohnsack/Marotzki/Meuser (2003): 132-133.

Bohnsack, Ralf/Marotzki, Winfried/Meuser, Michael (Hrsg.) (2003): Hauptbegriffe Qualitativer Sozialforschung. Opladen: Leske und Budrich.

Braun, Christina von (1985): Nicht-Ich. Ich Nicht. Logik-Lüge-Libido. Frankfurt a.M.: Neue Kritik.

Burtscher-Bechter, Beate/Sexl, Martin (Hrsg.) (2000): Theory Studies? Konturen komparatistischer Theoriebildung zu Beginn des 21. Jahrhunderts. Innsbruck: Studienverlag.

Butler, Judith (1991): Das Unbehagen der Geschlechter. Frankfurt a.m.: Suhrkamp.

Butler, Judith (1993): Kontingente Grundlagen: Der Feminismus und die Frage der Postmoderne. In: Benhabib/Butler/Cornell/Fraser (1993): 31-58.

Butler, Judith (1997): Körper von Gewicht. Die diskursiven Grenzen des Geschlechts. Frankfurt a.m.: Suhrkamp.

Butler, Judith (1998): Hass spricht. Zur Politik des Performativen. Berlin: Berlin Verlag.

Cottenceau, Isabelle (2006): Über die Schmerzgrenze. Dokumentation, ARTE France.

Dolto, Francoise (1987): Das unbewusste Bild des Körpers. Weinheim/Berlin: Quadriga.

Evans, Dylan (2002): Wörterbuch der Lacanschen Psychoanalyse. Wien: Turia und Kant.

Ferrin, Nino (2007): Chatting with Images. Introducing Cyberanthropology. In: Suzuki/Wulf (2007).

Feather (2006): Pure ana – Über die Ambivalenz der Anorexie. Online: http://www.gestoerte-welt.de/pure/pro-ana/mii_pro-ana.htm [28.01.2008].

Fischer-Lichte, Erika (2004): Ästhetik des Performativen. Frankfurt a.M., Suhrkamp.

Foucault, Michel (1977): Überwachen und Strafen. Frankfurt a.m.: Suhrkamp.

Foucault, Michel (1986): Der Wille zum Wissen. Sexualität und Wahrheit 1. Frankfurt a.m.: Suhrkamp.

Foucault, Michel (1989a): Der Gebrauch der Lüste. Sexualität und Wahrheit 2. Frankfurt a.m.: Suhrkamp.

Foucault, Michel (1989b): Die Sorge um sich. Sexualität und Wahrheit 3. Frankfurt a.m.: Suhrkamp.

Fröhlich, Werner (1997): Wörterbuch der Psychologie. München: DTV.

Fromme, Johannes/Sesink, Werner (2008): Pädagogische Medientheorie. Wiesbaden: VS-Verlag (im Erscheinen).

Gross, Friedrike von/Marotzki, Winfried/Sander, Uwe (Hrsg.) (2008): Internet – Bildung – Gemeinschaft. Wiesbaden: VS Verlag.

Gunzenhäuser, Randi (2003): Stichworte zur kulturwissenschaftlichen Computerspielanalyse. In: Keitel/Süß/Gunzenhäuser/Hahn (2003): 49-68.

Hall, Stuart (2000): Postmoderne und Artikulation. In: Ders.: Cultural Studies. Ein politisches Theorieprojekt. Ausgewählte Schriften Bd. 3. Hamburg: Argument: 52-77.

Hans, Barbara (2007): Magersucht 2.0. Thinderella aus dem Netz. In: Spiegel Online, 15. August 2007. Online: http://www.spiegel.de/schulspiegel/leben/0,1518,489275,00.html [28.01.2008]

Hubig, Christoph/Poser, Hans (Hrsg.) (1996): Conditio Humana. Dynamik des Wissens und der Werte. Akten des XVII. Deutschen Kongresses für Philosophie, Workshopbeiträge Bd. I. Leipzig: Institut für Philosophie.

Jörissen, Benjamin (2008): Kreativer Selbstausdruck in den Neuen Medien- zwischen Artikulation und crowdsourcing. In: Althans et al. (2008), im Erscheinen.

Jörissen, Benjamin/Marotzki, Winfried (2008): Neue Bildungskulturen im „Web 2.0": Artikulation, Partizipation, Syndikation. In: Gross/Marotzki/Sander (2008): 203-226.

Keitel, Evelyne/Süß, Gunter/Gunzenhäuser, Randi/Hahn, Angelika (Hrsg.) (2003): Computerspiele – Eine Provokation für die Kulturwissenschaften? Lengerich: Pabst.

Kittler, Friedrich (1985): Aufschreibesysteme 1800 / 1900. München: Fink.

Kloock, Daniela/Spahr, Angela (2000): Medientheorien. Eine Einführung. München: Fink.

Krämer, Sybille (Hrsg.) (1998): Medien, Computer, Realität. Wirklichkeitsvorstellungen und Neue Medien. Frankfurt a.m.: Suhrkamp.

Küllertz, Daniela (2007): Überlegungen zu einer bildungstheoretisch inspirierten Diskursanalyse multimedialer Artikulation. In: Baumgartner/Schaffert (2007).

Lacan, Jacques (1996): Die Ethik der Psychoanalyse. Das Seminar VII (1959-1960). Weinheim/Berlin: Quadriga.

Marotzki, Winfried/Jörissen, Benjamin (2008): Wissen, Artikulation und Biographie: theoretische Aspekte einer Strukturalen Medienbildung. In: Fromme/Sesink (2008): 51-70.

Mersch, Dieter (2003): Körper/Spiegel/Bilder. *Imagines* des öffentlichen Selbst. In: Iablis. Jahrbuch für europäische Prozesse. Heidelberg: Manutius: 58-70.

Rötzer, Florian (1998): Vom zweiten und dritten Körper oder: Wie es wäre, eine Fledermaus zu sein oder einen Fernling zu bewohnen? Ein Essay. In: Krämer (1998): 152-168.

Sandbothe, Mike (1996): Bild, Sprache und Schrift im Zeitalter des Internet. In: Hubig/Poser (1996): 421-428.

Shattuc, Jane.M. (1997): The Talking Cure. TV, Talkshows and Women. New York/London: Routledge.

Spahr, Angela (2000): Die Technizität des Textes. Friedrich A. Kittler. In: Kloock/Spahr (2000): 165-203.

Spiegel-Online (2007a): „Pro-Ana" im Internet. Anas Brief. Online: http://www.spiegel.de/schulspiegel/leben/0,1518,489791,00.html [28.01.2008].

Spiegel-Online (2007b): „Pro Ana" im Internet. Anas Slogans. Online: http://www.spiegel.de/schulspiegel/0,1518,489979,00.html [28.1.2008].

Suzuki, Shoko/Wulf, Christoph (Hrsg.) (2007): Mimesis, Poiesis and Performativity in Education. Münster: Waxmann.

Turkle, Sherry (1995): Life on the screen: identity in the age of the Internet. New York: Simon & Schuster.

Žižek, Slavoj (1999): Enjoy! In: Die Zeit. Nr. 43, S. 43.

Marshall McLuhans Medientheorie aus bildwissenschaftlicher Sicht

Klaus Sachs-Hombach

1   Einleitung

Die Medientheorie von Marshall McLuhan zählt trotz ihrer zahlreichen Unstimmigkeiten zu den einflussreichsten Medientheorien des 20. Jahrhunderts. Zweifelsohne ist es einer der Verdienste von McLuhan, überhaupt ein Bewusstsein für die enorme gesellschaftliche Wirksamkeit von Medien geschaffen zu haben, auch wenn die theoretischen Mittel, mit denen er seine Thesen im Einzelnen zu begründen versucht, nicht erst seit heute als eher fragwürdig gelten. Im Folgenden möchte ich zum Beleg dieser Einschätzung zunächst eine kurze kritische Darstellung der Medientheorie von McLuhan geben (2) und in einem zweiten Schritt ein alternatives Theoriemodell insbesondere der Bildmedien vorschlagen (3). Insofern dieses durchaus mit einigen Auffassungen McLuhans kompatibel ist, aber eine solidere Grundlage zur Beschreibung und Beurteilung der Bildmedien bereitzustellen beansprucht, können meine Ausführungen auch als Versuch einer Reformulierung einiger Aspekte der Medientheorie McLuhans (insbesondere der Unterscheidung von heißen und kalten Medien) verstanden werden.

2   Marshall McLuhans Medientheorie

2.1   Die Grundthesen

Marshall McLuhan zufolge liegt die Bedeutung von Medien nicht im jeweiligen Inhalt, sondern in ihrer medialen Form, kurz gesagt: The medium is the message. Interpretiert man diesen zwar gerne und viel zitierten, nichtsdestotrotz aber ziemlich kryptischen Satz wohlwollend, ließe sich sagen, dass „Bedeutung" in diesem Zusammenhang zunächst als Wirksamkeit zu verstehen ist und dass diese aus der technischen Verfasstheit der jeweiligen Medien resultiert. Hierfür gibt es durchaus sinnvolle Beispiele. Innerhalb der maschinellen Serienproduktion ergab sich etwa mit der Einführung von Fließbändern (die McLuhans ausuferndem Medienbegriffs zufolge – wie Straßen, Häuser, Werkzeuge, Geld, Zeit oder auch

Licht – ebenfalls zu den Medien gezählt werden sollen) als wichtiger Effekt eine Fragmentierung der Fabrikarbeit. Für die Arbeitsprozesse spielte es nun eine nur noch untergeordnete Rolle, was im Einzelnen hergestellt wurde. Wichtig wurde stattdessen die Koppelung des Arbeiters an die Maschine: „[W]hat one did with the maschine, that was its meaning or message" (Mc Luhan 1964: 7). Medien formen unsere gesellschaftliche und soziale Wirklichkeit also als technische Artefakte, indem sie die Strukturen unserer Arbeits- und Freizeitwelten über eine Anpassung unsere Verhaltensabläufe und -präferenzen an die technischen Vorgaben erzwingen.

Medientheorie ist dem obigen Beispiel zufolge wesentlich Techniktheorie. Vieles, was McLuhan schreibt, besitzt entsprechend auch eine gewisse Plausibilität, wenn es auf Technologien, insbesondere auf Maschinen und Werkzeuge, angewandt wird. Fraglich scheint dagegen, ob seine Thesen in gleicher Weise für die im engeren Sinne kommunikativen Medien, wie Film und Fernsehen, zutreffen. Zwar haben sich beispielsweise die Familienstrukturen und die Erziehungsstile zweifelsohne deutlich geändert, nachdem sich das Fernsehen als ein von Kindern begehrtes und von den Eltern nicht selten zur Beschäftigung/Ruhigstellung akzeptiertes Medium etabliert hat. Den großen Einfluss der Medien auf soziale Strukturen würde heute daher wohl niemand in Frage stellen wollen. Dass es jedoch gleichgültig sein soll, welche Inhalte mit den jeweiligen Medien vermittelt werden (ob Kinder etwa Horrorfilme oder die Sendung mit der Maus schauen), widerspricht in der Regel doch zutiefst unseren Überzeugungen und auch Erfahrungen (auf jeden Fall derjenigen, die mit der Erziehung von Kindern befasst sind). So wird, um eine weiteres Beispiel zu geben, niemand den sozialen Einfluss des Buchdrucks (etwa auf den Bildungsstand einer Gesellschaft) bestreiten, es aber doch eher unverständlich finden, wenn das Entstehen der Sowjetunion oder der sich anschließende Kalte Krieg nur auf die Erfindung des Buchdrucks und ohne Rekurs auf die Inhalte bestimmter Bücher (etwa von Marx) erklärt werden sollen. Der technologische Determinismus, den McLuhan zu vertreten scheint, ist entsprechend wohl einer inzwischen doch weitgehend überholten Neigung zu monokausalen Erklärungen geschuldet und bestenfalls als rhetorisches Mittel der Überspitzung verständlich (vgl. zum technologischen Determinismus Smith & Marx 1994, zur Diskussion um McLuhan insgesamt z.B. Stearn 1967).

Die vermutlich wichtigste (aber ebenso problematische) These, von der viele Folgerungen McLuhans abhängen, ergibt sich aus der Annahme, dass das Wirkungspotential der Medien bzw. Medientechnologien sich vor allem ihrer Rückwirkung auf unsere Sinne verdankt. Das Argument scheint hier das Folgende zu sein:

P1   Das Verhältnis der einzelnen Sinne zueinander ist die entscheidende Grundlage des menschlichen (sozialen wie individuellen) Selbstverständnisses.

P2   Das jeweilige Selbstverständnis ist die wesentliche Ursache für soziale Veränderungen.

P3   (Medien-)Technologie ist Sinnesprothetik mit massiven Rückwirkungen auf das Verhältnis der einzelnen Sinne zueinander.

K1   (Medien-)Technologie ist die entscheidende Grundlage unseres Selbstverständnisses (aufgrund P1 und P3).

K2   (Medien-)Technologie ist die wesentliche Ursache für soziale Veränderungen (aufgrund P2 und K1).

Ein Beispiel, an dem McLuhans Gedanke zunächst einmal verständlich werden kann, ist der in der Regel hoch differenzierte Hörsinn von Blinden. Früh Erblindete sind besser in der Lage, akustische Signale etwa hinsichtlich Lokalisation zu interpretieren. Wie in der Wahrnehmungspsychologie weitgehend anerkannt, ist das menschliche Wahrnehmungssystem überaus plastisch. Insbesondere im frühen Alter kann der Ausfall bestimmter Sinnesorgane durch die Schulung der übrigen Sinnesfähigkeiten zumindest teilweise kompensiert werden. Es wäre sicherlich auch denkbar, dass ganze Kulturen durch die jeweiligen Umweltbedingungen bestimmte Sinne in besonderer Weise differenzieren: Für Dschungelvölker mag beispielsweise der Hörsinn, für Wüstennomaden dagegen der Sehsinn dem Überleben dienlicher sein.

Nehmen wir an, dass McLuhan an Beispiele dieser Art gedacht hat und dass diese Beispiele für sich auch überzeugend sind. Damit sind aber die weit reichenden Folgerungen noch nicht plausibel, die er mit den Ausgangsprämissen verbindet. Diese bestehen vor allem in den Thesen, dass es erstens ein begrenztes Maß an Wahrnehmungsfähigkeit gibt, das sich auf die verschiedenen Sinne verteilt, und dass zweitens die Erhöhung der Fähigkeit eines Sinnes eine Verminderung der Fähigkeiten der anderen Sinne zur Folge hat: Die Effekte der Technologien „alter sense ratios or patterns of perception" (McLuhan 1964: 18). Der Grundgedanke eines übergeordneten sensus communis, der sich aus den einzelnen Sinnen zusammensetzt und dessen Gesamtstärke immer konstant bleibt, wird bei McLuhan zudem recht spekulativ zur menschheitsgeschichtlichen Eschatologie generalisiert. In den verschiedenen Epochen (orale Stammeskultur, literale Manuskriptkultur, Gutenberg-Galaxis und elektrisches Zeitalter) lässt sich danach zunächst eine (mit dem Buchdruck dann radikalisierte) Wendung zum Visuellen erkennen, die sich gegen Ende des 20. Jahrhunderts jedoch umkehrt, so dass eine Art Spiralmodell entsteht, in dem auf der höheren Ebene im elektrischen Zeitalter das ursprüngliche Gleichgewicht wieder herstellt wird.

2.2 Wahrnehmungsfähigkeit, Externalisierung und das Gleichgewicht der Sinne

Das zentrale Problem der Thesen, die McLuhan vorschlägt, besteht vor allem in der kausal gedachten Beziehung von Medien und Wahrnehmungsfähigkeiten, der zufolge sich die Verwendung von medialen Technologien unmittelbar auf die Qualität unserer Sinnesorgane auswirkt. McLuhan begründet dies mit der zusätzlichen Annahme, dass Medien als Organverstärkung dienen. Den entsprechenden Vorgang bezeichnet er als Externalisierung. Jede Technologie ist nach McLuhan eine Externalisierung von Sinnes-, Körper- oder Geistfunktionen, die zunächst einen erhöhten Reizinput und damit eine verstärkte Reizung des zentralen Nervensystems und in weiterer Folge dann eine Betäubung anderer Funktionen – eine Autoamputation im Sprachgebrauch von McLuhan – nach sich zieht. McLuhan schreibt etwa:

„The wheel as a counter-irritant to increased burdens, in turn, brings about a new intensity of action by its amplification of a separate or isolated function (the feet in rotation). Such amplification is bearable by the nervous system only though numbing or blocking of perception" (McLuhan 1964: 42f.).

Die Annahme einer Organverstärkung durch Technik mag für einige konkrete technische Beispiele durchaus einsichtig sein, damit ergibt sich aber noch kein kausaler Zusammenhang zwischen Organverstärkung und Sinnessystem. Und selbst wenn es eine biologische Grundlage für die Annahme gibt, dass eine erhöhte Reizung eines Sinnes eine Minderung der Reizempfindlichkeit eines anderen Sinnes bedingt, dann bleibt es doch fraglich, ob sie sich in der von McLuhan betriebenen extremen Weise für alle Medien und Medienwirkungen generalisieren lässt. Bei der Klärung dieses Problemkomplexes sollte unterschieden werden zwischen denjenigen technischen Medien, die ein Organ oder auch einen Sinn bei Benutzung verbessern (wie Brillen etwa die Kurzsichtigkeit ausgleichen können) und den im engeren Sinn kommunikativen Medien, die lediglich an einen bestimmten Sinn gebunden sind (wie das Telefon, das nur den Hörsinn erfordert). Beide Arten der Medien sollen nach McLuhan nicht nur die konkrete Wahrnehmungsleistung, sondern auch den jeweiligen Wahrnehmungssinn intensivieren.

Betrachten wir zunächst, ob sich seine techniktheoretischen Ansätze auf die zweite Art der Medien, auf die kommunikativen Medien übertragen lassen. Gerade diese, insbesondere der Buchdruck und das Fernsehen, besitzen für McLuhans übergeordnete historische Thesen die entscheidende Bedeutung. Nach McLuhan hat der Buchdruck den visuellen Sinn in den westlichen Kulturen zum dominanten Sinn befördert, weil die Kommunikation nun, anders als in oralen

Gesellschaften, einen gleichförmigen Leseprozess erfordere und damit das Hören vernachlässige. Dies sei insbesondere negativ zu bewerten, weil der Hörsinn als der eigentlich humane Sinn gilt, insofern er zum einen – auf Ergänzung angewiesen – weitere Sinne anrege, so dass ein Gleichgewicht der unterschiedlichen Sinnessysteme (vor allem Auge und Ohr) resultiere, und zum anderen imaginäre Komponenten fördere, die geeignet sind, eine Vernetzung der jeweiligen Inhalte und eine Einbindung in kosmologische Zusammenhänge herzustellen.

McLuhan gibt verschiedene Gründe an, warum insbesondere der Buchdruck als idealtypische Verkörperung visueller Medien den visuellen Sinn verstärkt und alle übrigen Sinne entsprechend schwächt. Hierbei sind ihm vor allem die Linearität der Schrift, ihre relative Genormtheit sowie ihre Informationsdichte wichtig (vgl. etwa McLuhan 1964: 84ff. oder 157ff.). Diese Eigenschaften erzwingen nach McLuhan eine Trennung des Sehsinnes von den übrigen Sinnen. Als Beleg hierfür zitiert McLuhan verschiedene vergleichende Studien, die schriftlose Kulturen eine weniger ausgeprägte Visualität attestieren. Diese empirischen Belege sind allerdings vielfach kritisiert worden, und zwar sowohl das experimentelle Design der entsprechenden Versuche wie auch McLuhans Interpretationen der Ergebnisse (vgl. etwa Miller 1972: 86ff.). Plausibel und belegbar scheint lediglich zu sein, dass es durchaus kulturspezifische Unterschiede zwischen visuellen Fähigkeiten gibt (etwa das Interpretieren von Tiefenhinweisen in perspektivischen Bildern), die sich aber nicht der Qualität des visuellen Sinnes verdanken müssen, sondern auf eine entsprechende kulturelle Schulung zurückgeführt werden können. Zudem gibt es viele empirische Belege, dass auch Mitglieder schriftloser Kulturen ein mitunter hohes Maß an visuellen Fähigkeiten aufweisen.

Für die erste Art der Medien, für die technischen Medien, ist die Annahme, dass sie die Sinne intensivieren, noch unplausibler. Es gibt keinen Grund anzunehmen, dass der visuelle Sinn durch das Brillentragen (oder auch durch die häufige Nutzung von Mikroskopen) verbessert wird. Unsere Wahrnehmungsmöglichkeiten werden natürlich durch die Verwendung entsprechender Geräte erweitert, aber dies scheint ganz unabhängig von den Wahrnehmungsfähigkeiten zu sein. Die Quantität möglicher Wahrnehmungserlebnisse (wie auch die Intensität der Wahrnehmungsreize) hat zunächst einmal nichts mit der Qualität des Wahrnehmungssinnes zu tun (vgl. zu dieser Kritik bereits Miller 1972: 81ff.). Die häufige Nutzung etwa eines Mikroskops schult in der Regel natürlich die Fähigkeit, das Gesehene angemessen zu interpretieren. Aber McLuhan geht es nicht um solche Interpretationsleistungen, die selbstverständlich immer kulturell bedingt sind und entsprechend trainiert werden können, sondern um die Qualität der Wahrnehmungsorgane bzw. Wahrnehmungsleistungen selbst.

2.3 Historische Thesen

Fragwürdig ist das Theoriegebäude von McLuhan ebenfalls hinsichtlich seiner menschheitsgeschichtlichen Verallgemeinerungen. McLuhan macht hierzu starke Anleihen beim kanadischen Wirtschaftshistoriker Harold Adams Innis. Nach Innis ist der Übergang zur Schrift entscheidend für die jeweilige ökonomische und gesellschaftliche Entwicklung (vgl. Innis 1951). Zur Unterstützung seiner Annahmen untersuchte er die historisch sich wandelnden Möglichkeiten der kommunikativen Medien, Raum und Zeit zu überwinden und damit Mobilität und Dauer zu schaffen. Beispielsweise können Befehle in Schriftform über größere Entfernungen in relativ exakter Weise übermittelt werden. Die sich daraus ergebende Optimierung der bürokratischen Kontrolle fördere in Folge – Innis' technologischem Determinismus zufolge – das Eigeninteresse der Gesellschaften und begünstige entsprechend das Entstehen der Nationalstaaten. Zugleich wird das Wissen (etwa der jeweiligen Historie) in verschriftlichter Form einer kritischen Prüfung zugänglich und dem Bereich mythologischer Konstruktionen entzogen. Neben diesen Annahmen von Innis ergibt sich ein weiterer theoretischer Bezugspunkt für McLuhan aus dem linguistischen Relativismus von Sapir und Whorf, dem zufolge sprachliche Unterschiede weltanschauliche Unterschiede nach sich ziehen (vgl. hierzu Miller 1972: 76-80). Der an den Hopi-Indianern exemplifizierten Annahme, dass die jeweiligen Vorstellungen von Welt und Selbst sich aus den syntaktischen Eigenschaften der Sprache ergeben, schien bereits Lévy-Bruhls Theorie des primitiven Denkens verpflichtet. Aus der Verschränkung dieser verschiedenen Theorien, mit die gesellschaftliche Wirkung von (Schrift-)Medien und die weltanschauliche Wirkung von Sprache hervorgehoben werden, folgert McLuhan nun, dass sich alle neuzeitlichen weltanschaulichen Dispositive letztlich der Einführung des Buchdrucks als radikalisierte Form der Verschriftlichung verdanken.

Der ursprüngliche kulturelle Paradigmenwechsel ergibt sich nach McLuhan mit der Erfindung der Schrift. Insbesondere in Kulturen mit Alphabetschriften werde der visuelle Sinn bevorzugt angeregt. Allerdings bleiben die Nachteile dieser Entwicklung längere Zeit verborgen, weil die Verschriftlichung innerhalb von Manuskriptkulturen ,taktile' (und damit synästhetische) Qualitäten besitze und einen Ausgleich der unterschiedlichen Sinne noch gewährleisten könne. Erst die Erfindung des Drucks erzwinge die Vorherrschaft des visuellen Sinnes und damit eine radikale Änderung des Sinneshaushaltes, denn indem der visuelle Sinn von den anderen Sinnen getrennt wird, wandele sich das zuvor simultane Bewusstsein, wie es im Mythos zum Ausdruck gekommen sei, in ein lineares und fragmentiertes Bewusstsein. Damit einhergehend entwickele sich eine Vormachtstellung mechanischer Produktions- und Denkweisen. Die Produktivität des Gutenbergmenschen ergibt sich nach McLuhan, weil er buchstabentreu und damit logisch und pünktlich verfahre. Es ist also insbesondere das Entstehen des Alphabets und (damit eng verbunden) der Logik, durch die das assoziative Vermögen der ‚primitiven' Erfahrungswelten beschnitten und die Vernunft ihrer imaginativen Polyvalenz beraube werde.

Seiner kulturkritischen Diagnose stellt McLuhan die Vision des elektrischen Zeitalters gegenüber. Seit den 60er Jahren konstatiert er einen Übergang vom Mechanischen zum Elektrischen, das er mit Kreislaufmodellen und verschiedenen Formen der Vernetzung verbunden sieht. Insbesondere das Fernsehen galt ihm als Ausdruck einer auf „Stromkreise" beruhenden Technologie, die zu einer Wiederherstellung eines Gleichgewichts der Sinne beitragen könne. Dies gelinge insbesondere, weil nicht mehr die Inhalte, sondern – beispielsweise in der Werbung und analog zur Avantgarde-Kunst – die Formen und Strukturen dominant wirken, die auf Techniken beruhen, wie wir sie von Traum, Mythos oder Märchen kennen. Das Fernsehen sei in der Lage, das magische und assoziative Denken zu restituieren, weil es auf einer vollständigen Externalisierung beruhe, die auch das zentrale Nervensystem einbeziehe und die trotz oder gerade wegen der radikalen Selbstentäußerung ein Bewusstsein des ursprünglichen Gleichgewichtes der Sinne schaffe. Ähnlich wie in der Marxschen Verelendungstheorie soll damit die auf einem Tiefpunkt angelangte Entwicklung in ihr Gegenteil umschlagen.

2.4 Heiße und kalte Medien

Insbesondere im Rahmen bildwissenschaftlicher Fragen ist McLuhans Unterscheidung in heiße und kalte Medien von besonderer Relevanz, da sie quer zu der traditionellen Unterscheidung in sprachliche und bildliche oder in arbiträre und wahrnehmungsbasierte Medien liegt und innerhalb des Bildbereichs eine spezielle Gruppe von Bildmedien auszeichnet, die ich als immersive Bilder bezeichnen möchte. Nach McLuhan entsteht diese Gruppe von Bildern bzw. Bildmedien in der Renaissance mit dem perspektivisch konstruierten Bild. Dieser Zeitpunkt ist für McLuhan nicht zufällig, sondern eng mit der Erfindung des Buchdrucks verbunden und damit ein wichtiger Teil der Gutenberg Galaxis. Die dort zur Anwendung kommende ‚lineare' Perspektive mit ihrem individuellen Betrachterstandpunkt finde dann in Fotografie und Film eine konsequente Ausprägung bzw. Vollendung. Dagegen fördere beispielsweise der Kubismus – im Unterschied zu den auf eine realistische Darstellung abzielenden Bildmedien – simultane Darstellungsformen. Wie später die Comics besitze ein kubistisches Gemälde ‚taktile' Qualitäten. Gegenüber dem heißen Medium Film sei damit

eine Tradition kalter Bildmedien entstanden, die mit dem Fernsehen einen radikalisierten Ausdruck erfahren habe.

Die Definitionen, die McLuhan zu den Begriffen des kalten und des heißen
Mediums gibt, sind etwas verschwommen. Als Unterscheidungsmerkmal nennt
McLuhan zum einen die Informationsdichte oder Intensität: Das Medium Film
zeichne sich etwa durch „high definition", das Medium Fernsehen durch „low
definition" aus. Nach einem zweiten Kriterium sprechen heiße Medien primär
einen Sinn an, kalte Medien viele Sinne. Als eine dritte Bedingung gibt McLuhan schließlich an, dass kalte Medien einen höheren Grad an Partizipation aufweisen, während heiße Medien bestimmte Rezeptionsformen gewissermaßen
erzwingen. Die verschiedenen Kriterien, die McLuhan je nach Kontext unter-
schiedlich hervorhebt, sind nicht unabhängig voneinander: Die leitende Überlegung scheint zu sein, dass Medien, die sich auf nur einen Übertragungskanal
konzentrieren, tendenziell eine höhere Informationsdichte und damit eine entsprechend größere Intensität besitzen, was dann wiederum zur Folge hat, dass
bestimmte Rezeptionsformen mit geringem Partizipationsaufwand erzwungen
oder nahe gelegt werden.

Nach intensiveren Auseinandersetzungen mit McLuhans Medientheorie halte ich die Unterscheidung in heiße und kalte Medien inzwischen für theoretisch
durchaus ertragreich. In der gegenwärtigen Forschung gilt sie jedoch als eher
problematisch. Die Probleme zeigen sich beispielsweise im Vergleich von Film
und Fernsehen. Der Film vereint, obschon nach McLuhan ein heißes Medium, in
der Regel visuelle, sprachliche und musikalische Dimensionen und ist damit auf
jeden Fall ein audio-visuelles Phänomen. Fernsehen gilt McLuhan zufolge dagegen als kaltes Medium, weil es – allem Anschein zum Trotz – eine höhere Partizipation vom Zuschauer verlange. Die Begründung, die McLuhan hierzu gibt, ist
wenig einsichtlich: Da das Fernsehnbild durch schnelle Folgen elektrischer Impulse aufgebaut werde, entspreche es mehr den taktilen Qualitäten von Skulptu-
ren als Bildern, so dass „the viewer (…) unconsciously reconfigures the dots into
an abstract work of art" (McLuhan 1964: 313). Diese technische Begründung
klingt heutzutage genauso merkwürdig, wie McLuhans Charakterisierung des
Fernsehens insgesamt: „TV will not work as background. It engages you. You
have to be *with* it" (ebd.: 312). Ich halte daher insbesondere McLuhans Einschätzung des Fernsehens für wenig plausibel, denke aber zugleich, dass seine Unterscheidung in heiße und kalte Medien dadurch keinen Schaden leidet und sich
inzwischen auch bessere Beispiele finden lassen, wie etwa die zunehmende
Verbreitung von bildfähigen Handys.

Fassen wir, meine knappe Skizze abschließend, die unterschiedlichen Möglichkeiten der Kritik an McLuhans Medientheorie grob zusammen. Sie sind zunächst auf Grund ihrer Neigung zu kritisieren, jedes Phänomen in ‚große' Dua-

lismen (z.b. Auge gegen Ohr) zu pressen und auf diese Weise die gesellschaftliche Wirklichkeit sowie die historische Entwicklung allzu plakativ darzustellen. Zudem sind die empirischen Befunde und deren Interpretation (etwa zum Thema schriftloser Kulturen oder zum linguistischen Relativismus) oft unsicher und erfordern zumindest eine genauere Auseinandersetzung mit alternativen bzw. aktuellen Forschungsergebnissen. Schließlich hat McLuhan zahlreiche Begriffe im Rahmen seiner Theorien nur unzureichend definiert bzw. teilweise auch inkonsistent verwendet. Etliche seiner Folgerungen verdanken sich wohl nur der so geschaffenen Ambiguitäten.

3 Bildwissenschaftliche Perspektiven

3.1 Visualistic Turn

Im zweiten Teil meines Beitrages möchte ich nun einen alternativen theoretischen Zugang speziell zu den Bildmedien vorstellen. Hierzu sind einleitend einige historische Anmerkungen sinnvoll, die ich zunächst als Thesen zum *visualistic turn* zusammenfasse: 1) Der *visualistic turn* ist ein Unternehmen, mit dem das unvollendete Projekt des als *linguistic turn* missverstandenen *medial turn* um die Untersuchung der sensuellen Formen der Welterschließung vervollständigt wird. 2) Der *visualistic turn* sollte entsprechend nicht als Alternative zum *linguistic turn*, sondern als seine Ergänzung um den nicht-wortsprachlichen Zeichengebrauch verstanden werden. 3) Im Rahmen dieses Projektes erhält der Medienbegriff eine besondere Bedeutung, weil wahrnehmungsnahe Zeichen in besonderer Weise medial gebunden sind.

Die erste These geht davon aus, dass die entscheidende historische Weichenstellung (nicht nur für unsere Themenstellung) im 19. Jahrhundert erfolgt ist. Sie bestand in der zunehmend akzeptierten Überzeugung einer sprachlichen Verfasstheit unserer Welt- und Selbstverhältnisse. Diese Überzeugung findet ihren radikalisierten Ausdruck in den Schriften des späten Wittgenstein. Sprache ist danach kein äußerliches Phänomen, sondern prägt entscheidend unsere jeweilige Art, Fragen zu stellen und Antworten zu geben. Dies muss nicht im Sinne eines linguistischen Relativismus interpretiert werden. Wichtig ist aber, dass Sprache nicht mehr als neutrales Medium verstanden wird, sondern als ein soziokulturell bedingtes Phänomen, dessen Struktur den jeweiligen Inhalten nicht äußerlich ist. Die zu beobachtenden medialen Effekte haben entsprechend einen sehr grundsätzlichen Klärungsprozess erzwungen, für den sich der Titel „linguistic turn" eingebürgert hat. Allerdings blieb durch die wissenschaftliche Konzentration auf Sprache lange Zeit verdeckt, dass Sprache nur ein Medium unter anderen ist und dass insbesondere den visuellen Ausdrucksformen eine vielleicht nicht ebenso, aber zumindest ebenfalls wichtige Funktion innerhalb unserer Verständigung über Welt und Selbst zukommt. Die zweite These expliziert diese Annahmen. Das gegenwärtig festzustellende Interesse an bildtheoretischen Fragen sollte als Versuch einer Verallgemeinerung der Einsicht in die prinzipielle mediale Gebundenheit unseres Welt- und Selbstverhältnisses gesehen werden. Entsprechend handelt es sich nicht um eine Konkurrenz von Wort und Bild. Natürlich bestehen in konkreten (beispielsweise in politischen) Kontexten mitunter starke Spannungen zwischen visuellen und sprachlichen Vermittlungsformen. Zudem lässt sich in der Tradition fraglos eine Höherbewertung der Sprache feststellen, die in angemessener Weise zu relativieren wäre. Im Zusammenhang der Einsicht in die mediale Verfasstheit unseres Selbst- und Weltverhältnisses ist aber wichtiger, Wort und Bild als zwei sich vermutlich ergänzende Weisen medial vermittelter Kommunikationsprozesse zu verstehen, die als Ausdruckssysteme trotz aller Unterschiede auch Gemeinsamkeiten aufweisen. Wissenschaftlich ertragreich ist daher vor allem, die jeweiligen Funktionen dieser Ausdruckssysteme, ihre Stärken und Schwächen und ihr Verhältnis zueinander empirisch gesichert zu bestimmen.

Dass erst mit dem *visualistic turn* der Medienbegriff so deutlich ins Bewusstsein getreten ist, ergibt sich nach der dritten These, weil die Verwendung von Bildern in besonderer Weise medial gebunden und daher entsprechend geeignet ist, die medialen Grundlagen in den Blick zu rücken. Denn während die einzelnen sprachlichen Äußerungen immer schon Äquivalenzklassen bilden und ihre Rezeption von all den Besonderheiten der Zeichenträger absehen kann oder sogar muss, sind im Bildbereich zahlreiche Eigenschaften der Bildträger auch zur semantischen Erfassung relevant. Das trifft insgesamt für die wahrnehmungsnahen Zeichen zu, deren Besonderheit ja gerade darin besteht, dass das Fehlen entsprechender Kodierungsleistungen durch intersubjektiv geteilte Kompetenzen, nämlich Wahrnehmungskompetenzen, kompensiert wird.

3.2 Vor- und Nachteile von Bildmedien

Um sich die Eigenheiten von Bildmedien zu vergegenwärtigen, ist ein Vergleich von Wort und Bild hilfreich, der die jeweiligen Vor- und Nachteile von Bildern vor Augen führt. Als Vorteil der Bilder gilt in der Regel, dass sie konkret und spezifisch sind und damit eine große Unmittelbarkeit besitzen. Daher eignen sich Bilder besonders zur schnellen Erfassung komplexer Sachverhalte, zur Erzeugung erlebnisnaher Illusionen sowie zur emphatischen/affektiven Rezeption. Zudem besitzen Bilder zahlreiche Repräsentationsdimensionen (etwa Farbe,

Form, Größe, Position der Einzelelemente, Liniendicke etc.), die im Regelfall für sprachliche Darstellungen irrelevant sind. Diese visuellen Variablen ermöglichen die simultane Präsentation von erheblich größeren Informationsmengen. Auf Grund der genannten Eigenschaft lassen sich Bilder in sehr effizienter Weise zur (insbesondere räumlichen) Orientierung, zur Strukturierung oder zur modellhaften Darstellung verwenden.

Der mit der Simultanität sich ergebenden Effizienz der Bilder steht als Nachteil eine eingeschränkte Ausdrucksmächtigkeit gegenüber. Mit Bildern ist es (im Vergleich zur Sprache) nur eingeschränkt möglich, komplizierte Bedingungsverhältnisse wie Zeitverhältnisse oder Konditionale auszudrücken. Es ist zudem zumindest umstritten, dass Bilder Wahrheitsbedingungen, und nicht nur Adäquatheitsbedingungen besitzen. Vor allem aber lassen sich metakommunikative Elemente erheblich schwieriger in Bildern integrieren, so dass die jeweiligen illokutionären Funktionen, und damit die Bildbotschaft, oft erst über den pragmatischen Kontext verständlich werden. Genau hierauf hat Wittgenstein in seiner berühmten Anmerkung zu § 22 der *Philosophischen Untersuchungen* hingewiesen, in der er schreibt, dass ein Bild, das einen Boxer darstellt, dazu gebraucht werden kann, „um jemanden mitzuteilen, wie er stehen soll, sich halten soll; oder, wie er sich nicht halten soll; oder wie ein bestimmter Mann dort gestanden hat; oder etc." (Wittgenstein 1984: 249; vgl. die ausführliche Analyse dieser Thematik bei Muckenhaupt 1986). Auf Grund dieser Unbestimmtheit lässt sich ableiten, dass Bilder weniger gut zur reflexiven Kommunikation geeignet sind. Die Tatsache, dass Bilder immer konkret sind, erweist sich damit zugleich als Nachteil, wenn es um die Darstellung abstrakter Sachverhalte oder um die Explikation bzw. Definition von Begriffen geht.

Anders als bei den allgemein anerkannten Vorteilen sind die aufgeführten Nachteile strittig, da sich einige Gegenbeispiele finden lassen. Bilder können sicherlich reflexive Elemente zur Steuerung ihrer Rezeption enthalten. Natürlich übernehmen sie in etlichen Fällen auch epistemische wie normative Funktionen. Und unter bestimmten Bedingungen tragen sie ebenfalls zum Verständnis abstrakter Sachverhalte bei. Dies ist aber nicht der Regelfall und im Vergleich zur Sprache sehr viel komplizierter. Es gelingt oft nur, nachdem sich spezielle Interpretationskontexte mit den nötigen impliziten Regeln herausgebildet haben. Mehr noch als die sprachliche Kommunikation ist die Bildkommunikation daher implizite Kommunikation, die es erforderlich macht, die jeweils verfolgte Absicht einer Bildverwendung zu erschließen.

3.3 Bilder als wahrnehmungsnahe Medien

Der Vorschlag, den ich zur angemessenen theoretischen Erfassung der beschriebenen Sachverhalte nun vorstellen möchte, lässt sich in der These zusammenfas-
sen, dass Bilder wahrnehmungsnahe Zeichen sind (vgl. Sachs-Hombach 2003).
Diese Formel hebt zwei Aspekte als konstitutiv hervor: den Zeichencharakter,
dem zufolge ein wie auch immer gearteter kommunikativer Inhalt an eine kommunikative Trägersubstanz gebunden ist, und den Wahrnehmungsbezug, durch
den diese Beziehung hergestellt wird. Etwas sollte demnach nur dann als Bild
gelten, wenn ihm irgendein Inhalt zugewiesen worden ist, der sich zumindest
teilweise dem Wahrnehmungsbezug verdankt. Beide Aspekte können für sich
durchaus in bildunabhängigen Kontexten auftreten. Es ist also ihre Kombination,
die den Bildstatus konstituiert. Entsprechend ergibt sich als eine wichtige Aufgabe der Bildwissenschaft, die unterschiedlichen Typen, Funktionen und Verwen-
dungen von Bildern hinsichtlich der jeweils variierenden Verknüpfung dieser
beiden Aspekte zu analysieren.

Den Begriff der Wahrnehmungsnähe erläuternd, ist zu betonen, dass es
nicht darum geht, dass Zeichen im Kommunikationsprozess wahrgenommen
werden müssen, denn diese Bedingung gilt für den Zeichengebrauch generell.
Entscheidend ist hier vielmehr, dass auch für die *Interpretation* bildhafter Zeichen, mit der ihnen ein Inhalt zugewiesen wird, der Rekurs auf Wahrnehmungskompetenzen konstitutiv bleibt und die Struktur der Bildträger damit – im Unterschied zu arbiträren Zeichen – zumindest Hinweise auf die Bildbedeutung enthält. Diese Besonderheit der wahrnehmungsnahen Interpretation liegt am stärks-
ten bei illusionistischen oder allgemein bei immersiven Bildern vor, für die also
eine stärkere perzeptuelle Interpretationsbasis anzunehmen ist. Zwar müssen wir
auch hier bereits verstanden haben, dass es sich um ein Bild handelt, und damit
eine allgemeine Medienkompetenz besitzen, die auch konventionelle Vorgaben
enthält; aber um zu bestimmen, *was* im Bild dargestellt ist, können wir im wesentlichen auf die Prozesse zurückgreifen, die wir mit der Fähigkeit zur Gegenstandswahrnehmung bereits besitzen.

Bei dem sehr allgemein zu verstehenden Zeichenaspekt ist die Unterscheidung zwischen Ausdruck und Inhalt wichtig: Damit etwas als Zeichen gilt, muss
es einen physischen Zeichenträger, einen Ausdruck, geben, dem ein Inhalt zugewiesen wird. Die Begriffe des Mediums und des Zeichens bedingen sich hierbei
gegenseitig, sofern ein Medium eben das physische Mittel ist, dem wir eine Bedeutung beimessen. Der Unterschied zwischen sprachlichen und visuellen Zeichen ergibt sich dann aus der Art und Weise der Inhaltszuschreibung. Insofern
hierbei nur der Zeichenaspekt eine Orientierung an der Semiotik nahe legt, der
spezifische Unterschied von Bildern sich aber aus dem Wahrnehmungsaspekt

ergibt, halte ich es auch für eher missverständlich, meinen Explikationsvorschlag als semiotische Bildtheorie zu bezeichnen.

Mit Bezug auf die beiden genannten Aspekte lassen sich verschiedene Bedeutungsebenen unterscheiden, die für den Vergleich mit der Theorie von McLuhan noch wichtig werden: Inhalt, Referenz, symbolische Bedeutung und kommunikative Bedeutung. Der Bildinhalt ist hierbei dasjenige, was jemand *im* Bild sieht. Dieser Bedeutungsaspekt beruht wesentlich auf den visuellen Eigenschaften des Bildträgers und ist der Ausgangspunkt auch für die übrigen Bedeutungsebenen. Er mag in einigen Fällen vom Kontext abhängen, oder davon, wie typisch ein Darstellungsinhalt für das Dargestellte ist, beruht aber in der Regel auf individuell wenig variablen Wahrnehmungsmechanismen.

Wie fiktionale Bilder illustrieren, fällt der Bildinhalt weder mit der Bildreferenz zusammen noch erfordert er einen Bildreferenten. Weil unterschiedliche Gegenstände unter bestimmten Perspektiven denselben Wahrnehmungseindruck hervorrufen können, ist die Referenz eines Bildes prinzipiell unsicher. Zur Bestimmung der Referenz liefert der Bildinhalt lediglich eine notwendige, aber keine hinreichende Bedingung, die durch den Verwendungskontext spezifiziert werden muss. Bildreferenz ist daher eine illokutionäre, kontextuell verankerte Funktion. Sofern Bilder in speziellen Fällen eine primär nominatorische Funktion übernehmen, wird diese über die Charakterisierung individueller Eigenschaften im Sinne von Kennzeichnungen realisiert.

Die dritte Bedeutungsebene, die symbolische Bedeutung, entspricht dem, worauf das Bild anspielt. Ein Verständnis des symbolischen Gehalts eines Bildes oder Bildelementes setzt voraus, dass wir zunächst den Bildinhalt erkannt haben, verlangt darüber hinaus aber – da die symbolische Bedeutung ein und desselben Bildelementes kulturell variieren kann – eine Kenntnis des jeweiligen soziokulturellen Kontextes. Wir müssen also die entsprechenden Konventionen kennen, um beispielsweise zu verstehen, dass die Darstellung einer Taube als Symbol des Friedens dienen soll.

Schließlich sollte von den erläuterten Bedeutungsebenen die kommunikative Bedeutung unterschieden werden. Sie besteht in der ‚Botschaft', die mit dem Bild vermittelt werden soll, bzw. in dem, was die Bildverwendung bezweckt. Der Bildinhalt liefert zwar eine der notwendigen Prämissen, um auf den kommunikativen Gehalt eines Bildes zu schließen, ist aber wie bei der Bestimmung der Referenz nicht hinreichend. Ein Verständnis des kommunikativen Gehaltes einer Bildverwendung muss notwendig den Kontext einbeziehen. Zudem schließt ein solches Verständnis den Rekurs auf kommunikative Maximen ein, die als Prämissen dienen, um die kommunikativen Intentionen erschließen zu können.

3.4 Bildverwendung als kommunikatives Handeln

Insbesondere die vierte Bedeutungsebene weist darauf hin, dass die Verwendung
von Bildern eine Form des kommunikativen Handelns ist, die unterschiedliche
Funktionen bzw. illokutionäre Rollen übernehmen kann. Eine elementare Funktion des Bildeinsatzes besteht sicherlich im Veranschaulichen. Das Veranschaulichen fasse ich als eine Weise der visuellen Charakterisierung auf. Wir verwenden Bilder demnach, um einzelne Aspekte realer oder fiktiver Gegenstände bzw.
Sachverhalte visuell auszuzeichnen, d.h. sichtbar zu machen. Eine solche visuelle Charakterisierung kann durchaus mehr oder auch anderes sein als das Präsentieren von perspektivisch gebundenen Oberflächenansichten. Aber das realistische Bild, das uns das Aussehen eines konkreten Gegenstandes unter spezifischen Bedingungen zeigt, ist hierfür ein besonders markantes Beispiel.

Innerhalb der kommunikativen Verwendung von Bildern lassen sich drei
grundsätzliche Komplexitätsgrade unterscheiden. Auf der elementarsten Ebene
veranschaulicht ein Bild lediglich als wesentlich erachtete Begriffsmerkmale.
Eine solche Veranschaulichung findet etwa in Bildwörterbüchern Anwendung
oder – etwas komplexer – in den grafischen Darstellungen geometrischer Theo-
reme, wie sie sich in mathematischen Lehrbüchern finden. Hierbei handelt es
sich durchweg nicht um die Darstellung individueller, konkreter Gegenstände,
sondern um die Darstellung von Gegenstandsklassen oder von abstrakten Gegenständen. Daher kann die Grundfunktion der Veranschaulichung analog zur
charakterisierenden Funktion von Prädikaten aufgefasst werden.

Auf einer komplexeren Ebene wird mit einem Bild zu verstehen gegeben,
dass es sich bei der Veranschaulichung um einen ganz bestimmten Gegenstand
handelt, auf den Bezug genommen oder dem sogar bestimmte Eigenschaften
zugeschrieben werden sollen. Soll die Referenz eines Zeichens bildhaft sichergestellt werden, dann muss sie über den jeweiligen Bildinhalt – über das, was wir
‚im' Bild sehen – zustande kommen. Es gibt also im Bildbereich kein Äquivalent
für Eigennamen im engeren Sinne. Die Veranschaulichung konkreter Gegenstände erfolgt immer im Sinne von Kennzeichnungen (also unter Zuhilfenahme
der prädikativen Grundfunktion), indem begriffliche Sachverhalte derart kombi-
niert werden, dass sie sich in einem bestimmten Kontext zur Charakterisierung
individueller Sachverhalte eignen.

Ein weiterer Komplexitätsgrad liegt schließlich vor, wenn wir mit bildhaften Darstellungen die verschiedenen illokutionären Funktionen ausüben. Mit
dem Präsentieren eines Bildes lässt sich beispielsweise eine Behauptung oder
eine Aufforderung verbinden oder auch eine Einstellung einem Sachverhalt gegenüber vermitteln. Mit Bildern können wir also unter anderem etwas behaupten,
vor etwas warnen, etwas verbieten, über etwas informieren oder auf etwas hin-

weisen. Ob ein Bild etwa normativ aufzufassen ist, ergibt sich allerdings nicht aus dem Bild selbst, sondern immer erst aus dem kommunikativen Kontext. Ein und dasselbe Bild erhält daher relativ zu dem jeweiligen Handlungszusammenhang eine unterschiedliche kommunikative Bedeutung.

3.5 Zur Ambivalenz der Bilder

Aus dem skizzierten theoretischen Modell lässt sich nun ein Vorschlag entwickeln zur Beschreibung der eigentümlich ambivalenten Wirksamkeit bildhafter Darstellungen, die sich auch in McLuhans Unterscheidung von heißen und kalten Medien findet: Bildhafte Darstellungen besitzen eine ambivalente Wirksamkeit (die im besonderen Maße auch ideologisch instrumentalisierbar ist), weil ihre Rezeption einerseits durch die Mechanismen erleichtert wird, die wir für eine Interpretation der Wahrnehmungsprozesse ohnehin zur Verfügung haben, diese aber andererseits die oft nicht bewusste Neigung fördert, die medialen Eigenschaften der Darstellung unkritisch als Eigenschaften realer Sachverhalte aufzufassen. Anders gesagt: Darstellende Bilder zeichnen sich dadurch aus, dass ihr Inhalt einerseits eine hohe Unmittelbarkeit besitzt (was als perzeptueller Realismus bezeichnet werden kann), der Bildinhalt andererseits aber von der Bildreferenz und insbesondere von dem kommunikativen Gehalt sehr viel unabhängiger ist, als es dem ungeschulten Blick scheinen mag. Daher ermöglicht die Unmittelbarkeit des Bildinhaltes bei geschickter Verwendung ein hohes Maß an Beeinflussung. Mit dem Bild können gewissermaßen nicht abgesicherte Bedeutungsaspekte als gesichert suggeriert werden.

Die spezifischen Stärken und Schwächen der Bildverwendung hängen also wesentlich von wahrnehmungspsychologisch zu beschreibenden Bildeffekten ab. Insbesondere die Schwächen entstehen vor allem dadurch, dass diese Effekte ungerechtfertigte Schlüsse begünstigen, indem sie den Zeichenstatus der Bilder und ihre Herstellungsprozess verschleiern. Bildwahrnehmung und Bildinterpretation können so in vielen Aspekten von der Gegenstandswahrnehmung profitieren, indem sie auf die Vorteile zurückgreifen, die sich mit den Wahrnehmungsmechanismen entwickelt haben. Weil der Zeichenstatus und die damit verbundene Artifizialität der Bilder bei mangelnder Schulung aber unzureichend berücksichtigt werden, kann dieser Vorteil all zu schnell ins Gegenteil umschlagen.

4   Fazit

Auf der Grundlage der dargestellten Unterscheidungen lässt sich abschließend
der angekündigte Reformulierungsversuch unternehmen. Die Bildmedien, die
McLuhan als heiße Medien einstuft, scheinen mir im Wesentlichen mit denen
zusammenzufallen, die ich immersive Bilder genannt habe. Es handelt sich hierbei vor allem um diejenigen Bilder bzw. Bildverwendungen, bei denen es um
realistische Darstellungen und damit wesentlich um den Bildinhalt geht, dessen
Interpretation vor allem durch die perzeptuellen und entsprechend oft unbewusst
verarbeiteten Anteile bestimmt wird. Dagegen wird bei denjenigen Bildmedien,
die McLuhan als kalte Medien bezeichnet, der perzeptuelle Aspekt mehr oder
weniger durch die anderen Bedeutungsaspekte überlagert und so entsprechend
reflexiv gebrochen. Betrachten wir beispielsweise ein kubistisches Gemälde, so
bleibt der perzeptuelle Aspekt zwar wichtig, insofern jede der ineinander ge-
schobenen Betrachterperspektiven für sich einen konsistent dargestellten Wirk-
lichkeitsausschnitt zeigt. Da die Art der Zusammenstellung aber mit unseren
lebensweltlichen Wahrnehmungserlebnissen nicht all zu viel Ähnlichkeit besitzt,
ist es zum Verständnis bzw. zur Würdigung kubistischer Gemälde erforderlich,
zunächst das zugrunde liegende Konstruktionsprinzip zu verstehen, um sich auf
dieser Grundlage einen Gesamteindruck des Dargestellten zu verschaffen. Die
höheren Ansprüche, die damit an die Bildrezeption gestellt werden, stärken das
reflexive Moment, das auch eine höhere Partizipation erfordert. Entsprechend
sind Irritationen, die etwa bei Nouvelle Vague-Filmen durch eine ungewohnte
Montagetechnik entstehen, als Versuch zu werten, den perzeptuellen Realismus
zu durchbrechen bzw. reflexiv zugänglich zu machen, um so den artifiziellen
Charakter des Mediums Film hervorzuheben.

Zusammenfassend ergibt sich, dass die Medientheorie von McLuhan, insbesondere die Unterscheidung zwischen heißen und kalten Medien, trotz ihrer
wenig überzeugenden Herleitung auch heute durchaus noch interessant ist. Insgesamt wäre es aber wünschenswert, eine tragfähigere theoretische Grundlage
der Medientheorie von McLuhan im Allgemeinen und ihrer bildtheoretischen
Implikationen im Besonderen zu entwickeln.

5   Literatur

Innis, Harold A. (1951): The Bias of Communication. Toronto: University of Toronto
    Press (mit einem Vorwort von P. Heyer und D. Croley, neu abgedruckt 1995).
McLuhan, Marshall (1962): The Gutenberg Galaxy. The Making of Typographic Man.
    London/Toronto: Toronto University Press.

McLuhan, Marshall (1964): Understanding Media: The Extensions of Man. London/New York: McGraw-Hill.

Miller, Jonathan (1972): Marshall McLuhan. München: dtv.

Muckenhaupt, Manfred (1986): Text und Bild: Grundfragen der Beschreibung von Text-Bild-Kommunikationen aus sprachwissenschaftlicher Sicht. Tübingen: Narr.

Sachs-Hombach, Klaus (2003): Das Bild als kommunikatives Medium. Elemente einer allgemeinen Bildwissenschaft. Köln: Herbert von Halem Verlag.

Smith, Merritt R./Marx, Leo (Eds.) (1994): Does Technology Drive History? The Dilemma of Technological Determinism. Cambridge, MA: MIT Press.

Stearn, Gerald E. (Ed.): (1967): Hot & Cool. New York: The Dial Press.

Wittgenstein, Ludwig (1984): Philosophische Untersuchungen (1953). Bd. 1 der Werkausgabe in 8 Bänden. Frankfurt a.m.: Suhrkamp.

Autorinnen und Autoren des Bandes

Althans, Birgit, Dr., Privatdozentin am Fachbereich Erziehungswissenschaft und Psychologie der Freien Universität Berlin, Arbeitsbereich *Anthropologie und Erziehung*, sowie Mitarbeiterin am Sonderforschungsbereich „Kulturen des Performativen"; Arbeitsschwerpunkte: Cultural-, Media- und Gender-Studies, Empirische Sozialforschung, Pädagogische und Historische Anthropologie

Ferrin, Nino, M.A., Wissenschaftlicher Mitarbeiter im Arbeitsbereich *Anthropologie und Erziehung* der Freien Universität Berlin sowie Mitglied des Sonderforschungsbereichs „Kulturen des Performativen"; Arbeitsschwerpunkte: Pädagogische Medienforschung, Pädagogische Anthropologie, Qualitative Methoden

Fromme, Johannes, Dr., Professor für *Erziehungswissenschaftliche Medienforschung und Medienbildung unter Berücksichtigung der Erwachsenen- und Weiterbildung* am Institut für Erziehungswissenschaft der Otto-von-Guericke-Universität Magdeburg; Arbeitsschwerpunkte: Medienpädagogik und Medienbildung, Mediensozialisation und mediale Alltagskulturen, Digital Game Studies; Homepage: http://www.uni-magdeburg.de/mpeb

Jörissen, Benjamin, Dr., Wissenschaftlicher Mitarbeiter am Lehrstuhl Allgemeine Pädagogik des Instituts für Erziehungswissenschaft der Otto-von-Guericke-Universität Magdeburg, Arbeitsschwerpunkte: Medienbildung, Internet Studies, Bild- und Filmanalyse; Qualitativ-empirische Bildungs- und Ritualforschung; Historische und Erziehungswissenschaftliche Anthropologie; Homepage: http://www.uni-magdeburg.de/iniew/team/joerissen

Marotzki, Winfried, Dr., Professor für *Allgemeine Pädagogik* am Institut für Erziehungswissenschaft der Otto-von-Guericke-Universität Magdeburg; Arbeitsschwerpunkte: veränderte Lernstrukturen und Bildungsmuster in der Wissensgesellschaft, qualitative Bildungs-, Beratungs- und Sozialforschung, Medienbildung und Sozialisation in medialen Umgebungen; Homepage: http://www.marotzki.de

Meder, Norbert, Dr., Professor für *Allgemeine Systematische Pädagogik* am Fachbereich Bildungswissenschaften der Universität Duisburg-Essen, Institut für Berufs- und Weiterbildung; Arbeitsschwerpunkte: Theoriebildung in der Erziehungswissenschaft, Bildungsphilosophie, Allgemeine Didaktik Neuer Medien, Medienphilosophie, Bildung in der postmodernen Gesellschaft; Homepage: http://cyberbildung.uni-duisburg.de

Meyer, Torsten, Dr., Juniorprofessor für *Erziehungswissenschaft unter besonderer Berücksichtigung der Forschung und Lehre im Bereich Multimedia mit einem Schwerpunkt in der Didaktik der Bildenden Kunst* im Arbeitsbereich Ästhetische Bildung und Medienpädagogik / MultiMedia-Studio im Fachbereich Erziehungswissenschaft der Universität Hamburg; Arbeitsschwerpunkte: Bildung im Neuen Medium, Pädagogische Medientheorie, Globalisierung & Digitalisation, Medieninduzierte Wissensformationen und -formatierungen. Hompage: http://mms.uni-hamburg.de/meyer

Sachs-Hombach, Klaus, Dr., Professor für *Philosophie mit dem Schwerpunkt Kognitionswissenschaften* an der Technischen Universität Chemnitz; Arbeitsschwerpunkte: Bild-, Zeichen- und Medientheorien, Kulturphilosophie und Visual Culture, philosophische Probleme der Psychologie und Kognitionswissenschaft. Homepage: http://www-user.tu-chemnitz.de/~ksh/

Schelhowe, Heidi, Dr., Professorin für *Digitale Medien in der Bildung*, Technologiezentrum Informatik (TZI), Fachbereich Mathematik/Informatik an der Universität Bremen; Arbeitsschwerpunkte: Softwareentwicklung für Kinder und Jugendliche, Gestaltung schulischer und außerschulische Bildungskontexte mit Digitalen Medien, Medienbildung, Gender und Informatik, partizipative Softwareentwicklung, Virtuelle Hochschule. Homepage: http://www.dimeb.de

Sesink, Werner, Dr., Professor für *Allgemeine Pädagogik mit dem Schwerpunkt Bildung und Technik* an der Technischen Universität Darmstadt; Arbeitsschwerpunkte: Bildungstheorie, Informationspädagogik, E-Learning. Homepage: http://www.sesink.de

Winter, Rainer, Dr., Professor für *Medien- und Kulturtheorie* an der Alpen-Adria-Universität Klagenfurt; Arbeitsschwerpunkte: Kultur- und Mediensoziologie, qualitative Forschung und Medienpädagogik. Homepage: http://www.rainer-winter.net

Grundlagen
Erziehungswissenschaft

Helmut Fend

Entwicklungspsychologie des Jugendalters
Ein Lehrbuch für pädagogische und psychologische Berufe
3., durchges. Aufl. 2003. 520 S.
Br. EUR 24,90
ISBN 978-3-8100-3904-0

Detlef Garz

Sozialpsychologische Entwicklungstheorien
Von Mead, Piaget und Kohlberg bis zur Gegenwart
3., erw. Aufl. 2006. 189 S. Br. EUR 22,90
ISBN 978-3-531-23158-7

Heinz Moser

Einführung in die Medienpädagogik
Aufwachsen im Medienzeitalter
4., überarb. und akt. Aufl. 2006.
313 S. Br. EUR 22,90
ISBN 978-3-531-32724-2

Jürgen Raithel / Bernd Dollinger / Georg Hörmann

Einführung Pädagogik
Begriffe – Strömungen – Klassiker – Fachrichtungen
2., durchges. und erw. Aufl. 2005.
330 S. Br. EUR 16,90
ISBN 978-3-531-34702-8

Christiane Schiersmann

Berufliche Weiterbildung
2007. 272 S. Br. EUR 19,90
ISBN 978-3-8100-3891-3

Bernhard Schlag

Lern- und Leistungsmotivation
2., überarb. Aufl. 2006. 191 S.
Br. EUR 16,90
ISBN 978-3-8100-3608-7

Agi Schründer-Lenzen

Schriftspracherwerb und Unterricht
Bausteine professionellen Handlungswissens
2., erw. Aufl. 2007. 252 S. Br. EUR 19,90
ISBN 978-3-531-15368-1

Peter Zimmermann

Grundwissen Sozialisation
Einführung zur Sozialisation im Kindes- und Jugendalter
3., überarb. und erw. Aufl. 2006.
232 S. Br. EUR 18,90
ISBN 978-3-531-15151-9

Erhältlich im Buchhandel oder beim Verlag.
Änderungen vorbehalten. Stand: Januar 2008.

www.vs-verlag.de

VS VERLAG FÜR SOZIALWISSENSCHAFTEN

Abraham-Lincoln-Straße 46
65189 Wiesbaden
Tel. 0611.7878 - 722
Fax 0611.7878 - 400

Handbücher
Erziehungswissenschaft

Jutta Ecarius (Hrsg.)
Handbuch Familie
2007. 701 S. Br. EUR 59,90
ISBN 978-3-8100-3984-2

Mit dem Handbuch wird erstmals eine der zentralen Erziehungs- und Sozialisationsinstanzen aus einer dezidiert erziehungswissenschaftlichen Perspektive ausgeleuchtet. Dabei wird ein umfassendes Bild von Familie als einer pädagogischen Institution gezeichnet, in das die aktuellen wissenschaftlichen Erkenntnisse und Forschungsergebnisse einfließen.

Uwe Sander / Friederike von Gross / Kai-Uwe Hugger (Hrsg.)
Handbuch Medienpädagogik
2008. ca. 500 S. Br. ca. EUR 39,90
ISBN 978-3-531-15016-1

Das neue Handbuch Medienpädagogik greift die gesamte und aktuelle Breite des pädagogischen Handlungsfeldes auf und gibt einen exzellenten Überblick zu Geschichte, Theorie und Forschung. Gleichzeitig weist es die gegenwärtigen Diskussionsfelder aus und stellt umfassend die Praxisbezüge pädagogischen Handelns in der Arbeit mit Medien her.

Rolf Arnold / Antonius Lipsmeier (Hrsg.)
Handbuch der Berufsbildung
2., überarb. und akt. Aufl. 2006. 643 S.
Br. EUR 59,90
ISBN 978-3-531-15162-5

Das aktualisierte Handbuch der Berufsbildung umfasst die gesamte Breite des pädagogischen Handlungsfeldes und gibt einen Überblick zu Didaktik, AdressatInnen, Vermittlungs- und Aneignungsprozessen und Rahmenbedingungen der Berufsbildung. Alle Beiträge des Handbuchs sind von ausgewiesenen FachexpertInnen geschrieben.

Heinz-Herrmann Krüger / Winfried Marotzki (Hrsg.)
Handbuch erziehungswissenschaftliche Biographieforschung
2., überarb. und akt. Aufl. 2006. 529 S.
Br. EUR 49,90
ISBN 978-3-531-14839-7

Werner Helsper / Jeanette Böhme (Hrsg.)
Handbuch der Schulforschung
2., überarb. u. erw. Aufl. 2008. ca. 1000 S.
Geb. ca. EUR 79,90
ISBN 978-3-531-15254-7

Erhältlich im Buchhandel oder beim Verlag.
Änderungen vorbehalten. Stand: Januar 2008.

www.vs-verlag.de

VS VERLAG FÜR SOZIALWISSENSCHAFTEN

Abraham-Lincoln-Straße 46
65189 Wiesbaden
Tel. 0611.7878-722
Fax 0611.7878-400

The manufacturer's authorised representative in the EU is Springer Nature Customer Service Centre GmbH, Europaplatz 3, 69115 Heidelberg, Germany. If you have any concerns regarding our products, please contact ProductSafety@springernature.com

Printed and bound by CPI Group (UK) Ltd, Croydon, CR0 4YY
27/04/2026
02097632-0004